320

Elisa Sossi

# Un riflesso non mi basta

*Opere di altri autori già pubblicate da centoParole:*

L'angolo oscuro - romanzo

*di Stefano D'Incà*

La Traviata di Verdi - romanzo grafico

*di Guendal, Raimondo, Ramella, Fumolo, Rossi*

La mia Trieste meravigliosa - memorie

*di Fabiana Redivo*

Trieste Asburgica - saggio

*di Zeno Saracino*

La solimano - romanzo

*di Guendal Cecovini Amigoni*

Ingannando il tempo - antologia fotografica

*di Mauro Marass*

ELISA SOSSI

# Un riflesso non mi basta

centoparole.it

CENTOPAROLE - collana di mediaimmagine s.r.l. Trieste



Edizione su licenza dell'autrice

Prima edizione CENTOPAROLE gennaio 2025

ISBN 978-88-32210-31-6

*Un sincero grazie alla dott. Martina Earle*
*Al dott. Leopoldo Cervo*
*Alla dott. Annamaria Piemontesi*
*e al dott. Antonio Alzetta*

*"Non riesco a liberarmi dalla sensazione*

*che io non sia nel posto giusto"*

*F. Kakfa*

*"Non so nemmeno che*

*sentimento fosse, davvero,*

*so solo che ce n'era tanto"*

*J. Green, "Colpa delle Stelle"*

*"Mi guardo allo specchio,*

*non vedo il riflesso*

*ognuno ha il suo posto*

*allora il mio dov'è?"*

*Fast Animals and Slow Kids, "Stupida canzone"*

*Alla mia famiglia*
*A chi sente di appartenervi*
*All'Elisa bambina,*
*A quella adolescente e*
*Alla donna che sono*

*Alla Signora Giani e ad Anna*
*A Siostra*
*Alla Giramondo*
*Alla Dolce Ely*
*A Tham e Yvel*
*A Ethan e Yvaine*
*A Giulia*
*A Nicolas*
*A Te, Cavaliere Errante*
*A te che leggi,*
*che tu possa conoscermi di persona, o dall'Instagram,*
*o che non mi conosca affatto*

*Alle lacrime versate*
*Agli ostacoli non superati*
*Alla vita e alla morte*
*Al coraggio e alla paura*
*Alla danza e alle canzoni*
*Alle parole nate dal cuore e*
*A quelle nate dal dolore*

# 2019 – VOGLIA DI CAMBIARE

2 gennaio 2019

Se c'è una cosa che so di volere dal nuovo anno è di non lasciare le cose a metà.

Mi sono resa conto che negli ultimi anni ho avuto la scomoda tendenza a lasciare molte cose incompiute, e forse anche per questo motivo mi sono sentita io stessa incompleta.

Amicizie lasciate cadere nel tempo, amori mai cominciati, persone conosciute a metà, libri e studi iniziati e abbandonati, parole e frasi mai compiute, sorrisi spezzati.

E tutto perché? Perché ho paura di continuare ogni cosa, immagino che le mie azioni si prolunghino per un tempo indefinito e non vederne subito la fine o il risultato mi spaventa. Oppure, mi faccio banalmente condizionare dal pensiero che prima o poi quel determinato evento finirà, e con esso anche la possibile felicità che potrebbe derivarne, dunque perché soffrire per qualcosa che so già svanirà? Meglio non farla.

Così lascio stare tutto perché la solita voce mi sussurra che in realtà non ne vale la pena, che il percorso è troppo difficile e lungo e che faccio prima a non fare niente, e che forse, anzi, sicuramente non ne sarei all'altezza.

Ma può essere un'esistenza tale in un universo del nulla?

Posso realizzarmi come persona se non realizzo le mie azioni?

E per quale motivo dovrei privarmi di vivere delle esperienze per evitare di tenerci troppo, e quindi di non viverle affatto, diventando sempre più vuota ogni giorno che passa?

Resto inerme e mi dimentico cosa mi piace, cosa mi fa stare bene, cosa sono capace di fare, mi privo della possibilità di imparare e di sbagliare.

Mi dimentico delle persone e di me stessa.

Una malattia, al pari di un grande dolore, si insinua in ogni sfaccettatura della vita, prosciuga le forze e costringe a mollare tutto fino a rinunciare alla vita stessa.

Se c'è una cosa per cui mi impegnerò in questo nuovo anno sarà quella di non mollare, di continuare ogni mio percorso nonostante non ne veda la fine o lo reputi inutile, di portare a termine i miei progetti, di avere la forza di iniziarli e di non vietarmi di sperimentare nulla perché ho già perso troppo. Così ogni giorno può essere una sorpresa e può avere il suo valore, la sua potenza, la sua vita.

"Make it count", "dagli valore". Titanic docet, sempre.

**28 gennaio 2019**

Sai come si riesce a stare meglio?

Non uso volutamente il termine "guarire" perché lo considero davvero riduttivo per esprimere ciò che si prova quando anche solo una flebile luce riesce a rischiarare quel buio in cui vivevi e che non credevi potesse avere un'uscita.

Non è solo guarire, è rinascere, ritornare alla vita. Appunto ritornare, perché raggiungi la consapevolezza che prima, una vita ce l'avevi, e che hai la straordinaria possibilità di riaverla, perché per tutto questo tempo credevi di averla persa, pur potendo ancora respirare.

Negli ultimi giorni ho vissuto degli episodi che mi hanno fatto ricordare come fosse la mia vita prima dell'anoressia. Mi è bastato guardare la statuina di una chitarra per ricordarmi i lunedì pomeriggio passati a suonare, persino le sensazioni che provavo e i momenti che scandivano la mia infanzia tra una nota e l'altra.

Mi è bastato riguardare un video di quando ero piccola per avere la certezza che ho sempre avuto una grande famiglia che mi considerava parte di essa, mentre io me ne sentivo assurdamente estranea, immagini che mi hanno provato quanto la mia famiglia ci fosse sempre stata nonostante io ritenessi erroneamente il contrario. Ora mi basta riguardare le foto del passato per capire meglio come essere felice senza un apparente motivo, perché all'epoca lo ero, felice, e non mi interrogavo su come riuscissi ad esserlo.

E come faccio a provare tutto questo solo ora, vi starete chiedendo, in fondo anche prima avevo la possibilità di guardare video, foto ed oggetti correlati alla mia me passata.

È cambiato il mio sguardo interiore, è cambiato il mio approccio alla vita, ma solo dopo aver raggiunto un più alto livello di consapevolezza ed accettazione.

È grazie all'accettazione che possiamo stare meglio, è grazie al riconoscimento del nostro percorso che possiamo dare atto al nostro presente e dargli un perché. Come si accettano i momenti difficili, che sono stati superati, così si accetta il fatto di aver avuto una vita prima di essi, e così si accetta anche chi si è oggi.

Se il passato serve davvero ad insegnarci qualcosa, allora uno di questi insegnamenti è proprio come sentirci di nuovo noi stessi quando abbiamo perso la bussola.

Questa accettazione è raggiungibile attraverso una vera e propria liberazione dai nostri paletti e costrizioni, dalle nostre regole e condizionamenti che ci chiudono gli occhi e non ci fanno guardare indietro a chi eravamo.

E soprattutto, con gli occhi chiusi non riusciamo a vedere dove siamo e dove vorremmo andare. Andate a scavare nei ricordi, andate a ritrovare i piccoli gesti, sguardi ed emozioni del vostro passato. Sfruttateli a vantaggi del vostro oggi.

**22 febbraio 2019**

Da piccola, ero quasi sempre felice.

Nel momento in cui mi sentivo triste o arrabbiata, lo ero sempre per un motivo, fosse un litigio con le amiche, l'ennesima delusione di una cotta, o un bisticcio con la nonna.

Il mio stato d'animo dipendeva sempre da qualcosa che l'aveva modificato. Ad un certo punto, non saprei dire esattamente né quando né come, ho iniziato a sentirmi triste senza un motivo apparente, era come se dentro me sentissi di avere un peso e non sapessi come toglierlo, o non riuscissi nemmeno a vederlo.

Magari quel peso è stato la somma di tanti piccoli pesi accumulati, considerata la mia tendenza a conservare e ad attaccarmi morbosamente, che siano persone, oggetti o emozioni. Oppure è stato proprio un enorme peso di per sé ad essermi caduto addosso quando meno me lo aspettavo.

Sempre di un peso si trattava.

Ma era un peso, o era piuttosto la mia incapacità a prendere le cose con leggerezza, e quindi era un vero e proprio "peso della leggerezza" - ogni riferimento a fatti o persone è puramente casuale e senza alcun minimo scopo pubblicitario -?

Forse, dare peso a ciò che ti accade significa che ci tieni, che ci metti il cuore in quello che fai, ma poi quel cuore non devi scordarti di riprendertelo e non devi lasciarlo nelle persone, negli oggetti, nelle emozioni. Perché in questo modo è come se il tuo cuore si spegnesse, come se non fosse più in grado di accendersi per qualcosa perché ha esaurito la sua energia, ha perso pezzi negli angoli più nascosti del passato.

Per troppo tempo mi sono ripetuta di andare avanti e di non pensare più al passato, e non l'ho ancora fatto completamente, sia spaventata dal lasciarlo andare, sia intimorita da ciò che mi aspetta.

Ma ora per la prima volta sento davvero che quello che mi serve non è una gomma per cancellare il passato, è una penna per scrivere il mio futuro.

**9 marzo 2019**

(In) felicità.

È stato il mio primo viaggio da sola con un'amica. E totalmente "in felicità", scritto staccato, non attaccato. Ho letto questa frase su un manifesto mentre ci perdevamo per le calli di Venezia, l'ho subito detto ad Ely, e assieme abbiamo iniziato un lungo discorso su cosa sia la felicità e che è tutta una questione di prospettiva.

Puoi provare infelicità o essere in-felicità, spetta a te decidere come leggere.

E questo è stato solo uno dei tanti momenti che resteranno per sempre nel mio cuore e vividi nella mia mente. Ricorderò sempre la serata a festeggiare la festa della donna, la mia pseudo ubriacatura con un umile limoncello offertoci al ristorante che mi ha fatto chiedere alla mia compagna di avventura se avessimo pagato il conto solo una volta arrivate nella stanza del bed & breakfast; l'attacco dei piccioni assassini in Piazza San Marco;

la ventina di chilometri fatti avanti e indietro perdendosi per Venezia; il meraviglioso giro in battello sotto Rialto; i tanti momenti a chiacchierare sulle rispettive situazioni amorose (più la sua che la mia) e a consigliarsi su come agire; il saluto in stazione che a malincuore ci è costato parecchio, ma che abbiamo rifiutato di accompagnare con le lacrime.

Per noi vale davvero "una distanza che unisce" perché anche dopo tanto tempo, nonostante non ci conosciamo da molto, i chilometri che ci separano sono una scusa per unire i nostri cuori.

Ti voglio bene Ely, non scorderò mai questi due giorni.

**10 marzo 2019**

Venezia, giorno 1, 8 marzo 2019

Suona la sveglia. Non mi alzo.

Riapro gli occhi. È passata mezz'ora.

Ma io vorrei tanto sapere, perché questi salti temporali arrivano sempre nel momento meno indicato?

Il tempo di vestirmi e già papà suona insistentemente il campanello ben dieci minuti prima dell'appuntamento. Scendo trafelata senza nemmeno pettinarmi e con mezze cose in mano, e devo risalire in fretta e furia tre piani di scale perché non ricordavo se avevo chiuso a chiave la porta di casa (ps: era chiusa).

Arriviamo in stazione giusto il tempo per fare il biglietto e fiondarmi sul treno che parte nemmeno cinque minuti dopo che mi piazzo sul sedile, occupando quello accanto con le mie due borse - sempre comoda io quando viaggio.

È un viaggio piacevole, mi piace viaggiare sui mezzi nonostante soffra il mal d'auto, mal d'aereo, mal di mare, ci scommetto pure mal di carretto, missile o simili.

Arrivo stranamente in orario, e chi trovo ad aspettarmi? La mia dolce Ely! È dalla fine di agosto che non ci vediamo, eppure mi sembra ieri. Com'è assurdo e meraviglioso riuscire ad organizzare questi incontri!

Usciamo dalla stazione e ci incamminiamo verso il bed & breakfast che ho prenotato via mail. Ci mettiamo un po' a trovarlo ma le Super Ely alla fine ce la fanno e raggiungiamo la struttura, un b&b a gestione familiare davvero carino e accogliente.

Lasciate le borse in stanza, usciamo e ci addentriamo nelle calli veneziane, pranziamo in un locale discreto, facciamo qualche foto sul ponte di Rialto ma mi accorgo che la batteria del mio cellulare mi sta tragicamente abbandonando, dunque niente foto.

Decidiamo così di ritornare indietro e ci mettiamo una buona mezz'ora per ritrovare il b&b, e nel frattempo facciamo qualche acquisto futile ma d'obbligo quando si è in vacanza.

Arrivate nella nostra stanza ci riposiamo un attimo, ci sistemiamo (carichiamo i cellulari) e poi siamo pronte per ripartire! Grazie al santo navigatore, arriviamo in Piazza San Marco e lì siamo vittime di un attacco di piccioni assassini, cosa che non aiuta Ely a farseli amici.

Ci godiamo il tramonto con i suoi colori pastello e ci incamminiamo verso il ponte dell'Accademia per fare tante belle foto (va bene, mi rendo conto di essere peggio di un gruppo di turisti cinesi e, pregiudizi a parte, qui il pregiudizio è più rivolto alla sottoscritta che non al popolo asiatico).

Nel tragitto parliamo, parliamo tanto, parliamo delle nostre vite, di come un evento negativo come aver vissuto un disturbo alimentare abbia potuto unirci e permetterci di capirci anche senza spiegare tanto, e in questi momenti mi sento presente, sento che non vorrei essere da nessuna altra parte, e inspiro quell'aria di "vacanza" che da tempo non riuscivo più a sentire.

Torniamo indietro verso "casa" e ci fermiamo in un ristorante davvero bello, dove decidiamo di festeggiare a modo nostro la festa della donna.

È una serata stupenda, rilassante dopo la lunga giornata, e appagante per il buon cibo (nota bene: il limoncello ci è stato gentilmente offerto dal cameriere, che non penso di aver retto nel migliore dei modi. "Ely ma abbiamo pagato il conto?", mia frase appena rientrate).

Anche se il nostro incontro non è ancora finito, siamo d'accordo entrambe sul dire che è davvero tutto perfetto come l'altra volta, a Bergamo, e che non cambieremmo davvero nulla.

Ritorniamo al b&b e ci mettiamo a guardare due episodi di "Cake Star", di cui uno, guarda te, proprio girato a Trieste e quindi io continuo ad essere una chiacchierona e blatero sulle pasticcerie in gara mentre Ely mi ascolta ipnotizzata e curiosa di capirmi (penso che ad un certo punto io disorienti così tanto il mio interlocutore che potrei brevettare questo mio metodo di ipnosi e potrei ricavarci enormi guadagni).

Ci addormentiamo a fatica, un po' per la troppa stanchezza, un po' per non essere a casa, ma in fondo dov'è casa se non con le persone a cui tieni?

**Venezia, giorno 2, 9 marzo 2019**

"Buongiorno Ely"

"Buongiorno Ely.... Ho ancora le sopracciglia?" questo è stato il mio saluto a Ely, reduce dalla serata prima dove le avevo confidato la mia vergogna per le mie sopracciglia struccate e la mia ferma decisione di andare a dormire truccata.

Facciamo colazione (brioche con marmellata di fragole, una libidine) e lasciamo le borse nella hall così da essere più libere. Seguiamo il consiglio della gentile signora del b&b e andiamo alle Zattere da dove si può ammirare una stupenda visuale di Venezia, per poi ritornare indietro con il battello.

È una giornata stupenda, un sole magnifico e questo tour acquatico corona la mattinata, soprattutto quando passiamo sotto il ponte di Rialto. Scendiamo vicino "casa", prendiamo le borse e facciamo tappa al negozio Lindt. Ely mi dà supporto mentre scrivo le mie cartoline e prendo gli ultimi souvenir, ci scambiamo dei segnalibri con dedica per ricordare questi momenti e ci fermiamo a pranzare.

Entrambe notiamo che l'altra è un po' malinconica e triste al pensiero di ripartire, ma niente e nessuno ci vieta di rivivere un'esperienza simile!

Arrivate in stazione faccio il biglietto e accompagno Ely al suo treno. Ci salutiamo ed è un po' difficile trattenere le lacrime ma ci facciamo forza a vicenda.

Io devo aspettare ancora una mezz'oretta in stazione, così mi faccio un giro nei negozi e sfrutto il bagno tattico giusto in tempo per salire sul mio treno, il che non era così scontato io riuscissi a prendere.

Scelgo il posto meno schifoso e lì mi piazzo, ma durante il tragitto mi sposto perché il tizio di fronte non mi ispira fiducia (Elisa e il suo dispendio di amore verso il prossimo parte 3765) così mi sposto in un altro vagone fino all'arrivo, e mi accorgo di aver passato il tragitto con la testa a penzoloni e la bocca spalancata a dormire. Le mie solite figure. Tranquilli, ci sono abituata, ma spero sempre di migliorare.

Arrivata a Trieste trovo i miei genitori ad aspettarmi, forse increduli che io sia riuscita a tornare viva e vegeta, e in realtà anch'io lo sono (sorpresa intendo, e sì, anche viva, ma forse questo non serviva specificarlo). Ecco il dettagliato resoconto di questo weekend, un'esperienza magica a cui potrò ripensare quando sarò triste o vogliosa di felicità, perché questi giorni sono stati felicità pura.

**15 marzo 2019**

"La tua seconda vita comincia quando capisci di averne una sola"

Una delle domande che si fanno sempre, vuoi banale vuoi scontata, è quale consiglio dare a chi si ritrova nel pieno della sofferenza e sta molto peggio di te, in sostanza, cosa dirgli per farlo rinsavire come tu sei riuscito a fare con te stesso.

La verità è che questo prezioso consiglio non si può dare semplicemente perché non esiste. O meglio, è inutile.

È inutile parlare a chi ha costruito attorno a sé un muro alto chilometri, a chi si è così tanto rinchiuso in se stesso da non riuscire più a trovare l'uscita. E non dite che non è vero.

Quando stai soffrendo non vuoi sentire niente e nessuno, quello che hai di più vicino è lo stesso disturbo ed esiste solo lui capace di capirti, è l'unico che non ti giudica.

Quindi dare dei consigli equivale a sprecare fiato.

Si può invece dare aiuto, che è diverso, o quantomeno provarci.

La differenza tra consiglio e aiuto consiste unicamente nel fatto che il primo si esaurisce lì, non ha un continuo, termina nel momento stesso in cui viene pronunciato; l'aiuto invece è qualcosa di prolungato, si impegna a resistere nonostante il suo rifiuto, lotta per prevalere.

Se proprio vogliamo usare la parola “consiglio”, allora il mio consiglio è quello di accettare l’aiuto, che sia anche solo una parola di conforto o uno sguardo d’intesa, niente di grandioso o plateale, solo un puro e sincero atto che testimonia quanto l’altro tenga al nostro benessere. E soprattutto accettare il nostro, di aiuto, aiutarci capendo che possiamo avere una seconda possibilità, o anche una terza o quarta, non importa, ma che un’altra occasione esiste per tutti e che la vita non sempre è crudele o malvagia ma può essere stupenda se solo diamo a noi stessi la possibilità di viverla senza rinnegare le emozioni e senza vergognarcene.

La vita è emozione e solo dando voce a ciò che abbiamo dentro possiamo distruggere il muro che abbiamo innalzato. Un muro che non era di mattoni come credevamo, faticoso da abbattere, ma che era di carta, che un soffio deciso poteva far crollare quando volevamo.

È giunto il momento di vedere cosa c’è oltre questo muro.

**23 marzo 2019**

“Le persone che hanno paura ad esprimere i propri sentimenti, sono quelle che sanno amare di più”

Cosa fai quando hai paura? Ti nascondi.

Cosa fai quando il mondo esteriore ti spaventa a tal punto da far crollare ogni tua certezza? Ti rifugi in te stesso, in un posto che solo tu sai raggiungere, in un luogo che in quel momento reputi l’unico sicuro. E questo ti fa sentire in-sicurezza, ma ti fa anche diventare tremendamente insicuro.

Forse non eri abbastanza forte per sopportare tutto quel mondo là fuori e, dovendo scegliere dove stare, hai scelto il tuo nascondiglio, hai scelto di chiudere gli occhi davanti alla realtà.

Ti sei ritrovato in un nascondiglio che si è rivelato un labirinto pieno di curve e vicoli ciechi, un posto buio rispetto al chiarore del mondo esterno, ma era un buio che ti dava conforto, era un buio nel quale sapevi muoverti, o almeno così credevi, così ti ingannavi.

Sapevi benissimo trovare l’uscita, in ogni dove trovavi le indicazioni ma non volevi leggerle, o non riuscivi a farlo perché avevi la vista annebbiata per le troppe lacrime, e non ti sentivi pronto, non ti sentivi ancora sicuro.

E forse volevi anche esplorarlo, quel labirinto, volevi esplorarlo in tutti i suoi angoli, e magari ogni tanto lasciare dietro te uno dei pesi che ti portavi da fuori.

Il paradosso è che tu continuavi ad esistere al di fuori del tuo rifugio e le persone continuavano a vederti, ma tu non eri tra loro.

Eri vittima di un letargo dell'anima, però ogni letargo ha anche una fine, e quando termina si ci ritrova con una fame immensa. Fame di vita, fame di emozioni, fame di cibo, fame di calore e luce.

Così all'improvviso quelle indicazioni cominciano finalmente ad avere senso e tu prendi coraggio e segui il tragitto che ti porterà all'uscita.

Ti porta ad un'uscita che è allo stesso tempo un'entrata nella tua nuova vita.

**9 aprile 2019**

Una delle tante, troppe, paure che non ci permette di cambiare è pensare che torneremo le persone che eravamo prima.

Che se il nostro corpo torna ad essere quello che era prima della malattia, allora anche noi torneremo ad essere il tipo di persona che odiavamo.

Facciamo il grande sbaglio di confondere contenuto e contenitore, il nostro animo con il nostro aspetto.

Una volta che l'animo cambia non sarà mai più lo stesso, anche se viene messo di nuovo nello stesso corpo di una volta. Nello stesso bicchiere puoi metterci l'acqua, ma volendo anche dell'aranciata, del vino, della coca-cola, qualsiasi cosa tu voglia bere, qualsiasi cosa tu voglia essere.

Vorrei interrogare entrambe le Elisa, quella del passato e quella del presente, perché reputo si debbano sempre sentire due campane e diverse visioni su un unico argomento.

Do la parola all'Elisa del passato, che di paure ne sa molto più di me ora.

"Se per guarire devo ritornare in quel corpo, da cui è iniziata tutta la mia sofferenza, il mio dolore, il mio odio e cattiveria verso me stessa, be' allora passo, me ne resto in questa zona d'ombra dove nessuno può vedermi o sa che esisto, qui dove la malattia è l'unica che mi capisce. È l'unica che conta con me le calorie e i chili da perdere, altrimenti chi mi aiuterebbe a farlo? Tiene il conto anche degli amici e amori persi, delle occasioni sprecate e delle lacrime versate, o forse di questo ha perso anche lei il conto.

È l'unica che mi parla sempre e mi incita a spingermi sempre più in là, verso quel "sempre di meno" che non è mai abbastanza. È grazie ai suoi consigli che sono riuscita a costruirmi la mia bella torre segreta, e dopo così tanta fatica col cavolo che torno indietro, ho paura di tornare in quel corpo che non mi faceva sentire altro che la pesantezza della vita, la pesantezza del non sapere chi fossi".

Ora invece sentiamo cos'ha da dire l'Elisa del presente.

"Cara me, non posso darti torto. Essere al sicuro dai pericoli del mondo ci fa sentire calmi e tranquilli, ci fa pensare che vada tutto bene e di avere la situazione pienamente sotto controllo. Ma ti chiedo, sei al sicuro da te stessa?

Vedo che sorridi con la bocca, ma lo stai facendo anche con il cuore? E poi, non ti senti stretta in quella torre, tutta sola con il corpo esile che hai paura quasi a sfiorarti per non romperti?

Ti dirò una cosa: tu sei già rotta, ad ogni passo che fai salendo quella dannata torre perdi pezzi di te. Arrivata in cima ti senti certo più leggera, ma cosa ti rimane?

Ah, certo, hai lei, c'è sempre lei, fedele al tuo fianco, che sciocca. Lei, sempre pronta a criticarti, a dirti cosa non va in te, a ricordarti cosa non sei, a contare con te quanto manca alla tua morte.

E ti dirò di più, nessuno verrà a salvarti, nessuno scalerà la torre, ma non perché non ti stiano cercando, anzi, ti cercano da quando te ne sei andata senza salutare o lasciare un messaggio. Non verrà nessuno semplicemente perché non sanno dove sia la tua torre, da tanto bene l'hai nascosta. E dunque questa la vita che vuoi, la non-vita che hai scelto?

Vorrei darti un consiglio, per quanto utile tu possa considerarlo: fa' un bel respiro e, senza pensarci troppo, corri giù per la scalinata e chiudi l'anoressia a chiave nella torre. Non la stai eliminando, non voglio che tu la uccida, non voglio macchiare la tua fedina penale in questo modo così osceno, voglio solo che la allontani dalla tua vita, una vita che potrai ricostruire grazie ai pezzi che troverai scendendo le scale.

Troverai quelli che ti serviranno, perché quelli troppo leggeri saranno volati via, e quelli troppo pesanti saranno sprofondati senza lasciare traccia, cosicché raccoglierai solo quelli che riuscirai a sollevare senza fatica. E credimi, uscita da lì respirerai a pieni polmoni la vita, respirerai l'amore di chi ti stava aspettando e non ha mai perso la speranza di riabbracciarti, rientrerai nel tuo corpo che ora sarà degno di questo nome. Ma dentro, dentro non sarai mai più la stessa.

Sarai migliore".

**12 aprile 2019**

Non dirmi che non ci hai mai pensato.

Intendo a come sarebbe stata la tua vita se le cose fossero andate diversamente.

Lo so che non si vive di "se" e di "ma", però arrivati ad un certo punto del proprio percorso penso sia bene chiederselo, non tanto in riferimento al passato, quanto per il futuro.

Pensare a come sarebbe stata diversa la propria vita e ora avere la possibilità di realizzarlo, o almeno di provare a cambiarla attraverso tutto quello che un tempo ci spaventava e ci bloccava. Se si guarda al passato in funzione del futuro, allora non si riaprono delle ferite che fanno male ma semplicemente le si guarda e le si sfiora, senza necessariamente farsi male, le si sfiora per riconoscerle.

Non è nemmeno una questione di "se potessi tornare indietro", è pensare che il nostro passato è solo una delle mille sfaccettature alle quali siamo stati destinati, e come tale non si sceglie, ma neanche si subisce, si attraversa e basta. Se nel mio cammino non avessi incontrato l'anoressia, probabilmente sarei andata con la classe del liceo nei due viaggi d'istruzione a Valencia e a Nizza, viaggi ai quali ho dovuto rinunciare per ovvie ragioni legate al cibo. A quest'ora avrei già finito l'università, chissà magari avrei anche un lavoro. Avrei fatto il saggio di danza che quell'anno non sono stata in grado di sostenere fisicamente, e forse sarei diventata più brava e capace. Avrei avuto le occasioni di indossare tutti quei bei vestiti che riempivano il mio armadio ma che io non riuscivo a riempire col mio corpo, quegli abiti che ti valorizzano come ragazza ma che a me facevano solo sentire più bambina.

Ma cosa non avrei vissuto? Cosa non avrei imparato?

Non avrei conosciuto dar valore alle piccole cose della vita che ora considero grandi tesori, non avrei riconosciuto la vera felicità, tutte cose di cui ho capito l'importanza e il significato solo dopo averle perse.

Non avrei imparato a distinguere le persone vere da quelle ordinarie, il mio bisogno della loro presenza nella mia vita, e non ne avrei conosciute altre che ora rendono la mia esistenza, se non totalmente completa, di sicuro proprio bella, quelle persone delle quali ero ignara di averne necessità vitale fino a che non le ho incontrate.

E tra di loro voglio comprendere anche me stessa.

Senza la malattia, non mi sarei incontrata, o ritrovata, sarei stata Elisa senza Elisa, un'Elisa di forma ma non di sostanza. Anche se per arrivare a lei ho dovuto passare non pochi momenti di dolore, ora in fondo è passato, è passato e pian piano comincia a non fare più tanto male. Si dice che ogni esperienza che viviamo ci insegna qualcosa, e che se non lo fa vuol dire che non era importante, ed io voglio considerare importante il mio passato e tutto ciò che ne ha fatto parte, perché mi ha insegnato l'unica cosa per cui valga la pena vivere, ovvero provare emozioni senza paura, dare valore alla persona che si è e lottare per migliorare e migliorarsi. Come il dolore mi ha insegnato a riconoscere la felicità, così l'amore mi ha insegnato a riconoscere la vita.

**21 giugno 2019**

Non ho mai raccontato a nessuno le sensazioni che provavo ogni volta che il saggio di danza si avvicinava, forse perché in realtà non le conoscevo bene nemmeno io.

La verità è che ho sempre vissuto male il periodo pre-saggio perché durante la prova costumi mi si vedevano più ossa che altro. Sentivo di dovermi fare sempre più piccola in confronto alle altre, quasi a nascondermi, e così si può dire io non abbia mai ballato per farmi guardare, non ho mai ballato su un palco sentendo con il cuore ciò che facevo.

I primi anni in cui sono stata male facevo parte di un corso dove ero la più piccola e non eravamo un gruppo unito, o meglio, loro lo erano, io proprio perché la più piccola mi sentivo esclusa, e quando si avvicina il saggio il fattore gruppo e unione è pressoché l'essenza stessa di esso, il fatto di vivere tutto con le tue amiche, ma amiche vere, con cui puoi mostrarti per come sei davvero. Non è mai stato facile reggere tutti quei pensieri all'epoca, eppure esile com'ero ce l'ho sempre fatta, mai totalmente soddisfatta e sempre enormemente sfinita, sempre un po' meno me stessa.

Ieri, quando abbiamo provato i costumi per la prima volta, mi sono sentita di nuovo così, mi sono arrivate di nuovo le stesse scomode sensazioni, come se l'arrivo del saggio dovesse significare in automatico che io mi debba sentire a vita come in passato.

Ma quest'anno è diverso. Quest'anno sono davvero diversa. Non avrò un fisico perfetto, ma le mie amiche di danza sono ormai la mia seconda famiglia, mi sento al centro del gruppo ora più che mai.

Allora perché ritornate, pensieri? Perché volete impedirmi di ballare senza vergogna, senza timore di alzare le braccia o di mettere un body scollato?

Perché per questa volta non mi lasciate davvero salire sul palcoscenico della mia vita?

Io domani ci provo, perché se ho imparato una cosa da questo periodo è che sono abbastanza testarda e forte per riuscire in ciò che mai mi sarei potuta immaginare.

With every broken bone.

**1 luglio 2019**

Fin da piccola, mi sono sempre assunta compiti che non mi spettavano.

Non mi piaceva essere piccola, avrei subito voluto essere grande, accettata nel mondo degli adulti come se questo potesse farmi sentire speciale.

Spesso mi dico che in realtà non sono mai stata una bambina perché non mi sono mai sentita tale, tutta concentrata sul fare la cosa giusta, la cosa matura, comportarmi con serietà e disciplina nel rispetto delle regole.

Ma da tutti questi compiti sono derivate anche altrettante responsabilità - citazioni da Spiderman che arrivano al momento giusto - ed io ero eccome una bambina, e una bambina crescendo non può gestire troppi fardelli, alla fine arriva il momento in cui tutto il loro peso la farà cadere, e così è successo.

In troppi facciamo l'errore di voler crescere prima del tempo, in troppi perdiamo di vista il vero significato della parola "infanzia" e quando diventiamo adulti è troppo tardi per tornare indietro. La mia non era tanto una voglia di primeggiare tra gli altri o di essere la più brava, quella da cui ci si aspetta sempre un risultato impeccabile, difendendo così il ruolo che mi ero creata. Forse all'inizio poteva anche essere così, ma con la malattia si è trasformato tutto in una gara contro me stessa per vedere fino a che punto fossi stata capace di spingermi. Gli altri non contavano più, soprattutto perché mi ero messa in testa che, per loro, io non contassi nulla, dunque forse potevo ancora avere una possibilità con me stessa, se solo mi fossi battuta e mi fossi dimostrata di che pasta ero fatta.

Natura vuole che quando giochi contro te stessa e stai vincendo, automaticamente stai anche perdendo.

Una parte di te non può primeggiare e l'altra soccombere, perché questa trascinerà giù anche la te vincitrice. Uno dei tanti sinonimi della vita è la condivisione, e sto capendo che la condivisione prima di tutto deve avvenire dentro noi, tra le nostre parti in lotta tra loro, e solo dopo può esistere una condivisione con gli altri.

Nessun vincitore, nessun vinto, solo una somma armonica che si parla e comunica, che cerca di tendersi la mano e non di farsi la guerra.

Perché nelle guerre non vince mai nessuno.

**4 luglio 2019**

Gli eschimesi hanno più di cinquanta parole per intendere il concetto di "neve".

Usano un termine diverso a seconda della sua consistenza, del modo in cui cade, della sua densità o quantità.

È una maniera molto diversa di vedere il mondo attorno a sé, più precisa e profonda, più intima e consapevole.

Perché questo modo di pensare non può estendersi a tutti i concetti e in tutte le culture?

Di solito siamo tratti in inganno nel ritenere che esista una sola definizione per ogni concetto, sia esso amicizia, amore, odio, rabbia.

Restringiamo il nostro campo mentale a delle misere convenzioni e convinzioni, a delle nozioni tramandate e non acquisite, come se fossero un qualcosa di provato e quindi intoccabile, un esperimento che ha dato un risultato esatto e immutabile.

Ma sono proprio le emozioni a non possedere un'unica definizione bensì ne hanno molte e diverse a seconda della persona, del momento, dello stato mentale, di una complessa serie di fattori che creano a loro volta sfumature del singolo concetto. Se ci fate caso, a scuola non ci insegnano cos'è l'amicizia, non esiste un corso sull'amore perché non esistono delle regole da seguire, non hanno un protocollo valido per tutti gli esseri umani né ci sono delle leggi al riguardo.

Nessuno può dirci come amare, chi amare, quando amare, allo stesso modo non esiste un canone per essere tristi, un solo modo per manifestarlo o una soglia minima per sentirsi in tale stato.

Anche se non esistono parole diverse per esprimere tutte queste differenti sfumature sappiamo in cuor nostro che, al pari della neve, le nostre emozioni possono scendere dal cielo nei modi più diversi e mai sempre uguali, ed è questa la prima cosa che dovrebbero insegnarci, che quello che conosciamo è in realtà solo un aspetto dei tanti in cui può presentarsi, è una variante che merita rispetto tanto quanto le altre che non conosciamo, o meglio, che non conosciamo ancora.

Qui sta il bello, non finire mai di scoprire le infinite possibilità di interpretare ciò che sentiamo. Quando ci fermiamo ad una definizione a discapito delle altre, ebbene è lì che il concetto stesso perde tutto il tuo significato, perde tutta la sua consistenza.

Come la neve.

**12 luglio 2019**

"Nella vita, come a nascondino, chi si nasconde non conta"

Non c'è mai stata molta spontaneità in me.

Per spontaneità non intendo impulsività, l'impulsività dipende da quanto controllo riesci ad avere sulle tue azioni, la spontaneità invece è soggetta al controllo che tu permetti gli altri abbiano su di te e sui tuoi comportamenti.

Il risultato derivante dalla sottrazione della spontaneità dalla mia vita è stato che, prima di subire un rifiuto, mi tiravo indietro fin da subito per evitarne il conseguente dolore che ormai conoscevo molto bene. Mi escludevo da sola prima che potessero farlo gli altri. Reprimevo ciò che volevo dare al mondo per paura che questo me lo rigettasse in faccia, mi nascondevo per evitare negazioni. Ma l'unica negazione che ricevevo era quella che io stessa mi davo, mi sono privata dalla possibilità di farmi conoscere per chi ero, e di conseguenza non l'ho più saputo nemmeno io. Purtroppo, o per fortuna, questi pensieri si realizzano solo dopo aver vissuto tutto ciò, ed è lì che viene fuori tutta la rabbia, il rancore e la tristezza che si provavano all'epoca ma che venivano anch'esse ben nascoste, messe a tacere, negate.

Sistemare e mettere assieme i pezzetti che si trovano alle nostre spalle è necessario per avere poi un terreno solido su cui camminare, è fondamentale per capire che, se prima non avevamo fiducia in noi stessi, ora invece abbiamo a nostra disposizione tutte le armi per riuscirci, ed è proprio per rendere il nostro futuro diverso dal passato che abbiamo il diritto e il dovere di accettare ciò che è stato per accettare ciò che sarà, senza escludere più nulla.

**14 luglio 2019**

La mia vita è stata come un astuccio pieno di penne di riserva.

Mettevo da parte ogni occasione con l'idea - o la scusa - di avere poi il permesso di vivere meglio la successiva, mi riservavo una sorta di bonus da giocare come mossa finale.

"Stasera potremmo andare fuori a cena. No, non me la sento, meglio la settimana prossima, così lì sarò serena".

Via una penna. Ma il fine settimana restavo a casa.

"Ecco ora vado a parlargli. No, forse in un altro momento sarà meglio".

Via un'altra penna. E non sono mai riuscita a parlargli.

Credevo che se avessi avuto una scorta di penne tale da non far chiudere l'astuccio mi sarei finalmente decisa ad usarne una. Non sapevo però che, appena ne accantonavo una, l'inchiostro al suo interno spariva e non avrei più potuto utilizzarla.

Ogni lasciata è persa, ogni occasione è perduta, non può essere magicamente ripescata dal cilindro, o in questo caso dall'astuccio, perché non può più scrivere una versione diversa della storia.

La mia era paura di sporcarmi, di fare un errore di scrittura e di non avere modo di cancellarlo. Quanta paura del futuro e quante penne sprecate senza conoscere la storia che avrebbero scritto, e quante e quali emozioni mi avrebbero trasmesso scrivendo con esse. Non voglio dare la colpa alla ragazzina che ero, perché appunto ero una ragazzina presa in ostaggio da una forza più potente di lei. È per questo che devo stabilire un obiettivo, cioè avere un astuccio vuoto e tutte le penne sul tavolo fino a esaurire ogni singola goccia d'inchiostro. Le scorte d'ora in avanti le lascio alle formiche, non esistono scorte di occasioni bensì solo occasioni per vivere.

Voglio una vita senza alcuna riserva.

**21 luglio 2019**

"... Perché sul serio, io ci tengo a te e ti voglio davvero aiutare, quindi se hai bisogno di qualcuno io ci sarò, sempre! .... Il mio regalo per te ha un significato. L'àncora è qualcosa di forte, non si spezza mai. L'àncora per me sei tu. Di fronte a tutti gli ostacoli che hai avuto è difficile trovare la forza per andare avanti e io voglio che quest'àncora ti tenga legata alla terra, non ti faccia andare lontano e che impedisca ai tuoi problemi di trascinarti in mare aperto.

Trova ciò per cui faresti di tutto e combatti per lui, fa' che sia il tuo punto d'appoggio per fare quel piccolo ma grande passo che ti aiuterà a migliorare. ... hai bisogno di tirar fuori tutta la forza che io so che hai, e per trovarla usa le cose che ami di più, che sia la danza, o la voglia di fare il viaggio a NY o anche una persona che ami.

Quando rivedrai questo braccialetto voglia che ti dia la forza e che ti ricordi che ce la puoi fare. L'àncora mantiene ferma una nave che pesa tonnellate, tutta da sola. Tu anche sei forte. Io lo so. N.".

È questo il passato che voglio salvare insieme a me, è questo quello che ho il dovere di portare con me, tutto l'amore che ho ricevuto e senza il quale non sarei quella che sono.

Tu sai, grazie.

**22 luglio 2019**

"Nella vita non puoi scegliere se nascere o meno, ma puoi scegliere quante volte farlo"

Perdonare non è mai rientrato nelle mie qualità.

Ho sempre ammirato e invidiato chi riuscisse a porgere l'altra guancia e poi sentirsi in pace con se stesso andando avanti come niente fosse. Io non riuscivo a dimenticare, a lasciar andare, il rancore mi ha sempre trattenuta e imprigionata nel passato. Se si potesse immaginare il mio passato ed io come due persone che si separano, io sarei quella che si volta per prima mentre l'altra continua a camminare, e un tempo gli sarei persino corsa dietro.

Ora penso di aver capito come le persone riescano a perdonare: considerano il perdono come un sentimento, come fosse amore. E, come l'amore, anche il perdono dev'essere disinteressato per essere puro. Il perdono non è sintomo di debolezza bensì deriva da una grande forza, la stessa forza che serve per amare.

Non riuscivo a perdonare il mio passato semplicemente perché non ne avevo la forza. Per trovarla, mi sono rivolta all'odio e alla rabbia, al risentimento e al disprezzo, senza accorgermi che erano proprio loro a prosciugare le poche forze che mi rimanevano. Era questo il mio dolore più grande, sapere di non avere abbastanza forza per perdonare.

E su questo ho da sempre basato il mio giudizio su me stessa, sviluppando scontentezza sulla mia presunta nullità. Ma il perdono non mi avrebbe resa debole, no, mi avrebbe rafforzata, accettarlo non mi avrebbe fatto perdere una battaglia, mi avrebbe fatto vincere la guerra.

Ora come ora, non sono certa di avere ancora tutte le forze necessarie ma so per certo di essere più forte di un tempo. Stavolta non sarò io a voltarmi per prima, andrò avanti e anche se lo farò tra un sorriso e una lacrima, adesso saprò perdonarmi.

**3 agosto 2019**

"La verità di domani si nutre dell'errore di ieri"

La vita è come una borsa.

Ad un certo punto non siamo più in grado di vivere la sofferenza, diventa qualcosa di talmente insostenibile che non accettiamo più di provare dolore. Quindi, riponiamo i dolori nuovi di zecca, ancora belli impacchettati, nella borsa. Con il tempo, la borsa si fa sempre più pesante e allo stesso tempo ci illudiamo che il nostro animo sia più leggero.

Sbagliato. Non è leggero, è vuoto.

Un pieno che non sa altro che di vuoto.

I dolori accumulati che ci portiamo sulle spalle rimangono tutti non vissuti, racchiusi nel loro involucro di timore e preoccupazione, e con essi vi sono anche tutti quei dispiaceri già provati e non affrontati, gettati dentro quella borsa in fretta e furia. Avete mai fatto caso che quando riponete nella borsa i vestiti piegati per bene questa si chiude, mentre se li mettete appallottolati stavolta la zip fa fatica a chiudersi?

Una parte di me penserà sempre che sia tutto una subdola manovra di marketing dei produttori di borse ma, sorvolando sui miei ottusi pregiudizi, si può applicare lo stesso concetto nella quotidianità delle azioni. Nella borsa della nostra vita arriviamo ad aggrovigliare i pensieri senza di-spiegarli, senza nemmeno cercare di capirli, ed è naturale che poi nella borsa non ci entri più nulla e che risulti un macigno sull'orlo di implodere.

Dobbiamo far ordine e pulizia nel nostro passato, dobbiamo iniziare a parlarci, a comprenderci, a spiegarci. Inoltre, non è mai troppo tardi per cambiare borsa se la reputiamo ormai inadatta, fuori dalla nostra "moda" intesa come atteggiamento di vita. Tanto più la nostra moda sarà distesa, appunto "di-spiegata", tanto più saremmo vicini a dare un senso al nostro vissuto, portando con noi solo ciò che ci rende leggeri. Facendo anche fallire le case produttrici di borse, chiaro.

**8 agosto 2019**

"Le paure che non superi diventano i tuoi limiti"

Tutti abbiamo paura di qualcosa.

Da piccoli, c'è chi ha paura del buio, chi dei fantasmi, chi ancora del mostro nascosto nell'armadio. Crescendo, impariamo a gestirle perché capiamo che non possiamo vivere in eterno nella paura, che altrimenti quella non sarebbe vita, e si ha così tanta voglia di vivere che le paure riescono ad essere superate. Esatto, da bambini siamo mille volte più coraggiosi che da grandi.

Quando si diventa grandi le paure che ritornano sono un po' le stesse. In realtà, la paura non esiste di per sé, è solo una proiezione che rimanda ad altro. Non è la paura ad essere vera, è ciò che temiamo di essa a renderla tale. Il buio fa paura perché è privo di punto di riferimento, i fantasmi incutono terrore perché possono portarti via, il mostro terrorizza perché può farti del male.

Da grandi, ritorna la paura del buio quando ci scontriamo con il buio della nostra anima, il buio del dolore, dello smarrimento improvviso.
Ritorna la paura dei fantasmi del passato, ai quali ci capita di ripensare ogni tanto dando loro la possibilità di entrare in noi e confondere il presente. Ritorna la paura del mostro, un mostro che ora sentiamo dentro noi e non si trova nell'armadio o sotto al letto, si trova esattamente dentro la nostra mente e qui si nasconde davvero bene. Le paure che prima sentivamo fuori di noi ora sono dentro noi, e sono ancora più terribili perché, se prima potevamo scappare da una stanza, ora non possiamo farlo da noi stessi. Ogni paura ha un suo valore, ogni paura è degna di esistere e non va screditata, che sia paura dell'altezza, dei ragni, del cibo, di vivere o di morire, poiché non esistono mai di per sé ma si riferiscono sempre ad altro.

Queste paure ci ricordano che abbiamo ancora qualcosa contro cui lottare e per cui combattere, grazie alla paura sappiamo che abbiamo un'altra occasione per superare noi stessi e abbattere i nostri limiti. Le paure sono fatte per essere affrontate, e finché vivrà la paura ci sarà sempre un'opportunità di vittoria per noi.

Se da bambini siamo stati capaci di aprire gli occhi nel buio della notte, allora adesso siamo in grado di rivolgerci verso la luce della vita. Non voglio una vita priva di paura, voglio una vita piena di possibilità per sconfiggerla.

**6 settembre 2019**

"Capirai l'importanza di un sorriso solo se ti verrà negato"

Le foto non mostrano solo paesaggi o persone.

Le foto parlano.

Dietro una foto si nasconde tutta una vita, dentro uno scatto rubato si celato mille emozioni e pensieri.

Mi è sempre piaciuto fermare il tempo nelle foto, più che esserne il soggetto. Mamma mi diceva sempre "dai fammi la modella" e io pronta che piegavo la testa a destra ed esibivo il mio timido sorriso. All'epoca era solo un sorriso, delle labbra che si curvavano e che dicevano: "Sono felice di essere qui".

È arrivato un momento in cui nelle foto compaio sempre meno, scompaio dalle foto e così faccio dalla mia vita. Nelle poche foto in cui ci sono ancora, il mio sorriso non parla, è silenzioso, può solo sussurrare: "So di non voler essere così" ma cerca di non farsi sentire, si vergogna. Per otto lunghi anni il mio è stato il sorriso più falso che potessi avere, semplicemente perché non era il mio.

Ci si rassegna a quel sorriso da sostituto perché si teme che quello autentico non tornerà mai più, e quel sorriso falso serve solo a dire che non si è più capaci di sorridere ma che in fondo lo si vuole ancora.

Le foto non mostrano solo immagini, comunicano qualcosa.

Guardando le foto di oggi vedo un sorriso che urla a squarciagola e che era stanco di mettersi a tacere, di non entrare più nell'inquadratura della mia vita.

Sta urlando che essere di nuovo felice è possibile, non importa né come né quando, conta non smettere mai di provarci. Ed è un nuovo sorriso, non è quello che avevo perso, perché questo è decisamente più autentico e reale, è un sorriso che ha lottato, che si è spento per poi riaccendersi fino a diventare vita, una vita che ha saputo riconoscere il valore di un sorriso vero.

**9 settembre 2019**

"Felicità non è avere quello che si vuole, ma desiderare ciò che si ha"

Desiderare. De-sidus, letteralmente puntare alle stelle.

È questo che significa. Desiderare qualcosa vuol dire cercare un punto fisso, qualcosa che ci aiuti ad orientarci e non perdere la rotta, una stella che faccia luce anche quando è tutto buio attorno a noi. Avere un desiderio, un sogno o obiettivo, come lo si voglia chiamare, è di vitale importanza perché è grazie ad esso che siamo in grado di seguire la nostra strada e arrivare al futuro. Non deve per forza essere già conosciuto, non tutti i sogni hanno forme definite in partenza, alcuni si creano lungo la strada. Ma anche solo averne una timida voglia è già il primo passo a cui seguiranno poi tutti gli altri.

"Sai, M., vorrei potermi sentire a mio agio con il mio corpo, rispettarlo e capirlo quando cambia, anzi rispettarmi al di là della mia forma, vorrei essere felice senza sentirmi in colpa".

Il corpo cambia nel corso degli anni, ma ciò che racchiude resterà sempre uguale, saremo sempre noi stessi anche quando non ci sembrerà così. E in fondo saremo come i nostri desideri, che sono sempre lì pronti ad aspettarci, come le stelle sempre presenti nonostante qualche nuvola di passaggio le nasconda.

Forse a ricordarci che la felicità è proprio "desiderare" quello che si ha, ossia volere le stelle che sono già nel nostro cielo.

**13 settembre 2019**

Quando sei a pezzi, pensi a pezzi.

Quando hai troppi pensieri, pensi con più cervelli.
Un cervello nelle gambe, uno nello stomaco, uno nelle braccia.

Tutti a vedersi più grandi di quel che sono, tutti a punirsi per non essere come vorrebbero.

Ma noi non siamo solo un paio di gambe o un addome, noi siamo gambe, addome, braccia, testa, siamo tutto di noi, un tutto che è più della somma delle sue parti. A pezzi non siamo umani, e prima di tutto dobbiamo umanizzare i nostri pensieri. Non consideriamoci in base alle parti del corpo che ci compongono, ma pensiamo con il solo cervello che possediamo – uno già basta, non vi sembra? - guardiamoci con i nostri occhi e non con quelli dalla malattia.

Quando sei a pezzi, ti vedi per i singoli pezzi che ti formano, ma quando cominci a rispettarti e a capire che sei un unico soggetto e che sei integro proprio in virtù di queste parti, allora capisci che vale la pena riuscire a vederti per chi sei davvero, dalla testa ai piedi. E un bel giorno non sarà più solo un pensiero rassicurante, sarà realtà, un bel giorno riuscirai a reggere il tuo sguardo allo specchio perché avrai sostenuto pesi ben più pesanti, mentre quegli occhi che riflettono la tua anima saranno la cosa più leggera che potrai avere.

**19 settembre 2019**

"Impariamo a preoccuparci quando disimpariamo a sorridere"

Ho letto questa frase pochi giorni fa e mi ci sono rivista subito.

Più cresciamo, più perdiamo la capacità di meravigliarci della normalità, di stupirci di fronte al quotidiano. Al posto della meraviglia subentra il pensiero del futuro o il rammarico del passato, e così non viviamo mai l'occasione di sorridere nel momento presente.

Tra i tanti tipi di sorriso, quello più autentico è di sicuro quello privo di preoccupazione.

Perché esso non si pre-occupa del futuro, letteralmente non si occupa in anticipo di ciò che sarà perché non può trovarsi se non nel momento in cui nasce.

Le preoccupazioni in realtà non hanno il potere di risolvere qualcosa che non è ancora accaduto, e chissà se mai succederà, ma ci spingono solo a mettere da parte il nostro sorriso e a farci sentire sempre insoddisfatti, sempre desiderosi di essere diversi da come siamo.

Per anni mi sono pre-occupata di non essere mai abbastanza bella, abbastanza brava, abbastanza simpatica, fino ad abbandonare la prima cosa che mi rendeva abbastanza Elisa, ossia il mio sorriso disinteressato. Anzi, è stato il mio stesso sorriso a diventare preoccupato, a diventare una preoccupazione.

Può una vita preoccuparsi di un sorriso?

La sola preoccupazione che avrei voluto avere sarebbe stata quella di essere abbastanza felice, abbastanza me stessa. Ma in fondo è anche grazie a tutte quelle pre-occupazioni che ora, quando sorriso, mi sento sempre un po' più vicina ad essere la me stessa che vorrei, solo per quel breve attimo senza passato e senza futuro.

Solo io che sorrido davvero.

**18 ottobre 2019**

Quando, l'altro giorno, la maestra di danza mi ha accolta con i miei biscotti preferiti – per chi se lo stesse chiedendo, qui a Trieste si chiamano "brasiliani", ma sono anche conosciuti come "occhio di bue", in sostanza un semplice doppio biscotto di pasta frolla con la marmellata nel centro - ho provato una sensazione credo mai provata finora. Mi sono sentita come se tutti questi anni non ci fossero stati, come se il pensiero automatico della malattia non avesse avuto ragione d'esserci.

È strano da spiegare, ma ogni qualvolta mi ritrovo in una situazione dove c'è anche del cibo mi sento quasi in dovere di nascondermi, di evitare che gli occhi cadano su di me come quella che "è stata anoressica", frase di una scorrettezza che più offensiva non si può. Di conseguenza, la mia mente mi ricorda che in queste situazioni dovrei sentirmi a disagio perché chi ha sofferto di disturbi alimentari non può e non deve sentirsi tranquillo in vicinanza del cibo.

Quante cazzate.

Quanti ostacoli ci creiamo per non vivere serenamente e senza sensi di colpa. Quanti pensieri mettiamo nella testa degli altri e non mettiamo i nostri al primo posto.

Come posso pretendere che l'immagine passata di me non rimanga negli occhi degli altri se io, per prima, non mi vedo e non mi sento più l'Elisa di un tempo?

Sarò sincera, e forse anche ve l'avrò già detto, una grande parte di me ritiene che le sensazioni legate alla malattia non se ne andranno mai del tutto, come se fossero inserite nel mio DNA. Ma quella sensazione di felicità di fronte al sacchetto dei biscotti ha fatto crescere in me una piccola speranza di poter davvero pensare che essere felici sia possibile senza sentirsi in colpa e senza rinnegare se stessi, di poter considerare la mia vita come un'amica con cui ho trascorso più momenti positivi che non momenti di scordare. Io non devo scordare proprio nulla, non devo scordare chi sono stata né chi voglio essere, devo ricordarmi invece che io ora sono Elisa senza definizioni né passate né future, Elisa che se vuole essere felice per dei biscotti lo è senza pensare a come si sarebbe sentita una volta, perché io vivo adesso, sono viva ora.

**16 novembre 2019**

Pensa alla tua interiorità come ad un videogioco.

Ci sono livelli che devi superare con animali feroci, fossati, dirupi, prove di forza, e non conosci il livello successivo finché non superi quello in cui stai giocando. In alcuni livelli, puoi rimanerci bloccato anche per mesi, altri invece li superi quasi fossero una passeggiata.

Una delle tante prove a cui sei sottoposto è quella di ritrovare un pezzo mancante, per esempio la parte di una mappa, oppure di una scatola, o ancora, di trovare un personaggio scomparso (forse te stesso?).

Nel videogioco impersoni il tuo alter ego, un "avatar" che possiede le caratteristiche che vorresti avere nella vita reale. Forza, intraprendenza, coraggio, prestanza, pressoché onnipotenza, e hai a disposizione più vite. Quando hai più vite, non ci pensi due volte a saltare fossati, a lanciarti in corsa sopra un lago di coccodrilli, ad affrontare il tuo acerrimo nemico. Ma quando ti rimane una vita sola, ecco allora che fai molta attenzione e calibri le tue mosse per evitare il temuto game over.

Ma sai una cosa? Dentro noi possiamo anche morire più volte, ma nella vita reale abbiamo sempre un'unica vita che non ammette passi falsi. E per questo devi averne paura? Solo perché hai un'unica possibilità, devi precluderti le mille opportunità di viverla come vorresti?

Se nel tuo "videogioco" eri l'eroe dell'avventura, sicuro e impavido, puoi essere così anche fuori. Puoi impersonare chi sogni di essere, chi scopri di avere dentro, anche nel mondo vero, anzi, è proprio grazie ai livelli interiori superati che ottieni la forza che ti rende te stesso e che di conseguenza puoi e devi tirar fuori. Ogni livello che superi recuperi una parte di te, nonostante le mille difficoltà a proseguire, arriva il momento in cui capisci come devi agire, che mosse devi fare o che altri percorsi devi seguire, e tutte queste conoscenze ti servono poi per affrontare i livelli che seguono, presumibilmente sempre più difficili, ma tenendo conto che tu diventi sempre più forte e abile per giocarci.

Così vale nella vita vera, ci sono molti momenti in cui non si può pretendere di andare avanti se non si possiedono ancora le abilità necessarie, o se non si è ancora sbloccato quel qualcosa che ti permette di proseguire. E non devi fartene una colpa o avere paura di ciò che accadrà o non accadrà, se ti senti momentaneamente arenato, perché tutto avviene al giusto tempo, o meglio, al tuo giusto tempo, che vale per la partita che tu stai giocando. Dopotutto, la vita non è che "una partita giocata con la dea fortuna" (per chi se lo stesse chiedendo, altra citazione da "Titanic").

**26 novembre 2019**

"Cadendo, la goccia scava la pietra, non per la sua forza, ma per la sua costanza"

Certo che si fa fatica a costruire barriere. È più estenuante erigere alte mura attorno a noi piuttosto che aprirci al mondo e lasciare che quest'ultimo entri in noi. Io, di barriere, ne ho create davvero parecchie, anzi, ne costruivo una sopra l'altra, di modo che il mio spazio diminuiva sempre più.

Vivevo in una dimensione occupata da barriere e, più esse aumentavano, più aumentava la mia paura verso l'esterno, e di conseguenza diminuiva lo spazio che invece avrei dovuto dedicare a me stessa. Ero arrivata al punto in cui questi muri mi avevano rubato tutta l'aria, avevano messo in ombra ogni cosa e, come il tempo passava, li costruivo sempre più pericolanti perché dopo tanto costruire le forze venivano meno.

Quindi all'inizio è stato facile buttar giù le ultime mura, quelle più concentriche ed interne, proprio perché le avevo costruite di fretta.

Il difficile viene dopo.

Il difficile è quando ti scontri con quelle antiche mura che hai costruito tanto tempo fa, e quelle sì che sono solide e resistenti, proprio come la mia paura dell'epoca, un terrore di lasciarmi vivere che superava di gran lunga tutto il peso di quelle mura messe assieme.

Ma come ogni lavoro difficile, non significa sia impossibile.

Non è impossibile abbattere anche quelle prime barriere, il segreto è agire poco alla volta, giorno dopo giorno, passando le giornate a realizzare i piccoli passi avanti e non pensando a quanto manchi prima di vedere finalmente la luce dell'esterno. Che poi, mica serve buttar giù tutto il muro: puoi anche scavare un passaggio al di sotto di esso, oppure costruire una scala e scavalcarlo, azioni che sì richiedono tempo, ma che alla fine non saranno vane.

Devi credere che la stessa forza con cui hai sollevato i macigni sarà la stessa che ora ti arriverà per non mollare e per credere ancora di più in te stesso, per dare al tuo futuro la fiducia che merita e che non gli hai mai dato.

**10 dicembre 2019**

Negli ultimi otto anni, il Natale per me non è mai stato Natale. Non ha portato la gioia, il calore, l'emozione, le luci che era solito portare quando ero ancora una bambina.

In questi ultimi anni, il Natale per me significava tristezza per non riuscire a provare quella gioia, portava ancora più freddo, rappresentava agitazione di dover stare in famiglia, con quantità e qualità di cibo che mi spaventavano, e tutto questo mi faceva cercare il buio, più che altro interiore.

Ho sempre vissuto male questi ultimi Natali a causa del primo in cui tutto cominciò, perché iniziai a stare male proprio durante il periodo più bello dell'anno, che per me era diventato falso tutto ad un tratto, falso come il mondo che mi circondava. Dunque ogni anno la sua invisibile presenza si fa sentire, quel Natale negativo è sempre riuscito a sgattaiolare dentro ai successivi, finendo per contaminarli del suo ricordo e di tutte le sensazioni che lo accompagnavano.

Non nascondo che anche quest'anno, per la precisione già il mese scorso, all'avvicinarsi del periodo natalizio, in me è tornato quel presentimento, che a rigor di logica mi spingeva a pensare che questo Natale non sarebbe stato diverso dagli altri, nei quali anche solo un minimo accenno di felicità veniva guastato dal pensiero che per me, il Natale, non potrebbe mai essere un periodo bello o felice.

Ma non è giusto. Non si può permettere a una nuvola di oscurare tutto il cielo. Non è giusto che un momento negativo nella mia vita abbia il controllo su tutti gli altri e li etichetti a prescindere, senza darmi nemmeno la possibilità di viverli diversamente.

Stesso discorso vale per la mia persona, non devo ritenermi incapace solo perché non so fare tutto, o meno bella perché una singola parte del mio corpo non mi piace, o ancora, non mangiare più un determinato cibo perché lo collego a qualcosa di negativo.

Quest'anno potevo far scegliere ancora al Natale 2011 come avrei vissuto il presente, oppure per la prima volta dopo tanto tempo potevo scegliere io. Ho scelto di seguire ciò che mi rendeva felice, e che l'avrebbe fatto senza crearmi senso di colpa. Ho scelto di decorare un albero di Natale come non l'avrei mai fatto, proprio perché il passato potesse ammirare ciò che si è perso in tutti questi anni.

Se è sicuro che non posso cambiare il Natale passato, è anche vero che il Natale passato non deve cambiare la me che sono diventata. E questo mio cambiamento è la prova che anche il Natale per me può essere diverso, e non solo come data o ricorrenza, ma come approccio alla vita, a ricordarmi che tutto in fondo merita una rivalutazione, un riscatto, un'altra possibilità di essere vissuto in modo diverso, in modo autentico e quindi unico, perché è chi lo vive che fa la differenza. Non facciamo decidere al passato del nostro presente, decidiamo vivendo il presente come se ci fossimo solo noi e lui, perché è tutto ciò che realmente abbiamo.

**14 dicembre 2019**

Metterci una pietra sopra o voltare pagina?

Sono espressioni che si usano quasi come sinonimi, ma in realtà sono molto differenti.

Quando dico "metterci una pietra sopra" mi riferisco soprattutto allo sforzo che dovrò fare per superare una certa situazione che non mi fa stare bene, una fatica che viene immaginata proprio come se bisognasse sollevare un macigno per coprire e nascondere, per tappare qualcosa di scomodo, quasi a voler dimenticare che sotto la pietra ci possa essere qualcosa.

Se però, un giorno, capitasse che io decida di ripensare a quella situazione, farei altrettanta fatica per sollevare la pietra e poi per metterla di nuovo giù.

Metterci una pietra sopra significa sotterrare i ricordi, non superare gli eventi negativi, e anche investire buona parte delle proprie energie in rancore e in un amaro senso di sconfitta.

"Voltare pagina" mi fa già sentire meglio. È un gesto leggero, elegante, che muove l'aria e non la immobilizza, che mi fa proseguire nella lettura della mia vita e non rischia di rovinare quello che, invece, la pietra potrebbe spezzare al di sotto di essa. Voltare pagina mi permette anche di tornare indietro in modo altrettanto facile e veloce senza troppi sforzi o frustrazioni. Inoltre, mentre volto pagina c'è la possibilità di vedere le parole scritte sul retro, se in presenza della luce migliore. Questo significa che le pagine precedenti contengono ciò che mi permette di capire il loro proseguimento e che se vorrò le avrò sempre a portata di mano.

Una vita vissuta a leggere la propria storia è di sicuro più soddisfacente che continuare a coprire i propri passi con pietre su pietre, costruendo mura attorno a sé invece di aprirsi a nuove letture.

Una vita, ora, leggera come un foglio di carta, sul quale sono racchiuse parole di estrema importanza che nessuna pietra al mondo è in grado di scalfire.

# 2020 – CRESCERE

**27 gennaio 2020**

Essere figli ed essere genitori.

Due ruoli opposti eppure così simili, con tante cose in comune che spesso passano in secondo piano e che invece possono essere utili per capirsi vicendevolmente.

I figli sbagliano, i genitori perdonano, di solito funziona così, si pensa che questa debba essere la norma. Ma quando sono i genitori a sbagliare, o a fare qualcosa per il bene del proprio figlio - che però non viene recepito come tale - ecco che allora i figli si rifiutano di perdonare, perché considerano il perdono una qualità che non compete loro e che non dovrebbe rientrare nel loro ruolo.

Ma esiste forse un ruolo per essere semplici persone?

Sbagliare e perdonare non sono azioni esclusive, un figlio non può solo sbagliare e un genitore non deve solo perdonare, entrambe le figure partono ad armi pari e hanno le stesse possibilità di azione in quanto persone.

Quando si diventa genitori non si riceve un libretto di istruzioni, si seguono solo quelle dettate dal cuore e dalla ragione, così come quando si nasce non si sa nulla su come essere dei figli modello.

Partire ad armi pari, senza indicazioni, potrà anche essere uno svantaggio ma può anche diventare un valido motivo per costruire qualcosa assieme e per capire cosa significhi davvero essere genitori ed essere figli, volendosi bene e arrabbiandosi, sbagliando e perdonando, capendo che al di là dei rapporti familiari ci sarà sempre un legame più forte che durerà per la vita, e che questo legame si sarà creato proprio riconoscendosi a partire dallo stesso livello.

Vi voglio bene, mamma e papà.

## 25 febbraio 2020 - Diario di una pandemia

Evitare persone, situazioni, luoghi, contatti.

Misure preventive e necessarie, specie se si tratta di un virus che può trasmettersi molto facilmente.
E se questa stessa prassi riguardasse anche le emozioni e le sensazioni?
Quanto durerebbe il mondo se la sofferenza si potesse trasmettere come un virus?

Solo ora capisco perché vivere questi giorni mi abbia fatto e mi comporterà un effetto devastante, oltre che naturalmente umano.

Io l'avevo già vissuto.

Durante la malattia era tutto esattamente come si sta dimostrando ora, solo che prima lo vivevo solo io, lo vivevo solo dentro me. E adesso, vederlo materializzato all'esterno nella vita reale mi ha tremendamente scioccata, sento che le mie fragilità dell'epoca sono state messe a nudo come se il mondo intero ora possa capire l'angoscia che provavo, e che ora mi rifiuto di tornare ad avere nella mia nuova vita.

Vedo le persone all'interno delle loro bolle, e pensare che una volta quello era tutto il mio mondo mi fa male, mi fa capire ancora di più quanto io mi fossi persa.

Stai lontano dalle persone, evita eventi, feste, ritrovi, socialità, fino ad averne paura, una paura che da un momento all'altro può sfociare in terrore senza che tu te ne renda conto. Una paura con cui ti fondi, che prende il tuo posto. Senza saperlo, ero diventata le mie stesse emozioni, mi ero trasformata nella mia paura, nel mio stesso dolore. D'altra parte, se ti togli tutto ti resta ben poco, appunto resti solo con le tue emozioni e col tempo non distingui più il tuo riflesso dal loro.

Quando la mattina mi svegliavo, ci mettevo un po' a capire in che punto della mia vita mi trovassi e se realmente quello che ricordavo del giorno precedente fosse successo o meno, per poi rendermi conto che sì, davvero la mia vita era bloccata, era in pausa, sospesa e incerta, e quella paura nel corso della giornata pian piano aumentava perché la mettevo sempre da parte, avevo fatto così una grande scorta di paura da poterci campare per anni. C'è un particolare però che ricordo di quel tempo e che mi dà speranza, sia per uscire dall'attuale e assurda situazione, sia per uscire da un comune problema quotidiano.

Ricordo che ogni giorno, inconsapevolmente, quella stessa paura del mondo diminuiva se mi davo la possibilità di aumentare la conoscenza di me stessa, di riconoscermi il diritto di provare le mie emozioni, di realizzare che se ogni mattina mi svegliavo, forse una possibilità potevo averla.

In questo modo, giorno dopo giorno la mia condizione di isolamento dalla vita si è notevolmente ridotta e ho potuto provare sulla mia pelle tutto ciò che avevo sempre evitato, scoprendo che se anche ne venivo contagiata in quel caso ricevevo in cambio solo la vita.

Sbagliavo a credere che si potessero trasmettere solo le emozioni negative, intese come "privative" che ti tolgono qualcosa, perché in realtà in situazioni di emergenza conta molto aggrapparsi alle emozioni positive, anche se non le possediamo, perché possiamo sempre crearle.
So bene che il pensiero conta poco in confronto ai fatti, ma se vogliamo parlare in termini di contagio, be', non bisogna sottovalutare nemmeno il potere delle nostre emozioni, le prime a creare ma anche a sconfiggere i cosiddetti "batteri mentali".

**1 marzo 2020**

Ogni momento è un nuovo inizio.

Un anno. 365 giorni. 525.600 minuti.

Mi fa uno strano effetto fermarmi a pensare. È come se fossero passati dieci anni e allo stesso tempo mi sembra appena ieri di aver varcato la soglia di quella che ora è casa mia. Forse perché durante questi mesi ho vissuto più vita di quanta ne avessi vissuta in vent'anni, ho riscoperto la bellezza di sorprendermi davanti all'imprevedibilità di ogni singolo giorno, di meravigliarmi delle piccole cose che rendono ogni giornata quella giornata.

Ma soprattutto, per la prima volta ho realizzato di avere una vita che fosse solo mia, di avere tutto il diritto e il dovere di assorbirla fino all'ultima goccia. La vita che avevo prima non poteva definirsi tale, perché arrivata a fine giornata non avevo imparato nulla, sentivo che la mia anima non si era arricchita quanto avrei desiderato o quanto pensavo si meritasse di ottenere dalla vita stessa. Per questo motivo, è naturale che tutto ciò che ha seguito il mio trasferimento io l'abbia sentito amplificato di cento, mille volte sulla mia pelle e nel mio cuore.

Ricordo benissimo i dubbi e le insicurezze, le domande se quello che stavo facendo non fosse un enorme sogno utopico o, più concretamente, una gran cazzata, mi domandavo se non stessi sopravvalutando le mie reali capacità di fronte ad una prova che in cuor mio non credevo di poter superare così facilmente. Ricordo però che in me c'era anche una gran voglia di sfidarmi, di provare a me stessa, più che agli altri, di poter diventare un'adulta e smettere di essere figlia del mio dolore, ricordo il mio desiderio di sentirmi finalmente libera nonostante sapessi che non sarebbe stato né facile né veloce e che mi avrebbe richiesto uno sforzo sovraumano.

Un anno fa non avrei mai pensato di poter scrivere queste parole, di potermi scoprire così nuova ma anche così Elisa, come in fondo lo sono sempre stata.

So che ho ancora molto da costruire e da conoscere, da affrontare e sconfiggere tra cadute e rialzate, ma ora so che la nuova Me ne sarà altezza perché l'ombra del suo passato non è più in grado di oscurare ciò che la circonda o ciò che l'attende. Ma non perché il mio passato si sia allontanato da me tutto d'un tratto o io sia fuggita da esso – come, lo ammetto, all'inizio credevo di dover fare - ma semplicemente perché io mi sono alzata in piedi e ho preso per mano la Me passata facendole spazio al mio fianco.

## 8 marzo 2020 - inizio quarantena, mente e corpo

Non è facile continuare a vivere la propria vita quando tutto attorno a te è completamente sottosopra.

Non è facile cercare di vivere la propria serenità quando il concetto stesso di serenità sembra svanito nel nulla. Penso alla mia voglia di vedere il mondo, alle belle giornate di sole che tra poco arriveranno, al mio bisogno di stare in compagnia delle persone che amo. Tutto da rimandare, con un grande punto interrogativo che mi segue come un'ombra. Penso ai corsi dell'università che da tanto sognavo di seguire, penso a tutta la fatica che ho fatto per aprirmi all'ambiente esterno e a non rinchiudermi di nuovo in me stessa, penso ai miei amici che per la prima volta in vita mia posso considerare veri, penso alla mia famiglia che vorrei rendere fiera delle cose che faccio ma che ora non posso dimostrare, penso al mio rapporto col cibo che è sempre molto altalenante ma che ora può essere anche motivo di ritrovo e momento di socialità. E penso anche che tutto sommato dovrei sentirmi fortuna a non vivere nella zona rossa, che molte persone si trovano in una situazione peggiore e che non dovrei paragonare il mio stato al loro.

E invece sì. Tutti, da nord a sud, siamo accomunati da una profonda sofferenza che invece di essere esternata come panico dovrebbe essere condivisa con umanità e consapevolezza, dovrebbe diventare il collante che ci farà superare questo terribile periodo e non ciò che ci porterà ad affossarci sempre di più.

È per questo non penso sia giusto non considerare il valore di ogni singolo giorno, oggi la festa della donna, che non deve essere accantonata perché "meno importante" di ciò che sta accadendo al paese, perché se iniziamo a considerare le nostre vite meno importanti di ciò che ci circonda, be', forse non abbiamo capito il vero senso della vita e di conseguenza per l'ennesima volta non saremo ancora uniti.

Sta in noi mettere l'umanità al primo posto.

**10 marzo 2020**

Le api volano di fiore in fiore per estrarre il nettare, senza però intaccare il fiore su cui si posano. Si fermano un attimo, colgono ciò che di buono il fiore offre loro, e poi riprendono il volo alla ricerca di altro nettare vitale che possa saziare la loro voglia di vivere.

Così dovremmo fare tutti noi, nel mezzo dell'orrore in cui ci ritroviamo, riuscire a trovare i fiori che possano darci quel nettare di speranza atto a non lasciarci andare al dolore e alla tristezza.

Conosco bene, perché l'ho vissuta, la sensazione di smarrimento e la debolezza che si sente addosso quando tutto attorno a te sembra crollare, e se per me quello poteva esistere solo nella mia mente, ora purtroppo è reale e ugualmente disarmante, e ci accomuna come non mai, oltre a farci capire quanto scontata possa essere la quotidianità. Però solo attraverso il nettare che esiste ancora attorno a noi, solo tramite quello saremo in grado di uscirne vivi, e per vivi intendo con la voglia di vivere, non soltanto in carne ed ossa. Il nettare che riusciremo a raccogliere oggi sarà quello che in futuro potrà creare altro nettare, che giallo come il sole tornerà ad illuminare i nostri animi e non solo il cielo sopra di noi.

Immergersi a capofitto nella tragedia non è né utile né risolutore, mentre cercare di razionalizzare e agire in funzione di garantire altro nettare è ciò che deve essere fatto, per il nostro bene e per quello degli altri. Un mondo pieno di fiori è più colorato, più profumato, più potente della tristezza stessa.

**15 marzo 2020**

"Le parole dovrebbero comportarsi come le unità di misura. Un metro è e resta sempre un metro. Alle parole non dovrebbe essere permesso cambiare significato"

Quando veniamo in argomento, papà non riesce mai a pronunciare la parola "anoressia". La chiama "quella roba lì" o "il mostro", forse credendo che mi faccia male sentirla, o forse credendo possa fare male a lui. È difficile pronunciare parole che hanno troppe definizioni, non si sa mai quale sia quella più giusta.

Ad oggi, quella che mi sento di condividere con voi è questa: l'anoressia è brivido del dominio. Tanto distruttiva quanto difficile da abbandonare, una responsabilità che non ti spetta e che non sei in grado di sostenere, finendo così per perdere il controllo sul tuo obiettivo di controllare. Chiedere aiuto non è facile, non solo perché si è incapaci di realizzare l'effettiva gravità della situazione, ma soprattutto perché una volta aperti gli occhi ci si vergogna di non essere stati in grado di controllare la propria smania di controllo. Controlli e ti privi del cibo come fai con le relazioni, vorresti essere padrone e protagonista del rapporto che hai con l'altro, ma non sempre ciò è possibile, e quando vieni escluso, allontanato o rifiutato per l'ennesima volta, ecco allora è lì che metti in atto l'unico tipo di controllo che senti di poter attuare, ovvero quello sul cibo, sulla cosa più immediata e quotidiana che hai a disposizione, sulla quale puoi dominare e decidere.

È come se, tramite il cibo, tu volessi parlare, tramite la tua non-presenza nel cibo cerchi di reclamare la tua voce, speri che qualcuno possa sentirti, o meglio, che qualcuno possa parlare al posto tuo e spiegarti le tue stesse emozioni. Ma non è evitando di pronunciare quella parola a voce alta che la si rende meno reale, e alla parola anoressia, come a molte altre parole, non dovrebbe essere permesso cambiare significato né perdere parte di esso.

Però, anche se l'anoressia può essere tante cose, una cosa è certa, l'anoressia non dev'essere più noi.

Buona giornata del fiocchetto lilla a tutti, a chi sta soffrendo, a chi ha sofferto, a chi ha visto soffrire, e a chi continua a combattere per non soffrire più.

**16 marzo 2020**

Conosco molto bene cosa significa pagare il prezzo delle cose che non hanno prezzo.

Conosco molto bene la sensazione di privarsi di qualcosa che ha sempre fatto parte della vita e che da un momento all'altro non viene più considerata tale, vedersi crollare addosso il proprio castello di certezze e sicurezze a causa di un tornado arrivato più veloce della luce.

Conosco molto bene com'è sentirsi in bianco e nero quando il mondo attorno a te è più colorato che mai.

E conosco molto bene anche com'è rifiutare un abbraccio o un gesto d'affetto nel momento in cui magari se ne avrebbe più bisogno.

Conoscere tutto questo di certo non aiuta, però rincuora. Rincuora per il semplice fatto che proprio perché esiste tutto questo, esiste anche il suo contrario. Esiste ancora una vita degna di questo nome, esiste ancora il luogo in cui posano le macerie del castello, esiste ancora il proprio essere a colori in un mondo a colori, esistono ancora gli abbracci e i baci, come esiste ancora una flebile ma allo stesso tempo potente energia vitale che aumenta ogni giorno che passa, e che sarà quella che tirerà fuori dai nostri cuori il meglio che essi potranno dare.

**19 marzo 2020**

È da poco che lo chiamo "papà" senza sentirmi strana, è da poco che ne ho il coraggio. Negli ultimi tempi ho cercato di mettermi nei suoi panni, nei panni di un padre che per anni ha visto sua figlia spegnersi senza un apparente motivo, un padre che è stato escluso dalla sua vita non capendo per quale motivo se lo meritasse. Vedeva che, come in lei cresceva il dolore e la sofferenza, in lui crescevano rabbia e confusione.

Ho provato ad immedesimarmi in un padre che si è sentito privato della possibilità di esserlo, di poter essere il punto fermo di cui sua figlia aveva bisogno, e non il suo punto interrogativo. La verità è che credo di aver allontanato mio padre perché mi infastidiva realizzare che in fondo ero come lui, perché a volte vedersi riflessi nelle persone può appannare la vista invece di renderla più chiara.

Determinato, sicuro di sé, senza il bisogno dell'approvazione di nessuno, benvoluto da tutti, proprio com'era la piccola me. Detestavo soprattutto il fatto che lui non si odiasse come invece stavo cominciando a fare io con me stessa. Malgrado le sue insicurezze, lui mi dava l'impressione di accettarsi più di quanto io avessi mai potuto fare con me stessa.

La soluzione, e punizione potrei dire ora, era quindi diventare l'esatto contrario di ciò che ero per non dovermi più vedere riflessa al di fuori di me. "È difficile voler bene a qualcuno che non ricambia il tuo affetto", eppure lui ha continuato a volermene, anzi, è stato così che forse si è reso conto di quanto tenesse a me.

Non so come si fa ad essere un genitore, e solo in parte so com'è essere figlia, ma so per certo che per entrambe le parti non è facile e che nessuno ne ha piena consapevolezza se non diventandolo, genitore o figlio.

Posso sperare che col tempo riusciremo a capire il significato dei nostri ruoli, lui come padre ed io come figlia, entrambi come le persone autentiche che siamo.

**23 marzo 2020**

In tempo di guerra, la prima cosa a cui ognuno pensa è di fare scorte in vista di un periodo di tempo imprecisato, sperando debba durare il meno possibile ma ritenendo saggio prevederlo molto più lungo.

Ecco così che stanze intere si riempiono di beni di prima necessità e non solo, e una volta finito il tremendo periodo in molti si ritrovano a non riuscire a finire tutte le scorte fatte, dovendone buttare la maggior parte poiché scadute.

Lo stesso vale per le emozioni e i sentimenti.

Quando viviamo una situazione difficile siamo sempre più portati ad agire piuttosto che provare emozioni, le quali finiscono recluse in una stanza del nostro cuore dove si ammassano creando scorte su scorte.Accumuliamo emozioni per paura che da un momento all'altro possano finire e non le viviamo perché temiamo che prima o poi ne rimarremo senza.

E così anche le emozioni scadono.

Una volta riaperta quella stanza e ritrovate tutte le emozioni buttate dentro alla rinfusa scopriamo con profondo dispiacere che molte sono ormai da buttare perché non più valide per il momento presente. Erano da vivere prima, nel momento del bisogno, non dovevano essere messe da parte, il loro perché ce l'avevano nel momento esatto in cui le abbiamo accantonate.

In questi giorni mi sono ritrovata ad avere voglia di un pezzetto di cioccolata o di un biscotto in particolare ma decidevo di farmela passare perché volevo salvarmi quel momento per un'altra volta, per paura che, semmai ne avessi avuto di nuovo voglia, non li avrei trovati. Credo di aver agito così per tutta la mia vita, per ogni situazione possibile, materiale o mentale che fosse. Cibo e emozioni vanno vissuti quando lo richiedono, non vanno posticipati o salvati perché altrimenti perdono tutto il loro valore.

Siamo nel qui ed ora, non nel dopo, perché dopo è troppo tardi, e anche la vita ha una data di scadenza, e la si scopre nel momento esatto in cui scade.

## 1 aprile 2020

Non ho mai pensato di poter esistere senza danza.

Non sono né sarò mai una ballerina professionista, figuriamoci, ma sento che, indipendentemente da questo, la danza fa parte del mio DNA, non ricordo un solo momento della mia vita in cui "danza" non sia stata presente.

Nella mia scuola di danza ci sono cresciuta, per diciotto anni ho fatto lo stesso tragitto casa-danza-danza-casa, ho salito quei due piani di scale - negli ultimi anni sempre di corsa perché perennemente in ritardo -, ho aperto quella porta con la targhetta "centro di danza classica", ho attraversato il corridoio guardando dalle vetrate la lezione che si stava svolgendo, e vedere le bimbe mi faceva sempre spuntare un sorriso. Sentire la musica non appena varcavo quella soglia mi faceva dimenticare tutto ciò che lasciavo fuori, e lì ero al sicuro perché ero a casa, ero nella mia seconda famiglia, ed è indubbio che lo resterà per sempre.

Tutta la sicurezza derivante da queste azioni e eventi non la potrò più vivere.

Sapevamo già che da giugno avremmo dovuto lasciare la nostra sede, ma giugno sembrava sempre così lontano che tra i preparativi del saggio - che non si farà più - e le risate con le mie compagne, ho cercato di non pensare troppo a come sarebbe stato l'addio. Ebbene, come tutti sappiamo, a causa dell'attuale emergenza Covid-19, anche la mia scuola ha dovuto chiudere, e questi ultimi mesi a danza nessuno me li potrà ridare, nessuno mi potrà ridare le parole e le risate che ci sarebbero state.

Mi fa rabbia, mi fa tristezza, mi fa sentire impotente, mi fa scendere lacrime amare ogni volta che ci ripenso, mi fa sentire privata di un pezzo della mia vita, come se mi fosse stato strappato a forza e gettato lontano dove non posso raggiungerlo.

E sapere che forse l'ultima volta che ero lì potrebbe essere stata davvero l'ultima, senza che io abbia avuto la possibilità di vivere quel momento e di capire cosa stesse succedendo, mi ha creato una voragine nel cuore che davvero non so spiegare.

Quando mi sono sfogata con la psicologa, dicendole che in questo periodo sento di star perdendo sempre qualcosa, lei mi ha ricordato che tutta la vita passata lì nella scuola di danza non se n'è andata, resterà sempre nei miei ricordi e questo nessuno potrà togliermelo.

Ha ragione, anche se le cose finiscono non significa che spariscano dalla nostra vita.

Perderò ancora molte cose, ne troverò altre, ne ricorderò altrettante e riderò e piangerò, ma quando ripenserò a danza, lei riuscirà sempre a darmi tutto ciò di cui avrò bisogno, perché vivrà sempre dentro me e non finirà mai.

**2 aprile 2020**

Dopo otto anni, ti ho ripresa tra le braccia.

Sono sincera, non avrei mai creduto di poterti rivedere, ancora meno di poterti suonare di nuovo. Il peso di questi otto anni si è magicamente dissolto non appena ho iniziato a fare vibrare le tue corde e, con mio grande stupore e meraviglia, mi sono ricordata di come si faccia a creare una melodia insieme a te.

Ho abbandonato tante cose in questi anni, oggetti e persone, senza rendermi conto che con essi stavo abbandonando anche dei pezzi di me.

E forse all'epoca ho interpretato la morte di Claudio come segno dell'universo per non suonarti mai più, per chiuderti nella tua custodia e col tempo dimenticarmi della tua esistenza. Ma non ti ho mai dimenticata, non avrei mai potuto, anche perché tu continuavi a ripresentarti nella mia mente e ad infastidirmi come una zanzara.

"Ormai è passato troppo tempo, non saprò mai più fare nulla, figuriamoci leggere le note o fare degli accordi". Ho sempre pensato così, e potrei dire lo stesso per tutte le attività che ho smesso di fare da quando il mio mondo è diventato solo di ombre e buio. Ma la musica è una forma di luce, così come lo sono state la danza e il disegno, la mia famiglia ed i miei amici.

Quindi sono passata dal "non posso più farlo" al "chissà se ne sono ancora capace", dalla curiosità sono arrivata alla realizzazione.

Cara chitarra, forse ti sarai stufata di aspettarmi per così tanto tempo, ma da quando ci siamo ritrovate pochi giorni fa non l'hai dato a vedere, se non facendo i capricci mentre ti cambiavo le corde. Abbiamo suonato come una volta, abbiamo creato melodie vecchie e nuove, e tu mi hai fatto conoscere di nuovo l'Elisa che ero ma anche quella che sono ora, perché rivivendomi attraverso te mi sono scoperta più nuova di quanto potessi immaginare.

**8 aprile 2020**

Gli spazi sono importanti.

Gli spazi non contengono solo persone o oggetti, ci sono anche i nostri pensieri e le nostre parole. Essendo costretta - e fortunata - a fare le sedute con la psicologa distesa sul divano di casa mia, con il tablet impostato su Skype davanti a me sistemato in bilico sulla sedia, ho capito che, per quanto si cerchi di ricreare una stessa situazione in un ambiente diverso, non è la stessa cosa, non porta allo stesso risultato.

Nel suo studio facevo uscire i miei pensieri e, una volta terminata la seduta, io uscivo e loro rimanevano lì, così che io potessi sentirmi con meno peso sul cuore, e succedeva davvero. Uscivo da lì e mi sentivo come depurata, più pulita. E, solo se avessi voluto, avrei ripreso in mano quei pensieri la volta successiva, altrimenti potevo considerarli superati, analizzati, metabolizzati.

Invece ora, io butto fuori i miei pensieri ma questi continuano a fluttuare nell'aria di casa e va a finire che prima o poi me li rimangio, loro rientrano in me e si può dire che il risultato della seduta sia dimezzato, sento di aver fatto un lavoro a metà, metà passo in avanti. Prima i pensieri erano cotti a puntino, avevano il loro tempo di cucinarsi e di essere digeriti, ora sono quasi crudi, mi restano indigesti e non riesco a mandarli giù.

Può sembrare una banalità, ma lo spazio di casa non può essere vissuto come quello di una seduta psicoterapeutica, altrimenti quest'ultima non avrebbe motivo di svolgersi altrove. Chiaro che nell'emergenza in cui ci troviamo qualunque cosa va benissimo e deve andare bene pur di non sacrificare completamente il mio percorso, ma non mi sento nemmeno di dire che stia andando tutto bene, o meglio, che io senta il giovamento che sentivo prima.
Questo in fondo mi è servito a capire che come ogni cosa ha il suo tempo, così ogni cosa ha anche il suo spazio, come ognuno di noi ha il diritto di avere il proprio spazio nella propria vita e non solo lasciarsi vivere senza sentirsi vivo.

E da qui voglio ripartire, anzi, da qui voglio continuare, non pensando di aver accumulato domande su domande ma capendo forse di aver trovato la risposta a qualcosa di più grande. Che forse ora ho gli strumenti che mi permettono di buttare quei pensieri fuori dalla finestra se questi si ostinano a restare in casa, ecco, che escano loro per me e che mi lascino stare una volta per tutte. Perché il mio spazio non è il loro, il mio spazio è solo per me e per i pensieri che mi aiutano a viverci, siano essi felici o tristi, ma mai con quel dolore che mi fa sentire vuota da scoppiare, mai con quel dolore che è capace di prendere il mio posto nel mondo.

**9 aprile 2020**

È tutto così veloce al giorno d'oggi, non c'è tempo.

Mangiamo in cinque minuti, con un solo clic otteniamo migliaia di informazioni, dobbiamo scegliere troppe cose e dobbiamo essere decisi, sicuri, o questo o quello, mai un passo falso, dobbiamo sapere subito cosa ci piace, come ci sentiamo, cosa proviamo in ogni singolo momento. Non c'è tempo per capire chi siamo, ma vogliamo lo stesso saperlo all'istante.

Quanti di voi hanno visto crescere un fiore? Di certo è qualcosa che richiede tanto tempo, ed è difficile aspettare. Ma se guardassimo un fiore crescere, capiremmo che la vita richiede tempo. Da quel seme messo nella terra nasce un intero mondo che, come per magia, sprigiona il suo profumo e mostra i suoi colori.

Nella frenesia, nella velocità di cui siamo schiavi, è facile sentirsi confusi e ritrovarsi in un mondo che non riconosciamo come nostro, ma che per inerzia ci facciamo andare bene, perché non c'è tempo per pensare, non c'è tempo per notare i piccoli cambiamenti che come piccoli fiori sbocciano lenti ma inesorabili.

La prossima volta che vedrete un fiore ricordate che una parte della sua bellezza è la lentezza con cui è cresciuto.

Diamoci tempo e fioriremo anche noi.

**11 aprile 2020**

Sorrido, mi ripeto costantemente di guardare ai lati positivi, che seppur piccoli ci devono essere, magari nascosti in un angolo, magari caduti dietro al divano, ma so che ci sono. Dentro però mi sento distrutta, mi sento a pezzi, letteralmente spezzata.

Forse è anche colpa mia, con il mio brutto vizio di attaccarmi tanto alle persone e alle cose, a proiettarmi così spesso fuori di me e a lasciare tanti piccoli pezzi di me in ciò che mi circonda, sicura che tanto avrei sempre la possibilità di recuperarli, vedendo le persone a me care o andando nei miei luoghi soliti. Anzi, proprio perché mi stava cominciando a piacere l'Elisa che ero quando ero a danza, o al bar con le amiche, o semplicemente a camminare sul mare, ecco era così che ero in grado di recuperare tutti i miei pezzi che avevo distribuito attorno a me con tanta voglia di creare legami, e solo ora capisco che tra di essi c'era anche il legame che stavo costruendo con me stessa. Soprattutto la perdita di danza è immensamente difficile da affrontare per me, perché non credo di esistere senza quell'ambiente, non ho un solo ricordo nel corso della mia vita in cui danza non vi sia stata presente, anche solo in sottofondo. Ed ora mi sento vuota, senza vita, senza un senso o significato, mi sento con troppi pezzi mancanti. So che il mio cuore pulsa ma non per le emozioni ma perché sta sanguinando.

Quando inizi a riempire quegli spazi che per troppo tempo erano rimasti vuoti è doppiamente doloroso accettare di averli persi di nuovo, di dover ancora continuare a lottare per qualcosa che eri riuscito a guadagnare con le tue forze, non senza dolore e fatica, e che da un momento all'altro non ce l'hai più tra le mani.

Purtroppo felicità e tristezza si assomigliano più di quanto vorrei ammettere, entrambe ogni volta che arrivano sono sempre nuove, non sono mai le stesse, come noi non siamo gli stessi a viverle, dunque cambiamo noi e cambiano le nostre emozioni, su questo non ci piove. Ma questo dolore che sento, questo cuore che c'è ma è lacerato, io davvero non avrei mai voluto più sentirlo così.

**1 maggio 2020**

Protagonista.

Essere protagonista significa letteralmente "il primo dei combattenti". Quando ci sentiamo protagonisti della nostra vita significa che ci mettiamo in prima linea nella battaglia con noi stessi e con la vita.

Come facciamo a sentirci protagonisti, e dunque lottatori, se siamo i primi a considerarci dei perdenti? Come possiamo rivestire questo ruolo se pensiamo di non avere nulla per cui vale la pena prendere le armi?

Mi sono resa conto che è da tanto ormai che ho smesso di parlare dell'Amore. Non l'amore utopico e sognatore dell'anima gemella, non l'amore delle favole, che può esistere come anche rimanere un bel sogno, mi riferisco all'Amore in generale, che sia per la propria famiglia, per gli amici, per una passione, l'amore per se stessi o per la vita.

Il sentimento d'amore è l'unica cosa che salva e che può farci sentire di essere i soli e unici protagonisti della nostra vita. Ma se è un elemento talmente indispensabile, perché ce ne scordiamo, perché lo lasciamo cadere nel dimenticatoio?

"Ciò che sai amare rimane, il resto è scoria, ciò che sai amare non ti sarà strappato, ciò che sai amare è il tuo retaggio", una frase di una bellezza sconvolgente, e la bellezza, si sa, porta con sé la verità. Non a caso, sono molti i filosofi che si interrogano sui concetti di Bello, Bene e Verità, e li legano assieme per dare un senso al mondo.

Credere nella Verità dell'Amore permette di realizzarci in quanto protagonisti, perché grazie ad esso avremo almeno un motivo per combattere. Non mi ero mai sentita protagonista in vent'anni di vita, e solo da quando, circa un anno fa, ho incontrato l'idea dell'Amore in questa nuova vita, ecco solo allora mi sono sentita tale, e certo mi sentivo anche una guerriera, una paladina dei miei valori ed ideali, l'eroina dei miei sogni, come ognuno di noi dovrebbe avere il diritto di sentirsi. Ed è pericolosamente facile perdere di vista queste sensazioni e la loro importanza, proprio come mi sta succedendo ora.

Però voglio credere che solo chi si perde alla fine è destinato a ritrovarsi, e che se ho messo da parte l'amore per qualche tempo voglio sperare che l'Amore non abbia messo da parte me, e che una volta avermi rivista sappia riconoscermi e venga ad abbracciarmi come fosse ieri.

### 5 maggio 2020 - fine quarantena, corpo e mente

Felicità. Da "felix", cioè fertile.

Essere felici significa riuscire ad essere fecondi, a rigenerarsi indipendentemente dal luogo e dal tempo. È affascinante e straordinario conoscere l'etimologia di una parola e tramite essa rinnovarne completamente il significato. E cos'è in parole povere l'etimologia?

L'origine, la fonte, l'inizio di un concetto che, se proiettato nella parola, ne manifesta il vero significato, la sua autenticità.

Se si guarda alla felicità tenendo a mente da dove proviene, ci si rende conto che forse essa non va cercata ma va creata, proprio perché sta in noi riuscire a sentirci fecondi in tal senso. Forse allora la felicità non dipende da una persona, da un'attività, da un oggetto, da un luogo, da ciò che sta fuori di noi, ma semplicemente si trova in noi, non dobbiamo considerarla tanto un'emozione quanto una nostra capacità da allenare. La felicità non dipende dalle cose ma sono le cose che ottengono un senso se precedute dalla felicità stessa. Questa banale inversione di posizione tra un prima e un dopo, tra causa ed effetto, può aiutarci a cambiare prospettiva e quindi a cambiare posto nella nostra vita, ci permette di andare dalla platea al palcoscenico, di diventare da oggetto a soggetto. Non pensare che "se raggiungo x allora sarò felice" ma piuttosto "se creo io felicità potrò raggiungere x". E allora come ci si può rendere fertili e capaci di generare la felicità?

Credo che in questo caso nemmeno l'etimologia possa risolvere questo mistero, ma andare alla ricerca della nostra origine e del nostro vero significato può forse già essere un inizio. La paura del fallimento o che la ricerca sia vana è onnipresente ed ostacolante, e può far crollare tutte le più buone intenzioni, la felicità sembra una rischiosa scommessa e la tristezza una costante garanzia, non hai certezze se ti butti a capofitto nella felicità e invece con la tristezza vai sul sicuro, come una coperta di Linus capace di scaldarti, di cullarti, di proteggerti, ma anche di soffocarti.

Non si può vincere se non si è disposti a perdere, e in fondo, dove non c'è certezza c'è opportunità.

**11 maggio 2020**

RESILIENZA

Una dei tanti significati che si può collegare al famoso termine "resilienza" viene spesso messo in secondo piano, quasi che definire la resilienza consista puramente nel concetto di "capacità di un materiale di assorbire un urto senza rompersi", traslato poi sull'essere umano come "capacità di far fronte alle difficoltà, scoprirsi forti nel superarle".

Da quando mi sono incuriosita sull'etimologia delle varie parole che partecipano quotidianamente alla mia vita, ma che uso quasi in modo automatico senza prestarci attenzione, ho scoperto che "resiliente" è legato al mondo nautico e significa letteralmente "colui che risale". I resilienti erano i marinai che tentavano di risalire sulla barca dopo che questa era stata capovolta dalle onde del mare in tempesta, senza fare riferimento all'acciaio o alla sua capacità di contenere gli urti, proprio perché l'essere umano può spezzarsi, eccome se si spezza.

L'essere umano può cadere dalla propria nave e andare in mille pezzi che si perdono in quel mare burrascoso, e più tempo ci mette per risalire, più pezzi perde. Pur non essendo indistruttibile, diventando un resiliente egli può ripararsi, può ritornare sulla barca e provare a mettere assieme i pezzi che gli sono rimasti. Di certo non potrà scordare tanto facilmente di essere caduto, vuoi perché per un po' rimarrà bagnato e grondante delle sue sofferenze, vuoi perché si sarà ferito, appunto spezzato, sia nel momento della caduta sia in quello della risalita, e le cicatrici si rimarginano ma non spariscono del tutto.

E qui entra in scena la resilienza che tutti conoscono, cioè la capacità di autoripararsi e fronteggiare gli eventi più dolorosi, ma sempre tenendo bene a mente di essersi spezzati, perché solo chi cade ha motivo di risalire e ricostruirsi.

Inoltre, il resiliente non deve scordarsi delle mani tese che l'hanno aiutato a sollevarsi quando il peso che portava addosso era davvero troppo da sollevare da solo, un peso gravato da quel mare, da quel dolore che lo tratteneva verso le sue profondità.

A tal proposito, mi viene in mente il concetto del kintsugi, l'arte giapponese di riparare gli oggetti rotti valorizzandone le crepe con un collante dorato, una pratica che ammiro e che mi affascina molto. È nostro dovere ricercare la nostra unità e compattezza, ma è anche giusto non dimenticare da dove veniamo e riconoscere che proprio grazie a quelle crepe abbiamo più possibilità di splendere.

**16 maggio 2020**

Non sono mai stata un'avventuriera, non sono una viaggiatrice degna di questo nome, non potrei mai partire con lo zaino in spalla o senza aver prenotato ed organizzato il mio itinerario, se non ora per ora, almeno giorno per giorno.

Nonostante ciò, non posso negare che dentro me esista un'irrefrenabile voglia di scoprire, andare, conoscere, catturare i ricordi in una foto che poi rimarrà stampata nella mia mente e nel mio cuore.

"Quando i ricordi diventano racconti e i racconti diventano ricordi", poter conservare per sempre dentro me un pezzo del mondo, ed io, lasciare in esso parte di me.

Non dovrei lamentarmi perché ho visto molte meraviglie durante i viaggi con i miei genitori, i miei fedeli compagni di viaggio che, fidandosi ciecamente di me, mi seguivano dovunque andassi senza battere ciglio, consapevoli del fatto che prima di partire io studiassi sempre la mappa della città in cui saremo andati, e che modestamente potevo vantare le abili doti di un Cicerone in piena regola, ed io mi sentivo davvero tale. Il nostro primo viaggio fuori dall'Italia è stato a Vienna, poi Parigi, Barcellona, Londra, Valencia, la crociera nel Mediterraneo fino in Grecia, viaggi vissuti mentre stavo vivendo il mio incubo interiore, e che in quei giorni mi metteva sì a dura prova, ma allo stesso mi dava anche un po' di respiro, quasi mi concedessi una tregua da me stessa.

Nel mio piccolo, per quanto possa considerarmi una viaggiatrice inesperta e alle prime armi, sento che senza quei viaggi non sarei l'Elisa di adesso, senza quei ricordi non avrei dei preziosi racconti, e senza quei racconti non custodirei gelosamente i miei ricordi.

Ricordi che mi fanno venire voglia di crearne altri.

Una volta che tutto questo sarà finito, una volta che il mondo ritornerà ad essere un mondo senza guanti e mascherine, di certo non subito ma nemmeno mai più, io non voglio più nascondermi. Voglio trasformare quei desideri utopici e che ritenevo irrealizzabili perché "non da me" in concrete possibilità di realtà, in tangibili futuri ricordi che mi faranno conoscere finalmente l'Elisa che voglio essere. Elisa che non ha paura se anche non conosce la meta, Elisa che è capace di trovare la strada anche senza studiarla prima, Elisa che, se necessario, è in grado di costruire lei stessa la sua strada senza dipendere da niente e da nessuno e, perché no, accompagnata solo da uno zaino e dalla macchina fotografica.

Spero davvero che un giorno le mie parole possano tramutarsi nel carburante che mi permetterà di andare all'avventura, quella vera, o semplicemente per capire che ogni tipo di viaggio che ho fatto, che sto facendo e che farò, è già di per sé la mia avventura più grande.

**23 maggio 2020**

Salgo quelle scale, gradino dopo gradino, quasi non fossero passati più di due mesi dall'ultima volta che ho ripercorso i miei stessi passi.

Chissà quante volte durante questi 18 anni mi sarà capitato di calpestare lo stesso punto di queste scalinate, e in che modo, se di fretta perché in ritardo o con calma prendendo fiato. Stavolta è una via di mezzo, fretta di varcare di nuovo quella soglia, calma per capire ciò che sto vivendo.

Abbasso la maniglia.

La parete di fronte a me vuota, scatoloni e oggetti pronti per essere portati via.

Percorro il corridoio, guardo le due sale attraverso le vetrate e provo ad immaginare quando entravo e sentivo la musica, le risate e le chiacchiere delle bimbe, la mia maestra che mi vedeva e mi accoglieva con il suo energico "ciao Eli!".

Oggi il suo ciao Eli è un po' più spento e stanco, ma non meno vero. Scambiamo qualche parola, poi io faccio un giro e qualche foto, lei che mi dice quello che deve ancora vendere o portare via. Vado in sala grande, mi guardo allo specchio e stupidamente faccio qualche passo di danza per far finta che sono lì a fare lezione.

Mi lascio andare a qualche lacrima, in un misto di rabbia e rassegnazione, e la maestra ha sempre le sue parole di incoraggiamento per me.

Ci salutiamo ed io ritorno in questo nuovo universo parallelo senza danza, una sorta di "sliding doors", e mi dirigo verso la psicologa.

Mentre cammino ricevo una consapevolezza, una sensazione che mi rassicura e solleva il morale, cioè che le lacrime di oggi erano in realtà di felicità per essere cresciuta con danza come famiglia e casa, che quelle lacrime non mi hanno svuotata bensì riempita di emozione. E soprattutto perché ho capito che quei ricordi davvero nessuno potrà mai portarmeli via, che li custodirò per sempre dentro me. D'un tratto mi sono sentita con più vita addosso ma estremamente più leggera per avere ora la certezza che danza è salva, che in fondo lo è sempre stata, e che potrà sempre tornare in vita.

## 25 maggio 2020

## TRA UNA NOTA E L'ALTRA

Da quando ho ripreso a suonare la chitarra, mi sono stupita di come riuscissi ancora a leggere le note e a ricordare dove si trovassero sul mio strumento.

Una delle cose positive di questa quarantena è stata proprio questa, aver riaperto quella custodia che conteneva non soltanto la mia chitarra ma anche tutti i ricordi che avevo gettato dentro, come a volermene liberare o scordare del tutto. Credevo che riaprire quella custodia avrebbe fatto uscire solo brutti ricordi e rimpianti, una porta sul passato che all'epoca avevo ben chiuso a chiave. E poi, quello stesso passato ha agito sul presente, quel passato è rinato in una forma del tutto nuova, quasi io sia riuscita a modellarlo sulla persona che sono ora.

La chitarra adesso non è più solo uno strumento prettamente musicale, è LO strumento vitale. I ricordi non si cancellano, li sento che rimbombano nella cassa armonica, li vedo sulle note scritte sul pentagramma a ricordarmi il mio percorso, fatto di tentativi e fallimenti, costellato di scale che salgono e scendono, bassi e acuti, con ostacoli tra una riga e l'altra, fra diesis e bemolle.

Certo è naturale che ancora oggi siano più le note sbagliate rispetto a quelle giuste, ma sapete cosa? Resto là, provo e riprovo finché la vista non si fa sfocata, ricomincio daccapo o vado più lenta perché voglio capire come fare, come riuscire a creare una melodia che mi assomigli.

E mi viene da pensare che così sto facendo nella mia vita.

Tornando a suonare ho anche capito che qualche nota sbagliata di tanto in tanto può anche capitare e non compromette l'intera melodia, ciò che conta è il sentimento che ci mettiamo mentre stiamo suonando, dunque tutta la vita che ci mettiamo mentre stiamo vivendo.

**27 maggio 2020**

## LE COSE ROTTE

Non ci vuole niente a classificare una malattia in base a semplici parametri medici o numerici, se non addirittura già ad una prima vista si può capire se una persona sia in salute o no, ma quanta fatica serve per dare alla malattia un senso nella nostra vita?

Come si fa a descrivere qualcosa che non si vede, come si fa a curare una parte di te che non sai dove trovare, e ancora, come si fa a tirarla fuori?

Cadi e ti rompi un braccio, metti il gesso al braccio, cadi e ti ferisci al ginocchio, disinfetti il ginocchio.

Ma quando cadi e ti ferisci l'anima, cosa puoi fare per curarla, quali mezzi devi usare? Ed è inutile fare finta di nulla, perché quei pezzi che ti porti dentro andranno avanti a ferirti e finché non accetterai di essere andato in frantumi non potrai ricomporti.

Ma non tutto ciò che è rotto si butta, le cose rotte si possono riparare, ciò che si può salvare può essere valorizzato.

E cosa significa riparare, o ri-pensare in modo funzionale per il nostro oggi? Significa trasformare il nostro danno biologico in un significato biografico, nel significato che la malattia del corpo ha nelle nostre vite. Significa dare un senso a ciò che ci ha portato a credere che la vita non ne avesse uno.

Significa darci l'opportunità di riscrivere la nostra storia partendo da noi stessi e non seguendo ciò che ci detta la malattia.

In inglese, esistono due termini per riferirsi ad una malattia, "disease" e "illness", il primo che descrive il lato puramente fisico e visivo, il secondo che evidenzia il lato emotivo ed emozionale. Ed è quest'ultimo che ci rende più deboli, più fragili, meno consapevoli, meno noi stessi, è ciò che riesce a pervadere ed invadere ogni aspetto della nostra vita fino a disumanizzarla e a renderci dei passivi complici di un complotto contro noi stessi.

Ma abbiamo forse qualche colpa, è stata forse una nostra scelta?

No, no e no.

Ripensare una malattia in termini biografici non significa farla diventare la nostra storia bensì dare alla malattia un ruolo in essa, una parte, un tassello del nostro rompicapo che altrimenti rimarrebbe senza un pezzo. Perché sì, la malattia ha fatto parte del nostro passato ma non deve impedirci di scrivere il nostro futuro, e saremo in grado di farlo proprio attraverso la conquista di questa consapevolezza.

Il dolore è stato, è esistito, è stato reale ed è stato nostro, ma ora siamo noi a non dover essere più di sua esclusiva proprietà.

Perché noi siamo solo nostri.

**3 giugno 2020**

"Se vuoi cambiare il mondo, vai a casa e ama la tua famiglia"

Il papà è colui che ti insegna ad andare in bicicletta senza rotelle quando la mamma ti dice "fai attenzione", ti insegna a nuotare nell'acqua alta quando la mamma vorrebbe tenerti sempre a riva con i braccioli, è quello che ti lancia in aria quando la mamma da terra si mette le mani nei capelli.

Il papà che ti sfida e ti mette alla prova, la mamma che ti culla e ti protegge.

Papà per me non è mai stato questo, non mi ha insegnato ad andare in bici né a rimanere a galla, ma cavolo quanto mi lanciava in aria, e non ha mai smesso di farlo, anche quando io non me ne rendevo conto.

Ha sempre tentato di spingermi sul ciglio degli ostacoli per farmi capire che avevo delle ali abbastanza forti per sorreggermi da sola, cosa che forse ho capito o sto capendo un po' tardi.

Papà ora non mi insegnerà a nuotare ma mi sta insegnando che se non ti muovi anneghi (che la vita poi mi abbia insegnato che devi anche imparare ad affogare, è un altro discorso), non mi insegnerà ad andare in bici ma mi ripete giorno dopo giorno che bisogna continuare a pedalare, e anche se non mi prende più in braccio per farmi volare, mi ricorda che se io mi sento felice e soddisfatta con me stessa, allora sono io a far volare loro.

**6 giugno 2020**

"Non dire mai addio perché addio significa andare via e andare via significa dimenticare".

Non ho mai capito bene cosa significasse la parola fine.

È qualcosa che si vede? Che si tocca?

È una linea ben definita che segna un confine netto tra ciò che è stato e ciò che non è più?

È un filo invisibile che si rompe al tuo passaggio come fa il corridore con lo striscione del traguardo?

Come definisci qualcosa che non esiste più se non alle tue spalle mentre tu devi andare avanti senza di esso?

Non ho mai capito bene come comportarmi per la fine di qualcosa.
Al cinema, quando il film arriva ai titoli di coda, io resto seduta lì, ripenso alle scene viste mentre leggo i nomi di tutte le vite che ne hanno fatto parte, e mi costringo ad alzarmi solo quando vedo entrare altre persone e lo schermo è diventato tutto nero. La fine ti mette nella condizione di ricominciare daccapo. La fine non è qualcosa che si può definire né vedere né toccare, è un evento che si deve attraversare, si deve vivere. Ci saranno tanti inizi che finiranno e tante fini che inizieranno, ed è nostro compito dare a tutto ciò un senso e un valore, sia a ciò che è stato sia a ciò che sarà.

E, cosa non meno importante, dobbiamo realizzare ciò che rappresentano nel momento in cui le stiamo vivendo.

La fine di danza mi ha tolto le parole che servirebbero per esprimere ciò che sento, e allo stesso tempo mi ha donato tanto.

Mi ha fatto capire che dentro me, tutto l'amore provato esiste ancora e sarà questo che mi permetterà di crearmi nuovi inizi.

Mi ha fatto capire che sì, esiste una fine per tutto, ma sono fermamente convinta che il mio amore per la danza, per le mie amiche e le mie maestre, per tutta la vita trascorsa lì, tutto questo non finirà mai.Finché avrò questo amore dentro me, tutto potrà iniziare di nuovo.

**22 giugno 2020**

STAZIONE DI SERVIZIO

Funzioniamo a emozioni.

Le emozioni sono il nostro carburante. Mi immagino file chilometriche di esseri umani che aspettano in trepidante attesa l'arrivo dei rifornimenti alla stazione di servizio più vicina. Eppure c'è chi se ne sta in disparte, chi, pur sapendo che senza emozioni non va avanti, sceglie lo stesso di non mettersi in coda.

Le emozioni sono un motore, quella persona che si è isolata lo sa benissimo, anzi, oserei dire che proprio perché ne ha già fatto esperienza non vuole più sentire il dolore che solo l'esaurirsi delle emozioni sa provocare.

Sente nel serbatoio del cuore le ultime gocce che scorrono inesorabili come i granelli dentro una clessidra ti avvertono che la fine si sta avvicinando. Quella persona ha smesso di andare a prendere il suo carburante perché, piuttosto di vivere la fine delle emozioni, non vuole viverle proprio.

Che a nessuno fosse venuto in mente di avvicinarsi e chiedergli "hai bisogno di qualche emozione?". Che importa se gli altri proseguono e vanno avanti nelle loro vite, ad un certo punto anche loro si ritroveranno a secco e allora staranno lì a disperarsi e a maledirsi per essere stati così idioti ad aver pensato che una scorta di emozioni avrebbe significato non avere più problemi. E poi, diciamocelo, quanto inquinamento emotivo hanno causato con le loro stupide smanie di sentirsi vivi!

Oggigiorno non si riesce più a vedere ad un palmo dal naso da quanto fumo gli altri ti buttano addosso, non ci si riconosce più.

Al giorno d'oggi le emozioni si pagano care, non c'è da scherzare, nemmeno fossero d'oro. Si vuole investire così tanto su di esse che da un momento all'altro ti ritrovi al verde.

Bisogna stare attenti quando ci sono in gioco le emozioni.

Ma quella persona che ha risparmiato, lei no, di problemi non ne avrà perché non si è mossa di un millimetro, si è limitata ad osservare tutti passare, allontanarsi e rimpicciolirsi all'orizzonte.

Un tempo quella persona ero io.

Sono rimasta a corto di emozioni per un tempo così considerevole da non ricordarmi quanto effettivamente sia durato, potrei giurare molto più di un giro di clessidra.

Non ricordavo più cosa fosse un'emozione, che sapore avesse, che forma si potesse darle, quali sfumature potesse assumere.

Niente, zero, buio, vuoto.

Un tempo quella persona ero io.

Ora la saluto da lontano e mentre io mi muovo verso la prossima stazione di servizio, consumo le mie emozioni, le sento, le pago, le custodisco, le vivo. Contribuirò all'inquinamento emotivo che affligge questo triste mondo?

Probabile, com'è molto probabile che quando il mondo finirà io sarò già lontano.

**25 giugno 2020**

## IL VALORE DI UN SORRISO

Un sorriso, nella pratica, è un movimento più o meno lieve delle labbra svolto durante momenti sereni e piacevoli. Ma cos'è un sorriso nella teoria?

"Il sorriso è una curva che raddrizza tutto".

Sono abbastanza sicura che nei miei momenti peggiori sfruttavo questo pensiero come arma di difesa. Il mio sorriso era direttamente proporzionale alla tristezza che speravo di poter nascondervi dietro, di celare agli occhi degli altri e a me stessa. Più ostentavo sorrisi, più stavo soffrendo.

Quant'è assurdo il comportamento umano, si fa sempre il contrario di ciò che davvero si vorrebbe comunicare. Se sorridi, in teoria appari contento, sereno, felice, ma non sempre la teoria va a braccetto con la pratica. A me, la pratica, non è mai piaciuta molto, non era un settore in cui sentivo di poter eccellere, perlomeno non tanto quanto nella teoria.

In teoria è tutto così semplice, sembrerebbe tutto possibile, mentre nella pratica bisogna fare i conti con se stessi e con la realtà. Sorridere mi esulava dal dover dare spiegazioni, mi evitava quegli scomodi momenti in cui appena cerchi di spiegare il perché di ciò che ti angoscia ti senti improvvisamente stupido e ti ripeti che in fondo esiste di peggio, e pure ti colpevolizzi per esserti creato pensieri inutili.

Meglio dunque nascondersi dietro e dentro quel sorriso, quasi a venirne inglobati, risucchiati, sostituiti. Meglio evitare, in teoria si risolvono molte cose, in pratica si rimanda l'inevitabile. Per fortuna esistono vari tipi di sorriso, e la cosa straordinaria è che esistono sia nella teoria sia nella pratica.

Sorrisi teoricamente pratici e praticamente teorici.
Esistono sorrisi che non vogliono nascondere nulla e che anzi sono orgogliosi di esprimere la loro gioia, senza remore né vergogna, sono solo sorrisi puri e sinceri come tu puoi esserlo con te stesso.

Se è vero che un sorriso è una curva capace di rimettere in riga una situazione che si snoda a destra e a manca e che ti fa venire la nausea solo a pensarci, è anche vero che una strada sempre dritta a lungo andare diventa noiosa e ti priva di molti orizzonti che senza sbocchi sulla scogliera non avresti mai visto.

Tutto sempre in teoria, chiaro.

**2 luglio 2020**

Nonmimancanullanonmimancanullanonmimancanulla.

Più le persone mi ripetono che non mi manca nulla, più io mi ripeto di avere qualcosa che mi manca. In fondo ho delle gambe, delle braccia, degli occhi come tutti, solo dall'aspetto diverso, del mio aspetto, ma è davvero questo che deve fare la differenza?
Chi siamo quando ci viene tolto tutto? Cosa resta?
In cosa restiamo noi stessi spogliati del nostro corpo?

Troppo spesso il concetto di bellezza viene imprigionato dentro i limiti di un determinato canone, dentro le regole di un preciso contesto storico e geografico, riducendo la bellezza al gusto, ad un compiacimento estetico. Ma gusto e bellezza sono due cose diverse. La bellezza non dev'essere ancorata al tempo e tanto meno al preconcetto di perfezione. Si pretende che ciò che è bello debba risultare senza ferite, senza macchie, senza segni o imperfezioni. Ma come riconosci qualcuno se non dalle sue ferite?
E non parlo solo di cicatrici visibili ma soprattutto delle ferite che non si vedono. È ciò che abbiamo di invisibile a renderci visibili agli altri.

Per conoscere qualcuno, per ri-conoscerlo, non basta vederne l'aspetto esteriore ma bisogna comprenderlo attraverso le sue ferite perché esse sono ciò che lo identificano e che di conseguenza lo rendono bello, oltre quell'aspetto esteriore. La profondità di ognuno di noi passa proprio attraverso le nostre ferite, solchi indelebili che cercano di fare uscire il dolore ma che allo stesso tempo sono capaci di fare entrare anche la luce.

Se si riesce a guardare le cicatrici come dei ponti che collegano le persone e creano tra loro dei legami, forse solo così il concetto di bellezza potrà racchiudere al suo interno anche il suo opposto, e si sa, la vita è un equilibrio precario di disequilibri stabili che proprio per questo riesce a non cadere mai.

Nonmimancanullanonmimancanulla.
Non.
Mi.
Manca.
Nulla.

**22 luglio 2020**

Una volta i piatti mi parlavano.

Urlavano troppo forte affinché io potessi sentire le voci delle persone che mi stavano accanto.

Non so se sia una strana coincidenza, ma esiste l'espressione "intavolare un argomento". Quando mangi in compagnia, mangi sia cosa ti ritrovi nel piatto sia le parole che compongono le conversazioni. Un tempo, io ascoltavo solo ciò che avevo nel piatto. Ascoltare gli altri mi avrebbe distratto dai miei compiti, dalle mie priorità.

Contavo, spezzavo, dividevo, sistemavo.

Mangiavo da sola, o meglio, in ascolto del mio piatto, un perverso ed intimo rituale che mi ha portata a perdere l'udito verso le persone e verso me stessa.

Una pennetta, due pennette, tre pennette.
Stop.
Ripeti.
Un boccone. Disintegralo per bene.
Stop.
Ripeti.

Adesso, quando esco a mangiare fuori, con i miei genitori o con i miei amici, i piatti hanno cambiato modo di parlarmi, perché sì, con voce sommessa, ma parlano ancora.

Non credo se ne staranno mai zitti, ma in fondo dipende da me scegliere a chi dare ascolto.

Sento nettamente che ora sul tavolo ci sono principalmente le parole, e che il cibo che ci ha riuniti è diventato il contorno della serata. Giovedì sera, oltre alle pizze, sentivo risate, parole, sentivo i miei amici, vedevo me tra di loro, e ascoltavo le loro voci.

Forse è solo questione di trovare il mio posto a tavola.
Forse è solo questione di trovare il mio posto nella mia vita.
Forse, più che il cibo, era solo questione di ascoltare le mie emozioni.

**13 luglio 2020**

ALTEZZE

Soffro di vertigini.

L'altezza non mi è mai piaciuta, non mi fa mai sentire al sicuro, come se da un momento all'altro potessi cadere o il pavimento sotto ai miei piedi potesse crollare.

Si dice che la vita è una scalata ma io per quasi tutta la mia esistenza ho sempre preferito rintanarmi nel sottoscala, attorniata dalle mie debolezze ed insicurezze mentre gli altri non si facevano problemi a salire anche cento piani sopra di me.

Ed è strano che io abbia la sensazione che gli altri mi sopravvalutino e sia portata a sviluppare un'idea di me che, al contrario, è enormemente sottovalutata. Però come il terreno sotto di me può cedere, così anche la scala sopra di me può crollarmi addosso, allora mi chiedo dove sia il senso dell'esistenza stessa, se sotto la scala o sopra di essa. E se mi metto a scavare ancora di più nelle mie profondità, capisco che non è tanto cadere ciò che mi spaventa bensì la consapevolezza di vivere la caduta. Tutto ciò mi ricorda quando cammino sopra le grate (cosa che per ovvie ragioni evito di fare, e sì, esiste la gratofobia), sotto di me non riesco a vedere nulla e so per certo che il buio è la prova di una grande profondità, di un ampio lasso di tempo compresso dalla subdola velocità che mi supera e che paradossalmente anche mi segue, nel quale, se cadessi, proverei mille e più sensazioni che in confronto all'impatto sarebbero niente. Frantumarmi fisicamente una volta mi fa meno paura del frantumarmi emotivamente un miliardo di volte, l'impatto non mi spaventa tanto quanto l'idea che posso farmi di esso poco prima di scontrarmici.

Soffro di vertigini non perché mi spaventi l'alta quota ma perché il pensiero di tornare in basso mi logora dentro e mi immobilizza. Ma salire quella scala pericolante o camminare sopra una grata instabile mi fa anche sentire potente, sento di mettermi alla prova e chissà che anche non riesca a rimanerci, in equilibrio. Dove c'è scritto che il mondo deve per forza crollare, chi lo dice che se cado sotto di me non ci sia il mare dei miei pensieri in cui tuffarmi, o una persona pronta a prendermi?

Jovanotti dice che la vertigine non è paura di cadere ma voglia di volare. E ha ragione.

**13 luglio 2020**

SCRIVERE SULLA PELLE

Ci sono tanti motivi per cui una persona decide di farsi un tatuaggio. Un evento importante della sua vita, una persona speciale, una data, un grande cambiamento, un portafortuna, o perché no, anche semplicemente per puro gusto estetico.

Le motivazioni sono diverse perché diverse sono le persone, ognuna con la propria storia da raccontare attraverso quelle linee d'inchiostro che usano il corpo come le pagine di un libro. In generale non vedo nemmeno questo gran bisogno di spiegare il perché di un tatuaggio, in fondo ciò che rende magica la lettura è la libertà di interpretazione, e vale solo ciò che il diretto interessato ha deciso di far valere per sé. In molti capiranno i miei perché per arrivare a tatuarmi una ballerina, non è necessario conoscermi così a fondo per immaginarli. Ma a loro modo raccontano lo stesso molte altre cose di me. Una persona mi ha detto che se senti di aver sempre avuto un determinato tatuaggio allora significa che è quello giusto, che è sempre stato tuo.

Io provo esattamente questo.

Non è stato l'inchiostro a seguire i contorni della ballerina. È stata la ballerina e la danza stessa che, danzando, hanno tracciato la loro immagine su di me.

**24 luglio 2020**

C'è differenza tra sentirsi bloccati senza provare nulla e sentirsi fermi mentre si provano varie emozioni, siano esse in sintonia o in lotta con noi.

C'è differenza tra sentirsi fermi in modo ostacolante, invalidante, inibitorio, vuoto, e sentirsi fermi in modo disorientante tra la confusione delle emozioni.

Anni fa mi ritrovavo in una situazione di blocco statico, una situazione di passività ed attesa, direi quasi sconfitta e rassegnazione consapevole, o peggio, volontaria.

Ora, i blocchi che vivo sono blocchi dinamici, in movimento, nonostante io abbia la scomoda sensazione di essermi arenata, in realtà non lo sono perché dentro me c'è qualcosa che lavora, e anche in questo caso in un certo senso sono io che scelgo di fermarmi, ma sento anche che prima o poi quello sblocco arriverà e che riuscirò a riprendere un nuovo ritmo.

Aspettare non significa fermare il proprio percorso. Forse sto solo aspettando delle parti di me che sono state più lente nel seguirmi, ed io, fedele a me stessa, le attendo fiduciosa.

Come ho imparato in questo ultimo anno, spesso niente è come sembra, e in fondo mi basta solo ricordare che esiste quel famoso tasto "play" che posso premere in qualsiasi momento, e che forse questi blocchi non sono altro che pause necessarie per conoscere appieno me stessa.

**1 agosto 2020**

Mi piacciono le parole.

Le parole definiscono, identificano, spiegano, molto spesso illuminano. I dizionari sono pieni zeppi di parole con relative spiegazioni composte da altrettante parole, lunghe file di paradigmi considerati immutabili, sempre validi, per qualsiasi situazione. Se lo scrive il dizionario allora è così che devo pensare, allora è l'unica maniera per cui quella determinata parola può esistere.

S b a g l i a t o .

Se sulla carta il ragionamento può anche essere attendibile, nella vita reale non lo è.

Nella quotidianità non si può pretendere che tutto si possa definire nel giro di due secondi o solo mettendo in pratica le istruzioni del dizionario. Spesso è la vita che si spiega da sé e solo attraverso il tempo e le persone, non tramite una definizione statica. E a ben pensarci, una definizione che resti sempre tale non esiste.

Non sono mai stata una persona paziente. Da bambina avrei voluto tutto subito.

Diventare adulta, essere indipendente, avere un fisico come quello delle protagoniste dei film o delle serie TV, o anche solo delle mie coetanee. La fretta non è mai la scelta migliore, ma quando sei giovane hai così tanta voglia di vivere nell'immediato che ti dimentichi, o non sai ancora, che dopo aver piantato il seme non puoi mangiare subito il frutto, che non puoi definirti nel passato, nel presente e nel futuro sempre allo stesso modo. Non posso pretendere di definirmi nel lungo termine perché sono destinata a cambiare, sempre.

Panta rei.

Tutto scorre, pensieri, parole, emozioni, persone, definizioni stesse, nessuno escluso.

Ha senso dunque affannarsi in questa ricerca di definizioni?

Non siamo dizionari, siamo vita, e questa è forse l'unica definizione che deve bastarci.

**7 agosto 2020**

## L'OCCHIO INTERNO

Viene chiamata "ricodificazione della realtà" il meccanismo che permette ai non vedenti di vedere con gli altri sensi. Riuscire a ricreare dentro sé una realtà che alla fine nessuno sa se sia davvero reale.

Come le ombre, le vediamo ma non esistono davvero, esiste piuttosto chi la proietta, eppure si possono proiettare le ombre di qualcosa che non esiste, come il giochino cinese che con le mani finge la forma di un animale, che quindi non esiste per davvero.

Quando la nostra vista diventa offuscata e tutto ciò che ci circonda appare con i contorni indefiniti, generando dentro noi un incontenibile senso di smarrimento, attuiamo anche noi questa famosa ricodificazione della realtà creandone una che in quel preciso momento possa essere il più accettabile e rassicurante possibile.

I sensi però non servono solo a comunicare con l'esterno, possono essere usati anche per connettersi con la propria interiorità. Se dunque siamo colti da una cecità interiore che non ci permette di vedere i nostri pensieri, è lì che li sentiamo più nitidamente, proprio perché all'indebolirsi di un senso se ne potenzia un altro.

Senti la voce dei pensieri che fino a quel momento erano rimasti muti e che hanno riacquistato la loro voce quando tu hai perso la vista.

Strana la vita, eh?

Ma qui sorge il problema, ossia riuscire a sentire emozioni e sensazioni prima per noi inesistenti che, paradossalmente, soltanto durante la nostra cecità siamo in grado di vedere, o meglio, percepire grazie ad un udito interno.

Ultimamente sto avendo difficoltà ad addormentarmi nonostante all'apparenza io ora non reputi di avere pensieri così invadenti, eppure non posso fare a meno di chiedermi se chiudere gli occhi per andare a dormire non implichi tutto il ragionamento di cui sopra, se vedere il niente mi porti fisiologicamente a potenziare il mio udito interno e dunque a sentire maggiormente dei pensieri che tento inconsciamente di evitare.

Riconoscere il proprio funzionamento potrà non essere la soluzione principale, come d'altra parte correggere un comportamento non significa abbandonarlo né sanarlo del tutto, appunto perché serve l'esperienza e la costanza.

Ma sono sicura che confrontarsi col buio della propria interiorità permetta successivamente di vivere nella luce con più voglia e consapevolezza di essere se stessi proprio nonostante quel buio incontrato, arrivando a capire che possiamo esistere sia con la luce sia senza di essa.

**11 agosto 2020**

NATURAL-MENTE

Sono affascinata dagli alberi, mi comunicano qualcosa.

Vite silenziose con tutto un mondo nascosto sottoterra, una rappresentazione di destini incrociati che nemmeno il più abile cartografo riuscirebbe a replicare, e forse ora so il perché.

Le piante, a differenza degli animali, hanno le radici.

E fin qui, sai che novità.

Quello a cui di solito non si presta attenzione è la conseguenza di questa caratteristica, vale a dire che, se gli animali al primo segnale di pericolo possono scappare, le piante invece restano ancorate al terreno.

È proprio per la presenza delle loro radici che le piante hanno sviluppato capacità adatte a crescere e vivere anche in condizioni ostili.Gli esseri umani sono dotati di gambe per scappare, non a caso si dice "darsela a gambe", forse proprio per enfatizzare lo strumento che ci permette di evitare le situazioni, io corro via, mi allontano da ciò che reputo possa farmi del male.

Ma se ciò che può provocare il dolore fosse dentro noi?
Da cosa scappiamo allora, da chi, e come?

Anche gli esseri umani possiedono delle radici, come le piante, solo che la maggior parte delle volte l'essere umano pensa a strappare tutto quanto seminato per la paura di rimanere dov'è ed affrontare l'avversità che si avvicina, e si illude che così facendo riuscirà a portare con sé anche le proprie radici.

E invece le spezza.

Se non dai la possibilità alle tue radici di scavare in profondità nel terreno, al primo soffio di vento cadrai o ti sarà più facile scappare, perché non hai nulla che ti tenga ancorato a te stesso.
E per quanto un albero possa essere alto, per quanto esso possa allontanarsi dalle sue fondamenta, le sue foglie, cadendo, torneranno sempre alle radici.

Vorrei avere la consapevolezza che inciampare nelle mie radici non significhi cadere bensì rendermi conto che esse esistono e che possono farmi diventare più forte che mai, dovunque io vada.

**13 agosto 2020**

PENSIERI RIFLESSI

Scatta l'interruttore della luce, il solito clic che mi avverte del suo arrivo. La vedo comparire di fronte a me.

Si posiziona per bene, quasi alla ricerca dell'equilibrio su di un trampolino olimpionico per eseguire dei tuffi impeccabili, tuffi che andranno nel passato e nel presente, incerti nel futuro, e che nemmeno stavolta le faranno ottenere il punteggio desiderato.

Mi guarda.
La guardo.

Avvicina una mano al viso. Faccio lo stesso.

La seguo nei movimenti, in tutto ciò che fa, ma lei non sembra farci molto caso, le interessa piuttosto cogliere un minimo dettaglio e scoprirlo diverso dall'ultima volta, o quantomeno immaginarlo.

Mi guarda. Io la vedo, lei no.

Non vede se stessa come io riesco a fare. Io sono lo specchio della sua anima, lei un riflesso di ciò che crede di essere.

Stessi occhi, stesso naso, stessa bocca, persino stesse lentiggini che, timide, escono al primo sole d'estate. Ma opposta capacità di osservazione.

Si gira di lato, ci osserva, si mette con la schiena dritta e la pancia in dentro, appoggia con delicatezza le mani sulle cosce, un tocco che cerca di nascondere la durezza di un pugno serrato al limite del sanguinamento.

Vorrei tanto uscire da questa fredda parete e stringere le sue mani nelle mie, prenderla per mano e portarla dalla mia parte dove non esiste alcun riflesso ma solo la verità.

Com'è riuscita per tutto questo tempo a guardarsi senza vedersi?

Come ha fatto ad incrociare così tante volte i suoi occhi senza leggerci dentro ciò che con la bocca non riusciva a pronunciare, ciò che con la mente non riusciva neanche a pensare?

Come si fa a non vedere il proprio vero sé nemmeno standoci ad un palmo dal naso?

Quasi avesse sentito i miei pensieri si avvicina.

Ci guarda.

Sono pochi secondi che durano un'eternità, ma un'eternità non è nulla in confronto a pochi attimi di consapevolezza. Quelli sì che sembrano infiniti, si dilatano proprio come hanno fatto le sue pupille subito dopo aver sfiorato l'interruttore.

Dai suoi occhi cominciano a nascere lacrime che credeva di aver ormai terminato e che invece riescono sempre a trovare una via d'uscita dal caos che regna dentro lei.

Sono lacrime che fuggono dalla ricerca di amore, comprensione, speranza, che vorrebbero solo poter attraversare il mio specchio per trasformarsi in gocce di pura verità.

Ma dalla parte in cui si trova lei sono unicamente scie di dolore che le rigano il viso, dolore per essere com'è, dolore per non sentirsi com'è.

Ci sta guardando.
Credo che ora ci abbia viste.

**16 agosto 2020**

BILANCIA-MENTE

È la terza volta nel giro di un'ora che mi tira fuori dalla credenza. Farebbe meglio a lasciarmi sul bancone, in bella vista, un soprammobile versatile a doppio uso. Invece si ostina a nascondermi, a relegarmi nel mio antro dove, senza la luce, io non ho numeri da darle, non ho certezze da elargire alla sua mente da perfezionista.

La osservo mentre, incerta, afferra la confezione dei biscotti, il sacro Graal dei poveri, 250 grammi di una pesantezza indicibile.

Posa l'oggetto del crimine sul tavolo, mi si avvicina per accendermi e dunque rendermi utile al suo servizio. Leggo nei suoi occhi una strana emozione, qualcosa che mescola assieme tranquillità e senso di colpa, vincita e fallimento, e se mi metto in ascolto riesco quasi a sentire i discorsi che sta facendo tra sé.

"Speriamo che le batterie non siano scariche", "meglio che peso tre volte per sicurezza", "meglio se la spengo e la riaccendo". Cara, il problema qui non sono io, perché ti assicuro che funziono benissimo.

La sua mano si avventura nel pericoloso covo dei biscotti e ne tira fuori sei, uno alla volta, assicurandosi che siano sei e solo sei, stando molto attenta che la sua mente non ne infili magicamente uno quando lei è distratta.

Quando si pesano le cose, o ci si pesa, guai a distrarsi, si potrebbero immaginare le cose più atroci.

Sento la pressione dei poveri ostaggi commestibili che pian piano mi fanno avvicinare al numero limite, alla cifra che, se superata, potrebbe far innescare il conto alla rovescia che si tramuterebbe nella perdita del controllo.

Boom. Esplosione.
Boom. Mayday.

Solo per non farla saltare in aria e per esonerare sua madre dal triste compito di pulire la cucina imbrattata di brandelli di cervello, mi rassegno e farle vedere il numero che si è imposta, almeno così so che potrò presto tornare alla mia postazione dietro ai cereali. Quel giochino scritto sul retro della confezione stava cominciando a piacermi, in fondo.

Eureka!

Potrei giurare che gli occhi le si illuminano, e soddisfatta del mio lavoro prende i biscotti e li adagia delicatamente in un piatto dal bordo sbeccato, conosciuto, vissuto, il piatto dei biscotti, chiaramente. Ci vuole la solita imperfezione per rendere quei biscotti dei biscotti sicuri.

E anche per oggi il mio l'ho fatto, sono le nove e mezza del mattino ed ho già fatto gli straordinari. Non capisco perché a noi bilance non sia destinata una busta paga degna di tale servizio alla patria. Vengo rimessa a posto, non saprei dire per quanto ci rimango finché lo scricchiolio dell'anta non mi avverte che sto per rivedere la luce, non salvifica, mio malgrado.

Cosa diavolo vuole ancora da me?
Ah, salve biscotti, quanto tempo.

**18 agosto 2020**

Fill the blanks. Riempire gli spazi.

Fin da bambini ci insegnano a completare le frasi inserendo le parole mancanti. C'è una linea nera che separa due o più parti di un'unica frase, ci dicono che non possono esistere buchi, va tutto riempito. E quando cresciamo, ci portiamo ancora dietro questo retaggio scolastico, a livello sia conscio che inconscio.

Ho bisogno di riempire, sistemare, catalogare, occupare ogni singolo aspetto della mia vita per potergli dare un senso.

Una frase lasciata a metà non comunica nulla, figurati una vita mezza vuota.

Ciò che a scuola non ci insegnano è che non esiste una sola parola capace di riempire alla perfezione quello spazio bianco, o meglio, esistono più parole di diversi colori che possono starci tutte benissimo e la cui scelta dipende solo da noi e dalla persona che siamo quando impugniamo la penna per scriverle.

Crescendo, impari anche che se rimane qualche spazio vuoto non è poi così male, che non è obbligatorio tappare ogni fessura per paura che resti senza vita, perché può darsi che proprio da quella fessura lasciata vuota possa entrarci la luce per creare qualcosa. Forse gli spazi non devono essere visti come vuoti, forse basta solo vederli come attimi di respiro, luoghi in cui il niente può farti ripartire da zero, in cui il silenzio per la prima volta ha voce ed è capace di farti sentire ciò che le parole nascondevano.

Feel the blanks.
Sentire gli spazi.

**20 agosto 2020**

Eppure quando disegno mi piacciono le sfumature.

Ricordo che coloravo tutto lo sfondo premendo la porporina dopo aver temperato le matite, una pioggia di frammenti capaci di lasciare traccia del loro passaggio al solo mio tocco, cosa c'è di più magico?

Quando disegno, le sfumature riescono a diventare reali ai miei occhi, sono io stessa capace di crearle ed è indubbio che rendano il disegno molto più d'impatto e suggestivo. Allora perché è così difficile creare delle sfumature nella vita di tutti i giorni?

Pensare per estremi è da sempre il mio più grande difetto, o almeno personalmente reputo che col tempo sia diventato tale. Rimanere nel mezzo dei due poli mi fa sentire come se dovessi schierarmi da una parte o dall'altra, non mi viene naturale pensare che invece la mia vita non debba necessariamente ancorarsi al passato o gettarsi nel futuro, deve soltanto camminare assieme a me, non importa dove né per quanto tempo. Invece di sentirmi incastrata nel mezzo dovrei solamente sentirmici, nel mezzo, punto, poco conta se in equilibrio o meno. Stare in equilibrio è una di quelle capacità che se vuoi scoprire di possederla devi trovarti in bilico, altrimenti poco aiuta dirsi di essere in equilibrio quando tutto è fermo o quando tutto è dritto.

Quando disegno mi piace tenere la matita in bilico, in equilibrio tra il foglio e la mia mano, è così che scopro cosa sono in grado di disegnare. Solo provandoci. Anche se il mio disegno all'inizio sarà in bianco e nero, perché all'inizio nasce sempre così, cavolo che belle sfumature ci farò attorno.

**23 agosto 2020**

ALIENAGGIO

Non ho mai capito perché quando gli aerei toccano terra si dice che "atterrano", ovvero che arriva a contatto con la Terra, o quando gli astronauti sbarcano sulla Luna si dice che "fanno l'allunaggio".

Nel caso l'uomo un lontano giorno nel futuro riuscisse ad andare su Saturno, allora si direbbe che ha compiuto un "saturnaggio"?

Quando raggiungiamo il nostro pianeta interiore è indubbio che ci ritroviamo in un altro pianeta, ci alieniamo dal mondo comune e agli occhi degli altri sembriamo dei veri e propri alieni in Terra (come se, chi avesse visto davvero un alieno, potesse aver trovato una qualche vaga somiglianza con noi, tematica alquanto preoccupante e bizzarra oserei dire).

Ma allora, a rigore di logica, abbiamo fatto un alienaggio, abbiamo messo piede in questo luogo sconosciuto ancora tutto da scoprire e da costruire. Davanti ai nostri occhi si aprono panorami indescrivibili, da una parte fossati talmente profondi che lì il buio è più nero della notte più cupa, da un'altra misteriosi laghetti in cui il nostro riflesso muta ogni volta ci si specchia, da un'altra ancora alte torri attorniate da mura che arrivano a sfiorare le nuvole e chissà poi se davvero ce l'hanno, una fine.
E su nel cielo si vedono il Sole e la Luna che però nel nostro mondo non si chiamano così ma sono conosciuti come l'Azione e il Pensiero, e si corrono dietro ruotandosi attorno senza sosta proprio come i pianeti del sistema solare.

A questo punto hai un compito, devi diventare l'esploratore di questo mondo che sarà sempre casa tua ma che non finirà mai di sorprendenti. A volte ti capiterà di ricevere delle visite e sarai tu a decidere ciò che gli occhi dei tuoi curiosi visitatori potranno vedere, perché per fortuna in questo mondo ci sei tu al comando, il tutto facilitato da un semplice pulsante on/off che si trova su ogni cosa (perché se la complicatezza è all'ordine del giorno, nemmeno la comodità è poi così scontata) che rende tutto il tuo mondo molto più rassicurante e gestibile. Devi solo trovare il modo di creare un pulsante che funzioni per le emozioni, creare quel preciso innesco con le terminazioni nervose che sia capace di accenderle e spegnerle a necessità, ma per quello hai tempo per ingegnarti, e chissà un giorno non diventi un business anche negli altri pianeti.

Quando, viceversa, ti sentirai sicuro di poter atterrare su altri mondi, la tua navicella sarà sempre lì pronta per decollare e per farti sentire un po' meno alieno e un po' più te stesso.

Dai tuoi viaggi ti porterai dietro tutto ciò che riterrai ti sarà utile per costruire qualcosa nella tua terra, siano esse cose materiali o evanescenti, tutto diventa sfruttabile appena varca la soglia del tuo universo.

Dentro te puoi essere e fare qualsiasi cosa, la vera difficoltà è riuscire ad esserlo anche fuori dalla tua atmosfera.

Per i miracoli ci stiamo perfezionando.

**27 agosto 2020**

Sai quando ti chiedono "Come/dove ti vedi tra dieci anni?", ovvero la fatidica domanda da un milione di dollari.

A meno che uno non abbia una vista bionica o, più semplicemente, non abbia organizzato le prossime sue azioni nel minimo dettaglio, dubito che si possa avere una visione nitida del proprio sé proiettato avanti nel tempo. Qui un giretto sulla DeLorean di "Ritorno al futuro" non sarebbe male.

Io, ad esempio, a questa domanda non so rispondere perché non mi vedo. E non perché io sia tragicamente miope, che a confronto una talpa farebbe sempre centro con le freccette, ma perché penso sia primario riuscire a vedersi nel presente.
In fondo, sto appena capendo chi sono stata e diciamo che sono a buon punto per capire chi sono ora, ma chiedermi chi sarò è decisamente fuori dalla mia portata, almeno per ora.

Non che uno non debba fare progetti, per carità.

Però personalmente mi stanno più simpatici i progetti a breve termine, complice la mia paura nel vedere progetti troppo distanti che col tempo si allontanano da me, o scappano da me.

Una delle cose che ho imparato è che non cambio solo io, il mio corpo o la mia vista, cambia soprattutto la mia visione di me e del mondo. E un cambiamento avviene in dieci anni come in un mese come in una settimana, non si può avvistare all'orizzonte né ha l'onore di essere annunciato a suon di tromba prima di scendere una sontuosa scalinata col tappeto rosso (è per questo che si dice tromba delle scale? Vai a capire tu).

Dopo tutto questo giro di parole, che al mio solito la sintesi ce l'avrò nella prossima vita, forse credo di aver trovato la mia risposta alla domanda iniziale, che Marzullo fatti da parte.

“Come/dove ti vedi tra dieci anni?” rispondo: diversa da adesso, distante da ora.

O, come direbbe Maria Cumani, “lontana da gesti inutili”.

**2 settembre 2020**

CORDE FLESSIBILI

Forse ora non è questione di adattarsi, forse è questione di flessibilità. L’essere umano possiede delle capacità adattive che vengono utilizzate nel momento esatto in cui le circostanze lo richiedono, poco conta se fino ad un secondo prima uno dubiti di averne.

Che tu sia pronto o meno, quando vivi un cambiamento, in un modo o nell’altro riesci ad adattarti ad esso, con i tuoi modi e i tuoi tempi, ma alla fine ti abitui a quella che diventerà una nuova normalità. Il difficile viene quando le circostanze richiedono di essere flessibili. A differenza dell’adattamento, con la flessibilità o ci nasci già predisposto o impari ad esserlo, poco da fare.

Le due cose sono ovviamente collegate, non saprei dire ora quale venga per prima o se necessariamente da una debba nascere l’altra, non è una tematica sulla quale ora intendo scervellarmi più di tanto.

Ciò che invece mi sta a cuore è capire che la flessibilità è uno dei fattori che può migliorare lo stile di vita, che può permettere di fare molte cose che, in assenza di essa, appaiono impossibili.

Che spezzare le mie rigidità e barriere non significa spezzare i miei principi e valori bensì plasmarne di nuovi, scoprire che posso esistere anche in un’altra forma più morbida e non delimitata da confini spessi e netti, che io stessa posso esistere anche al di fuori della mia gabbia di limiti.

Uno non si deve “adattare” alla propria vita, non deve sforzarsi di inseguirla o di entrarci a tutti i costi, come in un vestito di due taglie più piccole, deve piuttosto trovare un vestito che in quel determinato momento calza a pennello, chi se ne frega del dopo.

Ora sono una persona, domani ne sarò un’altra, e nel diventarlo imparerò ad essere flessibile in tutte le mie diverse forme.

Si parla tanto di equilibrio, ed io mi immagino di essere un funambolo che cerca di non cadere dalla corda su cui sta camminando ed è ostinato a mantenersi rigido e statico, quasi immobilizzato dalla paura di cadere.

Ma forse dovrei solo seguire il movimento ondulatorio della corda a ricordarmi che essere flessibile mi permette di proseguire e di mettermi in connessione con la corda stessa, di diventare un tutt'uno con essa per non sentirmi più dentro una barriera, per sentirmi finalmente libera di muovermi nella mia vita.

**8 settembre 2020**

Ho sempre creduto che la vita mi dovesse qualcosa.

Ho sempre pensato "be', dopo tutto quello che ho passato la ruota dovrà pur girare, devo essere ripagata in qualche modo".

Così aspetti. La tua vita diventa una sala d'attesa che in confronto a quella del medico, in cui ci sono le nonnine che chiacchierano dei nipoti e della maleducazione dei giovani d'oggi sugli autobus, la tua è davvero un mortorio dove non vola una mosca.

Sbagliato.

Sbagliamo - o sbaglio solo io - a considerare la vita come un'entità, come un estraneo che un bel giorno si presenterà alla nostra porta carico di doni per riparare ai danni subìti, nemmeno fosse un Babbo Natale della nuova generazione.

La vita diventa una persona quando noi ci riconosciamo per tali, quando riconosciamo il nostro ruolo in essa, quando noi diventiamo Vita.

Nelle ultime settimane sto capendo che forse ero io che dovevo qualcosa a me stessa, sono io che devo ripagare la mia vita per tutto quello di cui mi sono privata finora.

O forse non è nemmeno questo, ma è semplicemente il fatto di non basarmi più su bello o brutto, giusto o sbagliato, positivo o negativo, dovuto o ricevuto, no.

Vivo ciò che attraverso e basta, senza più pretese, perché ho capito che pretendere qualcosa dalla propria vita è come lottare contro i mulini a vento, aspettarsi di essere ricambiati da qualcosa che obiettivamente solo noi abbiamo la facoltà di donarci. Cioè la stessa possibilità e occasione di vivere.

E così mi ripagherò in monete fatte di vita.

**15 settembre 2020**

Ho passato la vita dentro schemi.

Vai a scuola, fai i compiti, vai a danza, vai a chitarra.

Orari su orari, lancette che si rincorrevano, ed io, a correre dietro a loro. Comportati bene, fai la brava, eccelli nello studio, rimani seria.

Poi sono arrivate le tabelle nutrizionali, altri schemi nei quali mi ero imprigionata e che non mi rendevo conto essere una scusa per controllare la mia vita fuori controllo.

Leggere le prove di qualcosa che non riuscivo a vedere mi convinceva sull'esistenza di emozioni che non riuscivo a provare, o che piuttosto rifiutavo di sentire in me.

Porzioni, numeri, piatti, pesi.
Emozioni, sensazioni, sentimenti, pensieri.
Tutto dentro schemi.

Riconoscere di avere una vita mia, di avere mie scelte e valori, pareri e convinzioni, nonché la semplice e banale libertà di agire, mi ha fatto dubitare della realtà degli schemi stessi.

Dove ho vissuto finora?
Ho vissuto finora?

Non penso sia tanto questione di rinnegarsi un passato ormai andato, quanto il fatto di rinnovarsi per il futuro.

Da quando la mia vita sta andando decisamente fuori da qualsiasi schema io abbia potuto prepararmi, ironicamente assomiglia molto di più alla vita che sentivo di volere, una vita "normale" ma in fondo bella, vera.

Chiedermi il perché delle mie azioni mi faceva evitare il tentativo; adesso, chiedermi "perché no?" mi spinge avanti a tutta forza. Senza il peso di numeri e limiti sono convinta che pian piano arriverò a curvarmi in modo flessibile, ad essere più morbida senza rompermi in mille pezzi, a trovare in me strumenti resilienti che trasformino i problemi in sfide ed opportunità.

**23 ottobre 2020**

Può un corpo farti dubitare di te stesso?

Eppure sono sempre le tue braccia, le tue gambe, il tuo viso, muovi gli stessi identici arti con lo stesso numero di ossa.

Cambia solo l'involucro. O la visione che tu hai di esso.

Può un corpo, il tuo corpo, renderti meno te stesso?

Se cambio il mio corpo, sarò sempre la stessa persona?

Chi ero nel mio corpo passato?

Sarò diverso in un corpo nuovo?

Ma soprattutto, il mio corpo attuale rappresenta cosa sento di essere, chi voglio essere?

Se ho ritrovato me stesso nel corpo che ora sto vivendo, ma questo si modifica, significa che allora mi perderò nuovamente e che sarò costretto ad iniziare daccapo la mia ricerca?

È una domanda importante da farsi, ma che non emerge quasi mai. È la domanda che rappresenta la base della propria identità ma che, proprio perché ignorata, perde tutto il suo valore.

Se cambio me stesso, cosa succede al mio corpo?

È dura rendersi conto che se non si vive bene nel proprio corpo, se esso è diventato un ostacolo alla vita e ci limita in ciò che riuscivamo a fare con facilità e naturalezza, l'unica persona che può risolvere la questione siamo solamente noi.

**28 ottobre 2020**

"Ho deciso di non avere cassetti ma solo mensole. Così i sogni li tengo a vista".

Un sogno custodito nel cassetto è al sicuro, non c'è pericolo che scappi o che qualcuno lo rubi.

Di solito i sogni si tengono lì, al caldo, protetti, la maggior parte delle volte mai usati e mai vissuti per paura di rovinarli, per cercare di perfezionarli e renderli sempre migliori di quel che già sono. Nessuno ha mai visto un sogno su una mensola, o sono pochi i temerari ad utilizzare quel piedistallo.

Che posto ridicolo.

Là, in bella mostra, dove tutti possono vederlo, dove tu puoi vederlo, non sia mai che ti passi per la testa di andare a prenderlo o di dimostrare al mondo ciò che quel sogno rappresenta per te, ciò che tu vali per te stesso.

È rischioso.
È troppo in alto.
Non sei all'altezza.

Il tuo sogno potrebbe caderti di mano e andare in mille pezzi, tu potresti cadere e finire in mille pezzi, vale la pena rischiare quando hai dei cassetti a cui affidarti, scatole rettangolari in cui può starci un numero preciso e finito di sogni, mai più grandi di una casa o addirittura della stessa Terra?

Eppure, si dice che se i tuoi sogni non ti spaventano significa che non sono grandi abbastanza, ma in questo caso "grande" non è quanto un pianeta ma rispetto all'amore che ci hai messo nel crearlo, o alla fatica che hai fatto per riporlo su quella mensola.

È pericoloso.
Ci si può far male.

Non serviva una pandemia a ricordarmi che oggi ci sei e domani puoi non esserci, come puoi camminare per strada ed essere vivo e il momento successivo investito da un'auto o tramortito da un vaso caduto dal balcone.

Non serviva una pandemia a ricordarmi che la vita è in bilico al pari dei sogni sulle mensole, e che quelli relegati nei cassetti sono solamente illusioni travestite da sogni, sono illusioni anch'esse illuse di essere altro, che una volta uscite da quei cassetti non sanno più chi sono.

Ma una pandemia rende tutto più reale, più vicino di quanto si credesse, più forte e doloroso fino a diventare insensato e senza scopo.

Ora vale la pena rischiare per un sogno?

Vale la pena aprire quei cassetti e crearsi delle possibilità, quando è il mondo stesso ad essere in bilico?

Forse lo era sempre, in equilibrio precario su se stesso, ma non domandarselo rendeva l'agire più sicuro.

Come si può essere così coraggiosi da salire una scala o arrampicarsi verso quei sogni che diventano sempre più sbiaditi fino a sembrare irriconoscibili quando tutto trema, dentro e fuori di noi?

Ed io, dove voglio stare, chiusa in un cassetto o arrivare a quella mensola?

**2 novembre 2020**

MOMENTI-FARFALLA

Mi ritrovo in una radura, sono attorniata da alberi che con le loro fronde mi proteggono e mi nascondono. Gli alberi rappresentano molto per me, mi ricordano che avere una chioma florida non basta se non possiedi prima delle radici solide capaci di ancorarti al terreno, di ancorarti a te stesso. E mi rammentano che a volte serve ripararsi sia dal troppo sole sia dalla troppa pioggia, che si può far filtrare la luce e allo stesso tempo creare ombra. In questa radura, catturo gli attimi di felicità come fossero farfalle. Li vedo fluttuare davanti a miei occhi ed è troppa la tentazione di acchiapparli tutti, in un turbinio di colori e sensazioni che mi disorientano. Sono un esploratore ancora alle prime armi, con un equipaggiamento arrangiato all'ultimo, nemmeno avessi deciso di uscire due secondi fa, armato solo di un piccolo e ridicolo retino che non è in grado di contenere tutti i momenti-farfalla che vorrei.

Capita che, quando muovo il mio strumento nella mia forsennata caccia, vi si incastrino anche quegli schifosi momenti-mosca, o i fastidiosi momenti-zanzara, per non parlare poi dei terribili momenti-ragno. Dopotutto sono i rischi del mestiere, in una radura si deve accettare il pacchetto completo.

È una consolazione che esistano i momenti-farfalla, attimi di consapevolezza nei quali la rinascita sembra una cosa semplice, naturale, e la felicità diventa reale e tangibile, anche se solo per il tempo di un battito d'ali.

Nonostante la mia scarsa maestria e precisione nei movimenti, ogni tanto riesco lo stesso a fare entrare anche loro nel mio retino, ed è lì che mi chiedo se sia stata una semplice casualità o colpo di fortuna, se io stia effettivamente affinando le mie capacità, o ancora, se ci sia stato lo zampino del Destino, ma forse chiederselo non ha poi molta importanza se alla fine ciò che mi resta è sempre una domanda e non una risposta.
Se non apprezzo e non vivo i momenti-farfalla per quel che sono, per me rimarranno sempre un perché e non saranno mai un quando, un come, o perché no, anche un chi.

Dopo averli ammirati in tutta la loro bellezza, invece di tenerli imprigionati ora voglio dar loro la possibilità di volare liberi, di aprire le ali e di raggiungere il cielo.

Perché si sa, se le farfalle sono nate per volare, i momenti belli esistono nella loro fugacità ed è impossibile trattenerli, ma è possibile goderne nel poco tempo in cui rimangono nella rete dei nostri cuori.

E forse è proprio così che si diventa degli esploratori esperti, volendo catturare con la prospettiva di liberare e non di possedere avidamente.

Liberare non significa abbandonare per sempre, né possedere vuol dire controllare in eterno.

E poi perché penso anche alle stupende parole di Alda Merini, "da queste profonde ferite usciranno farfalle libere", così ora mi dico che da questi momenti, felici o meno che siano, uscirà un'Elisa libera.

**20 novembre 2020**

QUELLO CHE SI SALVA

Non ho condiviso molto sui social negli ultimi mesi. Ma questo non significa che non abbia vissuto momenti sia belli che meno belli.

Ho perso cose e alcune persone, ne ho trovate altre, ne ho riscoperte altre ancora, inclusa me stessa.

La quarantena di inizio anno non è stata facile per nessuno, è stata vissuta in modi diversi ma tutti ugualmente faticosi e pesanti, su questo non c'è da discutere.

Ho scritto appositamente vissuta, perché sì, ognuno di noi era vivo quando il mondo era sottosopra; non che ora non lo sia ancora, o non che non lo sia mai stato, ma non in quel modo talmente surreale.

Col passare dei mesi, soprattutto durante l'estate, ho sentito l'estremo bisogno di non pensare e solamente fare, come colta da una rinnovata gelosia nei confronti della mia vita, da una possessività che mi spingeva a rimettermi al centro di essa e, di conseguenza, allontanarmi dal perimetro virtuale ed illusorio che i social network creano nelle nostre menti.

Anche se non sono andata da nessuna parte, in estate ho viaggiato molto. Ho rivissuto gli stessi posti in maniera del tutto nuova o, per meglio dire, solamente diversa, ho fatto cose semplici come aperitivi, pomeriggi sullo skate, mille foto tra tramonti e fronde degli alberi, serate da amici a giocare a Tabù e Dixit. Ho fatto pure un tatuaggio e imparato a giocare a scacchi (almeno le regole), ho letto più libri in tre mesi che in un intero anno, ho disegnato, ho guardato film.

Tutto ciò nella sua leggerezza mi ha sollevata dalla pesantezza del periodo precedente.

Sono stata con le persone di un tempo che ora mi appaiono così cambiate, e che forse hanno seguito il mio, di cambiamento, senza che io me ne rendessi conto. Ho conosciuto persone che a loro volta mi hanno fatto conoscere una me diversa, mi hanno aperto la mente in un modo che auguro a tutti di poter provare, mi hanno fatto sentire di volere di più dalla mia vita, di pretendere il meglio e di crederci con tutta me stessa.

Questa infantile voglia di sognare, di far finta che il futuro non esista e che il passato non ti rincorra, ha inevitabilmente preso il sopravvento in me, ed ora mi ritrovo sommersa da tutte i pensieri e le cose non risolte che ho volutamente accantonato e ignorato.

Sento di essere peggiorata sotto molti aspetti, mentirei se non lo ammettessi a me stessa, ma voglio anche credere di non aver perso la maggior parte dei progressi che ho conquistato in questi ultimi anni. Perché c'è chi mi dice che fatti cinque passi avanti e tre indietro, ne restano due che si salvano e da questi due bisogna ripartire, bisogna farne tesoro e non banalizzarli alla stregua di ciò che rimane bensì valorizzarli per ciò che hanno salvato e che possono dare.

Se ora voglio ripartire dai ricordi, sono gli stessi ricordi che sono capaci di annullare le distanze, ed io spero che possano colmare il vuoto tra me e la me stessa che vorrei essere, anche sopra di uno skateboard, che di sicuro fa più figo.

Voglio ripartire da quei ricordi in cui per un breve momento tutto era possibile, nei quali la felicità non era poi così utopica o anche solo una cosa semplice, e proprio per questo naturale e bella.

Ho imparato che questa famosa felicità non è una meta, un punto di arrivo, ma si ottiene a piccole, inaspettate e magnifiche dosi, e dev'essere questo un obiettivo da porsi, se non l'unico che abbia senso avere, ovvero saperla riconoscere per tale.

Voglio ripartire da quello che si salva per provare a salvare me stessa, e certo, rischio di cadere anche da uno skate, ma la sensazione di rimanere in piedi su di esso e sentire il vento sfrecciarti sulla pelle non ha prezzo e vale la pena di ogni tentativo.

**16 dicembre 2020**

Esistono tante versioni di me. Fino a poco tempo fa credevo fosse così.

Quante volte guardando le foto degli anni scorsi mi dicevo “ma sono io quella?”, con un tono a volte stupito in positivo, altre deluso e quasi pregno di vergogna.

Ho iniziato a pensare che invece posso esistere solo io ma in tante versioni. Può sembrare un semplice gioco di parole o una banale inversione soggetto-oggetto, e infatti è esattamente così. Ma sappiamo benissimo che sono i dettagli a fare la differenza. E qui la differenza la faccio io.Se continuo a credere che esista un'Elisa che danza, una che suona la chitarra, una che scrive, una che studia, una che ride e una che piange, continuerò sempre a vedermi a spicchi, a credere di non poter essere tutto questo contemporaneamente.

Tutta Elisa assieme e non a pezzi, a tratti, a morsi.

Negli anni ho mangiato tanto di me, quasi al punto di ridurmi a delle briciole d'essere umano.

Mi sento ripetere molto spesso “sii la versione migliore di te”, e certo, me lo ripeto io stessa, e arrivo sempre al punto di non sentirmi abbastanza, di non essermi impegnata abbastanza nell'esserlo.

Ma davvero?

Davvero esiste un parametro per definirci migliori rispetto a chi eravamo o chi saremo?

Posso davvero essere un'Elisa migliore se escludo tutto ciò che in me non lo è?

Posso essere la mia versione migliore anche senza tutte le mie parti?

Esiste anche un'Elisa che cade, che si piange addosso, che sì, ha una malattia, che nel bene e nel male odia ammetterlo, ma esiste anche un'Elisa che ora ne ha consapevolezza, che sa che i numeri non definiscono nulla mentre le parole e i gesti contano molto di più, sono loro che definiscono chi siamo.

Sono unica in tante versioni, e soprattutto sono sempre io, continuo ad esserlo nonostante tutto, lo sono sempre stata anche se nessuna versione poteva mai andarmi bene.

La cosa più buffa sapete qual è? Ho perso tempo a scegliere quale versione essere fino a andare in confusione assoluta, perché come si fa a scegliere la migliore tra mille opzioni? Mi dimenticavo che tutte quelle versioni avevano una cosa in comune.

Me.

**30 dicembre 2020**

L'ultimo giorno prima che chiudessero le palestre durante la prima quarantena, verso febbraio/marzo, se non ricordo male, ho mangiato un kiwi prima di andare a danza.

Sbaglio atroce, perché quel kiwi mi aveva fatto stare malissimo impedendomi di andare a lezione, a quella che sarebbe stata, a mia insaputa, l'ultima nella mia vecchia scuola.

Ci ripenso spesso, a quel giorno. Penso: "Se non avessi mangiato quel frutto, allora non sarei stata male".

Dunque era da più di sei mesi che non toccavo un kiwi, nonostante magari ne avessi avuto voglia, sia per timore di stare male di nuovo, sia per la rabbia e il rancore che provavo verso quel frutto.

Che stupidaggine, eh?

Ma non facciamo esattamente la stessa cosa con le emozioni?

Quante volte siamo scappati di fronte ad una felicità solo perché influenzati dal fatto che un'ultima volta ci si è ritorta contro?

Quante volte abbiamo evitato di legarci ad una persona solo perché l'ultima volta ne è seguita una sofferenza?

Io, sinceramente, non ci vedo poi tanta differenza. Non che veda persone nei kiwi e kiwi nelle persone, eh, chiariamoci. La mia sanità mentale è ancora intatta per certi versi.

Se ti senti sbagliato dopo aver mangiato la pizza, per ovviare al "problema" non la mangi più. In questa strana equazione il risultato è "non mi sentirò più sbagliato".

Ma poi arrivano le emozioni e la storia si ripete, "se non mi emoziono, allora non posso sbagliare".

Qui l'unico sbaglio è credere che a "x" seguirà sempre e solo "y", è la convinzione di vivere in uno stramaledetto universo calibrato al millimetro dove se ti muovi rischi di far crollare il tuo castello di carte.

Se posso dire la mia, tutto è invece un gran casino, instabile ed imprevedibile, sull'orlo del cambiamento improvviso e non c'è modo di prevederlo né evitarlo, e affrontare le cose non sempre finisce male, al contrario, può renderci più forti.

Ma ora scusate, vado proprio a mangiarmi un kiwi.

# 2021 – VIVERMI

**11 gennaio 2021**

Non mi piacciono le mie mani.

Sono piccole, d'inverno sono peggio di un campo di battaglia per la quantità di screpolature, tagli e sangue causati dal freddo, ed ormai ho perso il conto del numero di creme idratanti e lenitive utilizzate per ovviare a ciò, finora con scarsi risultati.

Non mi piacciono le mie mani.

Sono una delle parti del corpo che si esibiscono per prime, se ci fate caso. Ci si presenta con una stretta di mano e, nel momento esatto in cui esibisci la tua mano, esibisci anche te stesso.

Mi vergogno delle mie mani.

Forse è anche per questo che spesso mi sono vergognata di me stessa, e a volte capita ancora. Sono poche le persone che hanno la possibilità di vederle, le mie mani, timidamente affacciate sul bordo delle tasche o ben coperte dai guanti, in casi estremi anche ben distese sulle gambe o appoggiate sul tavolo.

Nonostante io preferisca nascondere le mie mani, mi piace ciò che creo con esse.

Mi permettono di disegnare, mi fanno scrivere, e così capisco che si ci può presentare anche attraverso un foglio e una matita, trovo, in tal senso, un modo di esibirmi che non mi faccia sentire giudicata.

È uno scudo trasparente che mostra al mondo tagli, cicatrici, sangue, crepe dell'anima, e lo fa talmente bene che è il solo metodo per affacciarmi al mondo, è un mostrarsi indirettamente collegato direttamente al mio cuore.

In fondo, la mano tesa per aiutarti non si fa problemi di come sia la tua, la prende e basta.

Ti prende e basta.

**15 gennaio 2021**

Non credo di aver mai dato il giusto valore alle cose che ho nella mia vita. Sembrano talmente scontate, sempre a portata di mano, sempre presenti.

Non è così.

Una frase molto conosciuta dice che capisci il valore di qualcosa quando la perdi, e questo è verissimo. Non ho mai dato valore all'amicizia, all'amore, alla famiglia, a tutto ciò che rientri nella vita di una persona, chi a piccole o chi a grandi dosi.

Quando ti ritrovi senza più nulla che per te valga, ecco è lì che scopri il tuo reale bisogno di avere tutto, e appena riesci ad ottenerne anche solo un briciolo, quel briciolo rappresenta il mondo.

Da quasi due anni sono una persona nuova, diversa certo, ma anche riscoperta.

In questi due anni di cambiamento ho avuto modo di dare all'amicizia, all'amore, alla mia famiglia il valore che meritano, così come ai piccoli gesti ed emozioni che possono trasformare una giornata e renderla degna di essere vissuta.

Si dice anno nuovo vita nuova, io direi anno nuovo vita rinnovata, perché se devo trovare anche solo un obiettivo per il futuro è rinnovare quel concetto di valore che ero riuscita a trovare e che nell'ultimo periodo si è un po' perso di qua e di là, si è frammentato come l'ho fatto io stessa.

Il mio "make it count" vuole ricordarmi che tutto possiede un valore, tutto ha un motivo per esistere e in virtù di questa esistenza vale sempre e comunque, e che spesso valgono molto di più le cose che non si possono comprare.

Vale una parola, vale un silenzio, vale un gesto, vale un sorriso, vale una lacrima.

Ma soprattutto, valgo io come l'Elisa che voglio essere.

**30 gennaio 2021**

"E alla fine non si piange neanche più"

Piangere.

L'atto che accomuna la nascita di ogni essere umano.
Se non piangi, c'è qualcosa che non va.
Se non piangi, non dai segno di vita.
Eppure piangere ti rende debole agli occhi degli altri, non ti rende semplicemente vivo come dovrebbe essere.

Piangiamo tutti, sai, dal neonato che ha fame al bambino che cade e si sbuccia il ginocchio.
Alla ragazza lasciata dal fidanzato al marito tradito dalla moglie.
Tutti siamo anche capaci di ridere, quando leggiamo una frase divertente, quando un nostro amico ci viene incontro, quando sentiamo a nostra volta la risata di un bambino.

Dove sta la differenza tra ridere e piangere?

Si può ridere fini a farsi venire le lacrime e si può piangere di gioia, a volte si versano lacrime amare e altre volte è un sorriso ad essere amaro.
Entrambi possono arrivare a prosciugati le energie e per entrambi si può fare fatica a trattenersi.

Dove sta la differenza?

Se sorridi non ci fai caso, se piangi te ne accorgi eccome.
È sempre più una caduta a rimanere impressa nella mente, l'attimo che la precede e il dolore che ne segue.
Ma ciò che ci ha fatto sorridere?
Svanisce nel momento esatto in cui smettiamo di farlo, mentre le lacrime continuano a bagnarci il volto.

Se solo ci accorgessimo quando sorridiamo.
Lì ci sarebbero lacrime di consapevolezza, una liquida contentezza dal sapore tutt'altro che amaro.

**11 febbraio 2021**

Vuoto: -definizioni da dizionario Treccani- privo di contenuto, che non contiene nulla, che non ha nulla dentro sé (un vaso, una bottiglia, una scatola, una stanza).

Locuzione ed espressioni figurate: cervello vuoto, discorso vuoto, stile vuoto.

Senza sostanza, inconcludente.

In matematica: insieme privo di elementi.

In politica: vuoto di potere, vuoto legislativo.

A quanto pare il vuoto esiste in molti aspetti della nostra vita, è qualcosa che fa della mancanza la sua presenza, la sua essenza.

Ma dov'è il vuoto dell'anima?

È un vuoto talmente ben nascosto che nemmeno il dizionario si degna di citarlo?

Come si fa a non vedere uno spazio privo di elementi, come si riesce a non sentire l'assenza di contenuto?

Il vuoto è un elemento esso stesso, ecco perché la maggior parte delle volte non si riesce a vederlo, perché si cerca qualcosa di cui si ignora la presenza, ma lo si sente, eccome.

Il vuoto pesa

Il vuoto occupa spazio

Il vuoto è sostanza che può prendere forma

Il vuoto preme sul cuore e lo fa battere più forte così da farti capire che sì, sei vivo, sei ancora vivo

"Sento un vuoto nella mia vita", codice segreto per entrare in un nuovo club esclusivo degli esseri umani, sono le parole paradossalmente più piene di significato che possano esistere.

Sta a te riempirle, con cosa lo scopri solo lungo il cammino.

Il vuoto è l'unico spazio che, se riempito, pesa di meno.

**5 febbraio 2021**

GIOCARE A CARTE SCOPERTE

Mi piace ragionare per immagini. Il che, detto da me, può sembrare un controsenso perché piuttosto io vivo di parole, vivo con le parole, vivo a parole, siano esse scritte o lette.

Ciò non toglie che le immagini possano proiettarsi come delle ombre dietro le parole stesse e, a seconda della lunghezza del pensiero, queste ombre possono risultare più o meno alte, più o meno all'altezza delle parole che hanno davanti.

Giorni fa mi è tornato in mente un gioco da tavolo che avevo da piccola, il Memory, il cui scopo è di trovare la coppia di tessere uguali fra tutte quelle coperte sul tavolo, sperando di avere quel poco di fortuna combinata ad una buona memoria -vedi da qui il nome, dopo millemila anni ho scoperto si chiami Memory proprio per questo motivo, com'è assurda la vita -.

È un periodo, questo che sto passando, in cui di fronte a me ho più carte coperte rispetto a quelle che mi mostrano la loro immagine.

È un periodo di blocco in cui non riesco a trovare quelle dannate coppie che mi farebbero portare a casa almeno un punto.

Sono alla forsennata ricerca di ciò che mi piace chiamare identità, la mia identità, chiaramente, ma tra tutte le carte mischiate che ho sul tavolo diventa sempre più difficile girarle e scoprire che no, ancora una volta è la carta sbagliata.

Ma quella stessa carta da qualche parte possiede anch'essa il suo doppio, ogni cosa che sto vivendo ha la sua identità.

E in fondo non dovrei cercare la mia identità in due misere carte ma riconoscere che essa è racchiusa in tutte loro, in ogni carta spaiata.

Io sono ogni carta identica a se stessa.

Perché allora non dovrei avere un'identità anch'io?

Perché credere che perderò alla fine di questo gioco, quando in realtà sto solo dimostrando a me stessa che sto imparando a conoscere tutti i miei lati, da quelli coperti a quelli scoperti?

E che quelli coperti, proprio perché da scoprire, devono ancora raccontarmi qualcosa e non sono da considerare una mossa sbagliata ma semplicemente una mossa e basta?

Che forse, questo che definisco blocco lo posso trasformare in un blocco di partenza.

Più passa il tempo e più lati di me rivolgo al mondo, altri invece li tengo ancora coperti.

Ma so che il mondo si affronta a carte scoperte.

**10 febbraio 2021**

LABIRINTO

"Come usciremo da questo labirinto di sofferenza?"

I labirinti sono luoghi pericolosi, eppure sono così allettanti, possiedono quella giusta dose di mistero che ti attira invece di farti allontanare.

I labirinti non sono tutti uguali, né hanno tutti lo stesso livello di difficoltà. Perché in fondo è di difficoltà che si sta parlando.

Me li immagino visti dall'alto, ognuno con le proprie insenature e disegni, mi ricordano le venature dei rami, oppure sono trappole mascherate da linee spezzate incastrate talmente bene da apparire opere d'arte, e l'arte, si sa, ha il suo fascino. Sembra impossibile non ci sia un'uscita o un modo per arrivare al centro senza trovarsi la strada sbarrata.

La sofferenza è uno dei muri davanti al quale puoi trovarti bloccato. Può essere un muro ricoperto d'edera per darti l'apparenza di una superficie soffice e accogliente, oppure si rivela per i suoi solidi e freddi mattoni fin da subito, senza mezze misure.

Ma la sofferenza arriva anche quando stai camminando e ad ogni svolta devi tornare indietro, quando sei costretto a ripercorrere i tuoi passi perché altrimenti più avanti di lì non puoi andare. La sofferenza ti insegue pure se, svoltato l'angolo, ti accorgi di essere ritornato dov'eri prima, e stavolta potevi giurare di aver fatto una strada diversa.

La sofferenza conosce già il labirinto, l'ha costruito lei.

La sofferenza sa come coglierti alle spalle, sa quando fare apparire dal nulla i suoi ostacoli, si potrebbe dire che per lei è più un labirinto del divertimento, un parco giochi molto sadico.

Come usciremo da questo labirinto di sofferenza?

Per conoscerla, devi entrarci.

Per raggiungere il suo centro, devi scalare mura o rifare più volte lo stesso tragitto, ogni volta sentendoti diverso, essendo diverso.

Ma per uscirci, devi entrare dentro te stesso.

Ed è quello il labirinto che, tra tutti, fa più paura.

**12 febbraio 2021**

Di cosa sono fatta?

È difficile rispondere a questa domanda, soprattutto se il mondo che mi circonda è così confuso, ora più che mai.

Sono fatta di tutto ciò che mi accade, di tutto ciò che sento.

Sono i miei sogni, le mie paure, le mie utopie, le mie paranoie, le mie passioni, le mie fragilità e i miei punti di forza.

Sono forte nel sostenere le mie debolezze, sono debole nel non fortificarmi abbastanza.

Sono fatta di speranze e delusioni, di progetti e rassegnazione.

Sono fatta per cambiare.

Sarebbe alquanto rassicurante e oltremodo pretenzioso leggere tutti i miei ingredienti scritti nero su bianco, 30% di quello, 20% di quell'altro, senza aggiunta di coloranti che rendono fallace la vista alterando i colori del mondo, o di conservanti che mettono da parte le occasioni, che le conservano per il famoso "momento giusto".

A differenza delle comunissime tabelle nutrizionali, i miei ingredienti cambiano di giorno in giorno, quasi di ora in ora, sono i tasselli che tentano di incastrarsi in ogni modo possibile, e sono davvero tanti i tentativi che si possono fare -non sono un'esperta ma qui ci starebbe bene un termine matematico come "sequenza esponenziale" o simili, ma probabilmente avrò detto una bestemmia in matematichese -.

Posso aprire la scatola dei soliti biscotti e ognuno di essi peserà sempre come la volta precedente, avrà sempre i soliti ingredienti nelle stesse quantità, mentre quando mi azzardo ad aprire la mia mente ci trovo tutto sottosopra, tutto in un ordine diverso rispetto all'ultima volta e in cui spesso manca qualcosa ma se n'è aggiunto dell'altro. Se proprio voglio trovarci un'affinità, questa potrebbe essere la data di scadenza, ma reputo che quella degli esseri umani dipenda molto da cosa cambia, da cosa si aggiunge o si toglie.

In fondo, penso che l'importante sia trovare la propria mente ogni volta diversa con la consapevolezza in questo di essere sempre uguali a se stessi.

Di essere se stessi pur non conoscendo tutti i propri ingredienti e dandosi la possibilità di sperimentarli e scoprirli.

Di cosa sono fatta?
Sono fatta di me stessa.

**14 febbraio 2021**

LOVE NEVER WITHER

San Valentino è decisamente sopravvalutato.

È tutto ciò che riesco a ripetermi mentre attraverso la Fifth Avenue come un pazzo. Sarò troppo banale se stasera mi presenterò da Iris con un prevedibile bracciale di Tiffany?

Iris è la mia prima relazione seria e ci tengo a farle sapere che lei per me è importante, e che la ricerca del suo regalo per la festa degli innamorati supera di gran lunga il solito gioiello pensato all'ultimo. Esattamente come realizzo di star facendo.

"E sopravvalutate sono le tue capacità mnemoniche, oserei aggiungere". Dall'auricolare sento la voce di Ethan che non perde occasione di mettere il dito nella piaga. Che bello avere degli amici che ti sostengono nel momento del bisogno, è proprio una boccata d'aria fresca. "Invece di canzonarmi, potresti darmi qualche idea originale e, per tua informazione, ricordavo benissimo che oggi è San Valentino, ma al lavoro mi hanno affidato tre articoli in più e..." non finisco la frase perché la mia attenzione viene catturata da uno stand posto proprio vicino a quella che era la mia meta.

Dietro al banco c'è una ragazza poco più giovane di me, potrebbe avere dai 20 ai 25 anni, ha i capelli biondo cenere raccolti in una treccia con delle piccole margherite accuratamente inserite tra una piega e l'altra.

Rallento e mi fermo di fronte al suo stand mentre lei intrattiene due ragazze visibilmente affascinate dai gioielli artigianali che presumo realizzi lei stessa.

I miei occhi invece scrutano l'oggetto che ha affascinato me.

Un acquisto da Tiffany, bè, di certo renderebbe Iris oltremodo contenta di aprire una di quelle magiche scatoline verde acqua su cui basta ci sia scritto il nome di un personaggio di Audrey Hepburn per far felice una donna, ed io me ne uscirei più che decentemente - un po' meno il mio portafoglio -. Ma Iris non è come le altre. Lei merita qualcosa di speciale, qualcosa che abbia un valore aggiunto che possa farle capire che sì, io sono quello giusto per lei, perché in tutto quello che vedo io riesco a vedere anche il suo viso.

"Hey, Terra chiama Josh, ci sei ancora?", le parole di Ethan interrompono il flusso dei miei pensieri.

"Sì, amico, penso proprio di aver trovato il regalo per Iris" gli comunico.

"Ottimo! Mandami una foto ed io ipotizzerò le rate del mutuo!".

"In realtà, non è esattamente quello che avevo pensato dall'inizio, è decisamente meglio. Ti richiamo io, Eth" e così dicendo tolgo gli auricolari per rivolgermi alla ragazza dello stand che nel frattempo ha concluso l'affare con le clienti arrivate prima di me.

A quanto pare, stavolta Tiffany è stato battuto da un comunissimo mercatino dell'artigianato, in fondo io sono sempre stato contro l'omologazione commerciale, in questo caso anche sentimentale.

San Valentino è decisamente sottovalutato. Tutti pensano di dover trovare per forza il regalo perfetto, generalmente qualcosa che luccichi per le donne, accompagnato dagli immancabili cioccolatini a forma di cuore, e qualcosa che possa consolare il triste dispendio di denaro per gli uomini, magari una cravatta di seta o un bel maglione rosso, in tema con l'amore, di una qualche marca famosa. Ma nessuno pensa mai che, essendo innamorati, forse non serve nemmeno dimostrare il proprio amore tramite un regalo ma basta semplicemente trascorrere questa ricorrenza assieme, l'uno con la presenza dell'altro.

È quello che mi sto riprendendo mentre guardo di sfuggita l'orologio della cucina per assicurarmi che il pollo che ho nel forno, alias portata principale del mio regalo per Josh, sia pronto per la cena di stasera.

L'ho informato clamorosamente tardi, a differenza di Josh che è puntuale come un orologio svizzero. Mi ha sempre dato fastidio il suo essere perfettamente in orario, ma come diavolo ci riesce?

Non ho tempo per farmi queste inutili domande perché non voglio farlo aspettare, mi precipito alla porta brandendo in mano il cucchiaio di legno ancora gocciolante di salsa barbecue.

"Buon San Valentino, Iris" Josh mi saluta porgendomi un mazzo di rose rosse.

"Ma come siamo galanti!", in fondo chi sono io per contestare la tradizione floreale?

Prendo le rose con la mano destra perché mi rendo conto di avere il cucchiaio nell'altra, in questo momento mi sento alquanto ridicola ma l'eleganza non è mai stato il mio forte, e so che Josh lo sa perché lo vedo nascondere un sorriso divertito.

"Forse è meglio che io li metta in un vaso mentre tu vai a riporre le tue armi", io gli rispondo con un sorriso di ritorno e mi avvio in cucina, giusto il tempo di controllare lo stato della nostra cena e ritorno da lui.

"E quello cos'è?" gli chiedo indicando un pacchettino messo al centro del tavolino del salotto.

"Per saperlo, dovresti aprirlo" mi risponde con molta perspicacia.

"Avevamo detto niente regali, Josh... io non ho nulla per te, se non la cena che mi auguro sia almeno commestibile".

"Ma io, il mio regalo l'ho già avuto. Sei tu".

Potrei sciogliermi seduta stante, ma cerco di mantenere un contegno mentre percepisco la mia faccia surriscaldarsi e diventare di una tonalità di rosso imbarazzante.

Prendo il pacchettino e lo scarto con curiosità e gratitudine per aver trovato una persona come Josh, ce ne sono poche così al giorno d'oggi.

Apro l'originale scatolina e al suo interno ci trovo un ciondolo rotondo con un piccolo fiore secco sottovetro. È un fiore di Iris. Ma ciò che davvero mi colpisce al cuore è la scritta che leggo sotto di esso, 'love never wither'. L'amore non sfiorisce mai.

"Ho pensato fosse un segno trovare proprio il fiore del tuo nome e quella frase, e quindi mi è stato impossibile non prenderlo", Josh è visibilmente sincero ed io stavolta non posso evitare di farmi salire qualche lacrima di gioia.

"Non immagini quanto mi abbia resa felice" e dicendogli così mi avvicino per baciarlo dolcemente. Poi mi blocco. Il fumo che sta uscendo dalla cucina non promette nulla di buono.

"Oh nonononononono! Il pollo!" ma le mie parole nulla possono fare contro il processo di combustione in atto.

"Ed ora che facciamo? Non c'è il tempo di preparare altro! Oh Josh, sono un disastro", quasi urlo presa dalla disperazione, cercando di farmi strada tra la nebbia che ha invaso la cucina.

"Che ne diresti di una pizza delivery?".

Dispiaciuta, a malincuore concludo che sì, l'opzione pizza è sempre una degna sostituta. "Ma prima, finisco quello che stavo facendo" e finalmente posso baciarlo avendo in arretrato tutti i baci che avrei voluto dargli oggi.

Ho ancora tra le mani il suo regalo, lo guardo e l'unica cosa che penso è che, a differenza di San Valentino, il nostro amore non è né sottovalutato né sopravvalutato.

Ha semplicemente il suo magnifico valore.

**16 febbraio 2021**

UN SORRISO A 32 DENTI

Tra i mille misteri che popolano l'universo, ce n'è uno che resterà per sempre un Mistero con la emme maiuscola.

Quando il dentista ti parla.

Questo esemplare di essere umano è solito fare le domande più disparate proprio quando il suo interlocutore è evidentemente impossibilitato a rispondere, con il risultato di mettere quest'ultimo in evidente difficoltà e in imbarazzo nel doversi esprimere solo attraverso vocali e versi da cavernicolo, e invano il malcapitato spera di non sembrare un idiota ma passa esattamente per tale.

Mi sorge spontaneo chiedermi se la facoltà di odontoiatria offra un corso di Comunicazione tra quelli di Fisica, Chimica e Anatomia, perché altrimenti tutta questa loro loquacità non si spiega.

E non venitemi a dire che tutti quelli che studiano per diventare dentisti sono animali socievoli, perché non vi credo nemmeno se leggo tutti i loro nomi sulla lista che Dio possiede sulla sua scrivania divina.

L’uomo dentista è capace di intrattenere dei lunghi e fitti monologhi aspettando poi che tu ribatta qualcosa, che argomenti la sua tesi, che concordi o che tu sia contrario, ma diamine di’ qualcosa prima che la sua autostima finisca rovinosamente nella tua bocca con il rischio di essere inghiottita e si perda nel tuo stomaco, o peggio, venga espulsa per i canali posteriori.

Niente da fare, sono tipi ostinati, i dentisti, più ostinati delle carie che si ritrovano a curarti per l’ennesima volta che prendi appuntamento.

La mia mente fa troppo voli pindarici per essere solo le dieci del mattino, non so se sia un buon segno e se piuttosto io non debba prendere appuntamento con uno psichiatra. Lo chiederò oggi alla seduta dallo psicologo.

Finalmente le porte dell’ascensore si aprono e premo il pulsante numero quattro. Mi guardo allo specchio che ho di fronte e controllo la dentatura facendo un sorriso da cane affacciato al finestrino dell’auto, giusto per essere sicuro di non avere frammenti di colazione tra i denti. Non vorrei che mangiare i cereali Cheerios a 25 anni fosse motivo di fraintendimento con chi dovrà addentrarsi nella mia bocca.

L’ascensore si ferma al quarto piano, esco e mi dirigo verso la porta con la targa dorata che recita ‘studio dentistico Zarzen’. Io ci avrei aggiunto “lasciate ogni speranza voi ch’entrate”, giusto perché Dante sta bene in ogni situazione.

Suono il campanello e scatta la serratura.

Una delle segretarie dietro alla scrivania mi accoglie con un buongiorno un po’ troppo allegro per essere lunedì mattina, ma chissà perché mi trasmette quel poco di positività che il mio corpo può sopportare.Mi dice di aspettare nella sala d’aspetto - mi chiedo dove altrimenti - e che il medico sarà presto libero. Credo mi si legga in faccia la mia voglia matta di andare sotto ai ferri.

“Signor Bianchi, prego, si accomodi” mi fa sempre uno strano effetto essere chiamato signore, ma ahimè non ho modo di contrastare la vecchiaia che avanza imperterrita e senza scrupoli.

Mi distendo sul lettino dallo strabiliante potere soporifero e attendo che il dentista prepari i suoi strumenti di tortura. Ma diamine è solo un controllo, perché devo sempre drammatizzare le cose.

“Si sta avvicinando la primavera, eh, ha visto come si allungano le giornate?”

Oh no, iniziamo.

Direziono lo sguardo su di lui per rassicurarlo che lo sto ascoltando, mentre invece il mio scopo è solo quello di non bruciarmi la retina a causa della luce che mi ritrovo direttamente puntata in faccia.

"Pensi, l'altro giorno ho persino fatto una camminata sul Carso con mia moglie e i miei figli, sembrava piena estate! E a lei, piace fare camminate nella natura?"

"Aaahammmhahahh" emetto una risposta che per quanto ne so può significare sia che adoro la natura sia che la detesto, lascio a lui scegliere quale delle due comprendere.

"Eh, sì, la natura ha il suo fascino...ricordo ancora i bei tempi andati, con gli amici, a fare scampagnate..."

Provo la tattica della comunicazione tramite alzata di sopracciglia e roteamento degli occhi, ma non ottengo molto risultati.

"Dunque, vedo che la situazione qui è abbastanza buona, le prescrivo solo un collutorio più specifico per contrastare il tartaro, e la prossima volta controlliamo come procede, che mi dice?".

Ho ancora i suoi arnesi nella bocca, cerco di farglielo capire con un verso e muovendo la lingua, ma evidentemente nel linguaggio dei dentisti questo significa "tutto chiaro capo!". Mi serve un manuale, subito.

"Ah ma certo, ora la libero", grazie al cielo qualche segnale è stato recepito.

Mi alzo e mi dirigo nella sala d'attesa per prendere il cappotto. La segretaria mi fa la ricevuta ed io sborso i miei guadagni per nemmeno un misero quarto d'ora passato ad affinare le mie tecniche alternative di comunicazione.

Chiudo la porta alle mie spalle, chiamo l'ascensore e premo il pulsante per il piano terra. Mi sto di nuovo guardando allo specchio sulla parete.

Onestamente non ci vedo poi tanta differenza tra un cane che sfreccia a tutta velocità su una Renault Clio e me in questo momento.

**18 febbraio 2021**

CICATRICI

Ho una cicatrice sotto al mento. Ricordo molto bene come me la sono procurata.

Ero alle elementari, durante una ricreazione passata nel cortile a giocare ad acchiapparella, da noi comunemente chiamata “darsela”. Per quanto difficile possa sembrare, ero una bambina che riusciva a correre molto veloce, mi sentivo in competizione con me stessa e mi sfidavo nel superare i miei record.

Probabilmente era anche un modo per sentirmi libera, energica, viva, vincente.

Quella volta sono caduta ottenendo come trofeo due denti e la cicatrice di cui sopra. Ogni volta che la sfioro, la considero un segno così familiare che ormai fa parte di me.

Le cicatrici segnano.
Le cicatrici ricordano.
Sono la mappa che traccia il nostro vissuto.

Una cicatrice si crea ogni volta che andiamo troppo veloci, sia che corriamo con le gambe, sia che lo facciamo col pensiero. Sia che cadiamo sull’asfalto per la fretta di vincere, sia che vogliamo smettere subito di soffrire e ricorriamo ad una lametta sulle vene. Vogliamo essere veloci, ma possiamo ferirci, e siamo costretti a fermarci.

Le cicatrici rimangono.
Le cicatrici parlano.

Si dice che se continui ad aprire una ferita, questa non si sanerà mai, ma il punto è che non puoi sanare ciò che non potrà mai guarire del tutto, non si può tappare la bocca a chi ha ancora tanto da dire.

Un raffreddore o la febbre spariscono con le medicine, ma le cicatrici, anche se rimarginate, loro restano lì e non c’è certezza che un giorno non si riapriranno.

Io non ho solo quella cicatrice sotto al mento.

Correvo veloce anche col cuore, e forse lo faccio ancora adesso, ma finché avrò segni sul cuore saprò di non essermi fermata, saprò che quella bambina che si sfidava ad andare sempre oltre vive ancora in me.

**22 febbraio 2021**

Dicono che ogni notte si sogni qualcosa, e che se dici di non aver sognato nulla significa semplicemente che non ti ricordi il sogno.

Ma il sogno c'è, esiste.

Chissà se questo vale anche per i sogni nel cassetto, quelli che ci sembrano svaniti ma in realtà esistono ancora in potenza, e siamo solo noi a non ricordarli.

Stanotte mi sono ricordata del sogno fatto, oh, se me lo ricordo.

Ero di nuovo sul palcoscenico, indossavo il mio costume preferito di un saggio di qualche anno fa, rosso fuoco vivo che cozzava di molto con la mia personalità tutta rosa, ma forse proprio per questo mi piaceva così tanto.

Mi piace il contrasto, o l'incoerenza che dir si voglia.

C'erano tutti a vedermi, la mia famiglia e gli amici più cari, tutti stupiti da come io riuscissi a ballare, chi perché era la prima volta che mi vedeva, chi perché non si immaginava un qualche possibile miglioramento.

La cosa più assurda del sogno di stanotte è che io mi sentivo veramente lì, davvero stavo ballando su quel palcoscenico e tutto ciò che percepivo era proprio come se fossi stata lì in carne ed ossa e non solo attraverso la mente.

Mi sono persino chiesta se stessi sognando, mi sono risposta che sì, dovevo per forza essere in un sogno, ma non ho smesso di ballare né di sorridere perché quella poteva essere una delle poche occasioni rimaste per ritornare a ballare.

Per ballare come ora vorrei.

Mi sono svegliata sull'orlo del pianto.

Ma è stato bello.

Oh, se lo è stato.

**4 marzo 2021**

AL BUIO

Il buio fa paura.

È così che ti dicono quando sei piccolo.

Tutto ciò che non ha luce è sinonimo di pericoloso, è il male. Ma è solo al buio che sei capace di trovare la tua vera luce.

Ho sempre vissuto il mio buio come una mia incapacità di vedere ciò che mi circondava e di come io apparivo al mondo, e certo, per molto tempo è stato esattamente così.

Ma adesso, il buio ha tutt'altra funzione.

Ora, al buio, intravedo cose, pensieri, emozioni che prima alla luce nemmeno mi accorgevo esistessero.

E sai cosa? Non è del buio che si ha paura, non è quello che ti nasconde ciò che temi. Ti spaventa ciò che il buio potrebbe mostrarti, ciò che riusciresti a vedere.

Te stesso
Al buio
Senza luce

E quello, sì che fa paura.

A poco a poco, inizi a vedere anche al buio, in un modo diverso, più attento, più scrupoloso nel mettere a fuoco l'ambiente circostante.Così capisci che anche senza luce la tua vita esiste ancora, tu esisti ancora, ma con la luce sono bravi tutti, vero? Basta accendere una lampadina e il gioco è fatto, si trova tutto ciò che serve e subito. Ma è al buio che si possono trovare le cose che brillano di luce propria, sono solo quelle che possiedono un vero valore. Ritrovarsi senza luce non significa che le cose scompaiono, solo perché non le vedi non vuol dire che esse non esistano ancora. O che tu non esista ancora.

Il buio inganna, illude, confonde, può farti letteralmente andare a sbattere, però allo stesso tempo rivela delle fragilità che non vogliono uscire se c'è luce. E non si può fare finta che non esistano solo chiudendo gli occhi, aprendo e chiudendo l'interruttore umano, se mai ne esista davvero uno per spegnere e accendere le emozioni.

A volte, sai, serve camminare alla luce della luna, e la luna esce più spesso quando fa buio.

Ma la sua luce c'è.

**13 marzo 2021**

L'ho già detto di non essere una giramondo, una da "sì partiamo all'avventura zaino in spalla", proprio no.

Per me viaggiare è una sfida con me stessa, è mettermi alla prova con la curiosità e la voglia di scoprire cosa sono capace di fare e vivere fuori dal mio luogo sicuro, e lo è stato soprattutto convivendo col disturbo alimentare.

Diverse città significano diverse culture che a loro volta si manifestano anche in cibi diversi, e le parole "cibo" e "diverso" in questo caso non sono mai andate d'accordo.

Ma non per questo mi sono mai privata di vedere con occhi diversi.

Le vacanze con i miei genitori rappresentano ricordi che terrò sempre cari nel cuore, piccoli momenti che rivivo ogni giorno che mi donano quella certezza di esserci stata, oltre al fatto di essere ricordi che sono solo nostri, di noi tre e basta.

Da un lato, mamma che avrebbe sempre preferito rimanersene a casa, ma che poi una volta in vacanza non sarebbe più tornata a casa, compensata dalla bramosa volontà di papà di andare organizzare vedere fare qualsiasi cosa ma andare.

Ed io nel mezzo, e a volte stare nel mezzo vuol dire anche essere protetti. Voglio quindi inaugurare una rubrica, #raccontounricordo, e come primo ricordo di viaggio voglio pensare a Parigi, a come quel viaggio sia stato in un certo senso uno spartiacque nella mia vita, mi ha aperto la mente ad un mondo che fino ad allora non pensavo potesse essere così vasto ed enorme da contenere così tanta diversità.

Mi rivedo sotto la Torre Eiffel, a Montmartre, davanti la cattedrale di Notte Dame, in fila fuori al negozio Ladurée per i famosi macarons, ed era solo il 2011; dieci anni fa non sono ieri, ma pensare che nel corso di questi anni sono capitate le cose più assurde mi lascia un sentimento di malinconia e nostalgia che fa male al cuore.

Dall'attentato terroristico alla cattedrale che brucia, dall'inizio del mio disturbo alimentare all'essere qui ora a scrivere in una casa mia.

Parigi, vorrei tanto mostrarti la me diversa che adesso non per forza è una parola negativa, raccontarti quanto successo in questi dieci anni, vorrei riabbracciarti per dirti che ti perdono e ti chiederei di fare lo stesso con me.

Per adesso, ti rivedo attraverso le foto, ti rivivo tramite i ricordi.

**15 marzo 2021**

Sento spesso dire che non bisognerebbe ricordare un determinato evento solo nella data di ricorrenza stabilita su di un calendario.

"Le donne dovrebbero essere trattate bene ogni giorno, si dovrebbe combattere ogni giorno per la parità di genere, la mamma e il papà e i nonni rimangono tali per 365 giorni l'anno e non solo nelle 24 ore della loro festa".

O ancora, "si dovrebbe sensibilizzare sui disturbi alimentari sempre e non solo il 15 marzo".

Ci ho pensato molto, e mi sento di dire che è vero anche il contrario. Mi spiego meglio.

L'esistenza di una data sul calendario che attesti la necessità del ricordo è anch'essa importante.

È estenuante e oltremodo faticoso ricordarsi dello scontato, del quasi ovvio, ogni santo giorno. Anzi, dirò di più, in questo modo si normalizzano cose che non dovrebbero essere per nulla normali e quotidiane. Non posso ricordare ogni giorno che è più importante pensare al mio futuro, a chi voglio diventare e fare, rispetto a quante calorie ho nel piatto o se quel dolce di cui ho voglia è terreno nemico da non oltrepassare. Non posso ricordare ogni giorno che le donne subiscono violenza, come in fondo anche gli uomini, diciamo pure quindi ricordare che al mondo esiste la violenza.

Ricordare che esiste una disparità di genere, o che la mia famiglia mantenga il suo valore sempre e comunque.

Perché se tutte queste sono nozioni che devo continuamente ripetermi, significa che non le ho interiorizzate a dovere, che sono pensieri ancora da consolidare e non certezze nelle quali ripongo le mie quotidiane verità e valori.

È faticoso mettersi di fronte alla realtà e al mondo che cerchiamo tanto di cambiare ma che per quanti sforzi facciamo per ricordare ricordare ricordare alla fine resta senza memoria.

E quindi? Il succo di questo discorso? Al solito, non c'è risposta e la verità sta nel mezzo, tra l'impegno quotidiano nel lottare per ciò in cui crediamo e la valorizzazione di un giorno dedicato esclusivamente ad una determinata causa.

Questo forse ci ricorda di amarci ogni giorno e allo stesso tempo di distinguere cos'ha la priorità nella nostra vita.

**16 marzo 2021**

A Londra ho avuto il classico colpo di fulmine.

No, non con una persona, anche se, ora che ci penso, il commesso di Abercrombie con cui mia mamma mi ha obbligata a fare una foto non era affatto male (a proposito, mamma, che fine ha fatto quella foto?).

Mi sono innamorata di Londra stessa.

Nonostante abbia piovuto quattro giorni su sei, i suoi luoghi hanno lasciato dentro me un segno profondo. Non saprei dire cosa in particolare, è stato tutto, dall'atmosfera alle persone, dai monumenti alle case, qualsiasi elemento a confermarmi che in una mia vita precedente sono sicuramente stata una schizzinosa ma elegante lady inglese dell'800.

Era come muoversi attraverso strade che avevo già percorso, sentirmi in un posto del mondo in cui mettevo piede per la prima volta ma che il mio animo riconosceva come Casa.

E infatti, sentire la metropolitana annunciare "High Street Kensington" sapeva proprio di Casa, perché era dove alloggiavamo nel nostro hotel.

Mamma ed io ripetevamo in coro "mind the gap between the train and the platform" e lo dicevamo anche a caso per strada e ridevamo senza un perché, una di quelle frasi che stanno bene dappertutto.

Esperienza mi insegna che bisogna anche essere sicuri di salire sulla linea del colore giusto per evitare di attentare alla vita del proprio padre che potrebbe rimanere incastrato nelle porte, tanto da farmi immaginare la metropolitana che parte a razzo e mio padre tranciato in due -cosa che, per la cronaca, non è successa-.

Eravamo ormai di casa in una catena di ristoranti asiatici, 'WagaMama', e in una italiana, 'Il Concerto', dove abbiamo stretto amicizia con una ragazza italiana che all'epoca lavorava lì, e con la quale ogni tanto mi sento ancora.

Come scordare King's Cross, nel negozio di Harry Potter dove un tipo chiaramente mascherato da Ron Weasley da tanto ci assomigliava, si è complimentato per la mia foto con uno stupendo accento british "It's amazing!".

Che storia poi! Andare alla National Gallery quasi esclusivamente per vedere la mia opera del cuore, 'The Fighting Temeraire' di William Turner, e scoprire che solo quella sala è chiusa per restauro, come si suol dire, le gioie!

E da Madame Tussauds dove mi sono fatta fare il calco in cera della mia mano col pollice alzato -che poi si è sciolto perché sapientemente messo sulla mensola sopra la TV- e dove i miei genitori si sono sentiti super giovani vicino alle statue di Madonna e Michael Jackson, mentre ignoravano chi fossero Miley Cyrus o Katniss degli Hunger Games.

Vorrei tanto rivedere anche te, Londra, mi manchi come un caro amico che non vedo da troppo tempo. Sarai diversa, io lo sarò, e avremmo così tanto da raccontarci. E non vedo l'ora.

**17 marzo 2021**

ANNULLARE

Mi aggrappo all'ancora del passato che mi trascina giù

Mi dimentico della mia voglia di avere memoria del futuro

Attorno a me solo silenzio
Dentro me il frastuono di mille bombe

Una quiescente fretta di fare, andare, vivere
Frenata da una ostinata apatia che non mi fa capire più
chi sono, dove sono, perché sono

Sono sott'acqua, tutto ovattato
e i movimenti e i pensieri
sono rallentati
Mentre il mondo continua a girare
E girare
E mi disorienta nei panni di me stessa

Una me stessa che vuole nascondersi
dietro parole non dette ed emozioni
non digerite
masticate e sputate
sono troppe
Emozioni anch'esse intaccate da un virus
che mi priva di sentirne il profumo e il sapore

Ti ricordi che gusto ha la felicità,
o il profumo dei sogni?
Tutto contaminato
tutto annullato.

Annullo il passato, non parlo più al futuro
Cosa resta?
Il frastuono di mille bombe
Il silenzio del prima e del dopo

Tutto rallenta proprio quando
fa più male

Ed ora più che mai il controllo è una cruda illusione
in un mondo che a poco a poco è diventato
incontrollabile
un mondo che pian piano
sta ammuffendo
le cui pareti si sgretolano ogni giorno un po' di più
e tutto ti cade addosso

Sei sporco
Hai la nausea, le vertigini, sempre in bilico con il terrore
di cadere
Ma cadere dove?
Puoi cadere se non hai la terra sotto ai piedi?

Solo bombe

**19 marzo 2021**

È difficile combattere contro se stessi. E forse è una guerra persa in partenza, può darsi.

È difficile aspettare restando fermi, fa male, proprio come quando stai troppo tempo in piedi, prima o poi devi sederti.

Che significato hanno il controllo e la perfezione, al di là delle definizioni sul dizionario?

Per me, sono degli interruttori che non si spengono mai, restano sempre accesi e non fanno altro che consumare la mia energia.

Iniziano con l'essere delle responsabilità per poi tramutarsi in incontrollate ossessioni, in dipendenze, in illuse pretese di prevedere le conseguenze, di pretenderle prima del tempo.

"Da fuori è difficile da capire, da dentro è difficile da spiegare", è una frase che ho letto di recente sul profilo di una ragazza che seguo da sempre, e non penso ci siano parole migliori per descrivere questa bisognosa dipendenza autodistruttiva che non porta affatto al pieno controllo e perfezione, tutt'altro, porta al loro esatto contrario.

Porta all'opposta versione di me.

Anche se il solo pensare per molti non vale tanto quanto la pratica, io penso ad una prospettiva di me futura che vuole darsi la possibilità del cambiamento, lo vorrebbe tanto.

E in fondo, pensare è lo stesso fare qualcosa. Pensare di poter chiudere di tanto in tanto quel interruttore, di averne il coraggio e aprire la mente al non previsto, al non conosciuto.

Basterebbe solo trovare quel maledetto interruttore.

**21 marzo 2021**

La nostra società si fonda sul produrre.
Direte voi, dove sta la novità?

Si producono materiali, oggetti, cibo, soldi, arrivi ad un punto che il tuo unico scopo nella vita è produrre e basta, non sai nemmeno tu cosa ma sai che per "diventare qualcuno" devi produrre qualcosa che gli altri possano vedere, acclamare, invidiare, premiare o biasimare. Ma devi avere qualcosa tra le mani.

Allora sì che sei arrivato.
Se non produci niente, sei niente.
Così funziona nel mondo esteriore.
E invece in quello interiore, cosa accade?

Davvero se non produco nulla, allora dentro me nulla sta lavorando?

In questo caso, più che produrre, si crea. In molti si affannano in questa maratona produttiva, in pochi si fermano e creano. Produrre e creare, la loro differenza risiede nel cosa.

Vorrei creare sogni, aspettative, certezze e valori, vorrei crearmi un futuro in cui la me stessa futura si guardi indietro e senta di essersi creata proprio da quel nulla, senza niente tra le mani. Partendo solo da se stessa e dalle sue emozioni, creata da esse.

Sono il prodotto delle mie emozioni e la creazione del loro valore.

Del mio valore.

**22 marzo 2021**

Ricordo i giorni a Valencia come un riscatto, chiamiamola pure rivincita sul viaggio di terza liceo. Non ci ero andata per le ovvie ragioni dell'epoca riguardo al cibo e soprattutto per la paura di affrontare tutto quello lontano da casa. Forse mi avrebbe fatto bene, chi lo sa.

Di sicuro, la vacanza con i miei genitori ha fatto bene a tutti e tre.

Quando visitiamo una nuova città, tradizione vuole che scegliamo i luoghi con più scale in assoluto, altrimenti dove lo metti il divertimento?

Sono ironica, se non l'aveste capito.

Ad esempio, è stata alquanto faticosa la salita sul Miguelete, una torre all'interno della cattedrale di Valencia con una scala a chiocciola che solo a ricordarla mi gira ancora la testa.

A Valencia ho scoperto l'horchata, una bevanda a base di un particolare latte di mandorla che ho adorato e che invece ai miei genitori faceva abbastanza schifo, il che forse spiega molte cose sui miei gusti discutibili.

Sempre lì, per mia sfortuna ho scoperto di non avere un buon rapporto con l'avocado perché dopo un pranzo fatto con un'insalatona in cui c'era anche questo esotico alimento, ho visto Dante, Virgilio e compagnia bella all'Inferno. Nonostante il mio malessere, la sera ho voluto uscire lo stesso ed è stato un bene perché abbiamo trascorso una bellissima serata.

Nei giorni restanti, non potevamo farci mancare una paella da asporto e pure una in un ristorante sulla spiaggia, direttamente coi piedi nella sabbia! Nel mio caso, accompagnata da un bicchiere enorme di sangria che solo col primo sorso era mezza ubriaca.

E proprio nella sabbia abbiamo trascorso una bellissima giornata alla spiaggia di Malvarrosa, nome che mio papà pronunciava sempre con un accento decisamente troppo spagnoleggiante che però faceva sempre ridere.

Non potevamo non dedicare un'intera giornata all'Oceanografic, dove i colori che fanno da padrone sono il verde acqua e il bianco, uno dei luoghi in cui sono stata fino ad ora che potrei definire un paradiso terrestre per davvero (tranne per il passaggio sotto le vasche con gli squali, lì ho immaginato una brutta scena da film in cui il vetro si rompeva e finivamo tutti mangiati dagli squali cucciolo, tipo Gremlins).

Potrei definire quello a Valencia come un viaggio di passaggio, di formazione, perché molte cose si stavano consolidando dentro me, altre me le stavo lasciando alle spalle e altre ancora le stavo costruendo.

E vedere posti nuovi ti fa capire che vuoi qualcosa di nuovo anche per te stesso.

**24 marzo 2021**

Da piccoli, si fanno molte domande.

Le mie due preferite erano "sei arrabbiato con me?" e "mi vuoi ancora bene?"

La prima per assicurarmi di non aver fatto nulla di male, la seconda per rassicurarmi di essere l'Elisa di sempre, e così tutto andava bene.

Tutto come sempre.

Credevo che il presupposto per essere amata fosse non cambiare mai. Se ora mi vuoi bene, così come sono, non ho certezza che, cambiando, tu mi voglia ancora bene.

Sono cresciuta col demone del cambiamento, emotivo e poi fisico, con la paura di perdere le persone che avevo nella mia vita al punto da sacrificare me stessa. Come se loro potessero prendersela per un cambiamento che doveva riguardare esclusivamente me e me stessa, nessun altro. Persone che, proprio perché potevo cambiare, mi avrebbero apprezzata ancora di più, e avrebbero voluto essere partecipi di quel cambiamento, cambiare assieme.

Sei arrabbiato con me?
Mi vuoi ancora bene?

Le dico adesso, dopo quasi vent'anni, e capisco che sono domande contro la vita, sono paure che mi hanno fatto andare contro me stessa.

Privarmi di essere chi fossi per dimostrare di essere perfetta, immutabile, l'Elisa di sempre che non cambia mai. E, alla fine, o cambi tu o è la vita a farlo, questa sì che è una certezza.

Certezze.
Conferme.
Bugie.
Da grandi, più che fare o farsi delle domande, si cercano risposte.
Come se le domande fossero la versione bambina delle risposte adulte. Ma forse è il contrario, sono le risposte del passato a far nascere le domande del presente e, anche se sono appena nate, hanno molte più pretese delle risposte che le hanno partorite.

Sono arrabbiata con me?
Mi voglio ancora bene?

Se non cambio, non mi do la possibilità di rispondermi.
Se non cambio, non mi do l'opportunità di creare me stessa.

**27 marzo 2021**

MACERIE

"Le domande nascono dalla confusione. Le risposte arrivano col silenzio".

Sotto casa mia stanno facendo dei lavori. C'è un gran movimento, via vai di persone, ruspe, un bel polverone.
Anch'io sto facendo dei lavori dentro me, potrei dire di ristrutturazione, più che costruzione.
Quando mi sono immersa a capofitto nella vita, due anni fa, quel polverone che avevo tirato su mi ha nascosto ciò che mi stavo lasciando alle spalle, ciò che forse non ero riuscita a riparare del tutto e quindi che ho messo da parte, e che forse non necessitava davvero di essere riparato, poteva anche rimanere così.

Avevo un perché più grande del passato, ed era il futuro.
Quando arriva la sera, tutti gli operai vanno via, le ruspe si fermano e cala un silenzio tombale che preannuncia il frastuono del giorno successivo.

In quest'ultimo anno di calma forzata, ho pian piano diminuito i lavori dentro me, più che su di me, tutta quella polvere si è depositata e si è pure fatto tutto buio, come quando viene sera.

E solo quando la polvere si posa si vedono le macerie.

Le macerie di un passato ancora a pezzi, frammenti mai sepolti ancora da ascoltare, ancora da capire, di cui riappropriarmi perché gli unici capaci di riempire i vuoti che mi porto dentro.

Ma con tante energie utilizzate per distruggere, poi non te ne rimangono molte per rimboccarti le maniche e fare un passo indietro, per dirti che magari qualche pezzo vecchio può esserti utile, se non addirittura recuperabile da farne uno nuovo.

E quindi ti fermi, calma piatta in superficie mentre nelle profondità c'è un trapano che scalpita.

Io, dall'alto del mio terzo piano, guardo di sotto e lo scenario è una strada aperta, sfondata, erosa, un cadavere dissezionato di cavi e tubi.

Io, in bilico sopra me stessa, mi guardo dentro e mi accorgo che tutte quelle macerie creano un percorso, una strada che solo passandoci attraverso può condurmi di nuovo sul trampolino.

E quando guarderò giù, non avrò più paura.
Quando guarderò dentro, non sarò più la stessa.
Sarò me stessa.

**1 aprile 2021**

Convivo da sempre con le mie rigidità.

Sono le mie stesse rigidità e rendermi rigida.

È come vivere perennemente in apnea, sempre sul filo del rasoio, sempre con passo incerto, come se da un momento all'altro io possa premere inavvertitamente quel punto sul pavimento che fa scattare una trappola.

Molte rigidità sono riuscita ad abbatterle, non posso negarlo, ma non posso negare nemmeno di essermene costruita altre, e queste sì che sono robuste perché si nutrono delle rigidità del passato, hanno delle basi da cui partire.

Però ora anch'io ho delle basi.

Ora ho la consapevolezza che se solo provo a modellare queste rigidità, se solo provo a curvarle, a plasmarle sulla me stessa che sono adesso, ecco so che giorno dopo giorno questi vincoli invisibili ma reali si potranno addolcire, ammorbidire, che io stessa potrò farlo.

Da una rigida sbarra di metallo posso tirar fuori un sinuoso vaso in terracotta, e a ben pensarci anche il metallo nasce da una condizione fluida, ed è tutto ciò che mi serve sapere.

Che tutto nasce dal calore che modella e non dal freddo che immobilizza.

Che il mio cuore può tornare a battere e la mia mente a respirare se provo a scaldarli e curarli di nuovo.

Che posso tornare a vivere per me stessa e non per tenere in vita i miei limiti.

Una vita limitata e limitante non può prendersi sul serio, io non posso prendermi sul serio se irrigidisco ogni aspetto della mia vita.

E mi basta sapere che un cambiamento o succede o posso farlo succedere, e quest'ultima alternativa è tutta un'altra storia, può essere la mia storia.

Io che creo, plasmo, modello i cambiamenti e di conseguenza anche me stessa, quando si dice essere gli artefici della propria vita.

È una bella visione, è una bella speranza.
È un buon obiettivo.

Posso avere, fare o, ancora meglio, essere il mio cambiamento.

**7 aprile 2021**

Il buon vecchio Faccialibro (alias Facebook) ieri mi ha ricordato che nell'aprile 2017 siamo stati a Firenze e in Umbria, precisamente ad Avigliano Umbro, per ritirare il premio che mi era stato assegnato in occasione dell'uscita del mio - ormai primo - libro. I veterani che mi seguono dagli albori forse se ne ricorderanno, è stato da quel momento che ho voluto aprire il mio profilo su Instagram.

La tappa a Firenze è stata un po' un'occasione colta per la strada, ci siamo rimasti i due giorni precedenti alla giornata che dovevamo trascorrere in Umbria.

Ho un caro ricordo di quella città, dall'hotel con le colazioni stratosferiche, penso le migliori che abbia mai visto in un hotel, al mercato di frutta disidratata in cui ho fatto spese folli perché all'epoca per me era una novità. Dal museo casa di Dante (tanto tanto love) agli Uffizi con le opere che avevo studiato al liceo e che mi esaltavo anche solo a vederle da lontano. Era aprile, e faceva un gran caldo per i nostri maglioni invernali, quindi al solito le nostre esplorazioni ci hanno messo a dura prova, ma di sicuro non ci hanno fermato.

Una volta arrivati ad Avigliano Umbro, siamo stati ospitati nel CET di Mogol, una struttura letteralmente in mezzo al nulla, sul cucuzzolo di una collina attorniata dalla nebbia e, da ragazza di città quale sono, ho abbastanza sofferto quell'immersione nella natura, testimone ne è stato il ragno enorme che mi sono ritrovata in stanza e per il quale ho dormito con la luce accesa tutta la notte, il che vale a dire non aver dormito affatto.

Creature malefiche a parte, quella giornata mi ha regalato grandi emozioni e soddisfazioni, e ogni tanto stento ancora a credere di aver ricevuto un riconoscimento direttamente dalle mani di Salvatore Quasimodo, o anche solo di essere stata lì.

(Le foto mi ricordano anche la mia amata giacca di pelle blu che purtroppo è passata a miglior vita ma che amo ancora follemente, e mi ricordano la mia brillante idea di aver comprato un paio di jeans bianchi scomodissimi solo per quell'occasione).

**9 aprile 2021**

Con un po' di fatica, ho ritrovato le foto di Barcellona datate 2010, e solo dire undici anni fa mi sembra un'eternità illegale.

Ho rivisto un'Elisa piccola nella sua enormità, come rileggere dopo tanto tempo un libro che hai già letto, sai com'è la trama e i personaggi ma scopri sempre qualcosa che prima ti era sfuggito, un dialogo non importante, una parola chiave, una sensazione, la descrizione di uno sguardo che all'epoca non capivi perché quel libro lo stesse dettagliando con tanta cura.

Ricordo di essere stata quella Elisa e ricordo bene come mi sentivo.

È difficile da spiegare, sento la mancanza del rapporto che avevo col mio corpo, un corpo che, se paragonato a quello degli anni successivi, era un corpo vitale, accogliente, riparatore, vero e reale, non finto come potrei dire di sentirmi adesso.

Mi sento all'interno di un'impalcatura traballante e pericolante, una "Stamberga Strillante" nel suo continuo oscillare, una palafitta instabile che può ben poco alla prima pioggia e che non ripara da nulla se non dal sole.

Allo stesso tempo, sento anche una controversa sensazione di allontanamento, di distacco, di "doveva andare così e forse è stato meglio".

In fondo penso che il concetto di "casa" non sia tanto connesso alla stabilità quanto a quello della sicurezza e della protezione.

Una casa che non ti fa sentire sicuro e al sicuro è come una coperta che non scalda, come acqua che non disseta, un tramonto in bianco e nero.

Non posso di certo paragonare la ragazza, o dovrei dire la donna che sono, con la bambina che ero, non si vive sotto l'ombra del proprio passato, è esattamente il contrario, le ombre stanno sempre dietro la persona che siamo adesso.

Però, in quello sguardo, ci vedo lo stesso Elisa, una versione di me che solo da poco riesco a tratti ad apprezzare, ad accettare, a tollerare, ad accogliere.

Mi sto rendendo conto che della vacanza non sto raccontando nulla, la ricordo come una bella vacanza, la nostra prima "vera" vacanza all'estero, in una città magica che non abbiamo avuto modo di scoprire a dovere. Infatti, siamo rimasti a Barcellona solo quattro giorni e a Lloret de Mar tutta la settimana successiva, da esploratori alle prime armi ci sarebbe convenuto fare il contrario, ma.

Magari ci sarà tempo anche per una rilettura di quel libro.

**12 aprile 2021**

Quando si parla di "disturbo del comportamento alimentare" di solito tutta l'attenzione va a finire sugli ultimi due termini, e non è una novità che chi ne soffra abbia un comportamento non usuale col cibo.

Bene, fin qua tutto chiaro, ancora una volta la superficialità si spiega da sé e lo fa benissimo, tanto che, se hai anche solo un piccolo problema a relazionarti col cibo, diventi automaticamente anoressica o bulimica o simili, si risolve tutto molto semplicemente e la diagnosi è super veloce.

Non si creano domande inutili, scontate, superflue, non c'è mica bisogno di chiedere il perché, in fondo sei solo fissato con la linea e la dieta, non hai altri motivi per prendertela con ciò che mangi, e perché dovresti?

Non è umano.
Appunto.

Ti spersonalizzano.
Ti tolgono le emozioni, le sensazioni, le percezioni.
Ti guardano in superficie, dall'alto dei loro giudizi.

Ma in questa famosa dicitura DCA c'è ancora una parola che, a discapito delle altre, non riceve la giusta considerazione che si meriterebbe.

Disturbo.

E me lo immagino proprio, questo DCA che bussa alla tua porta, che sentenzia con un retorico "disturbo?", finché non te lo ritrovi in casa come un ladro che giorno dopo giorno ti ruba qualcosa, ma tu non te ne accorgi, e anzi forse non ti interessa nemmeno.

In fondo, non vuoi disturbare.

In fondo, non è così grave essere senza identità, o avere un disturbo con essa, che in realtà è ancora peggio di non averne una.

Disturbare significa intralciare, importunare, interrompere.

Un disturbo, qualsiasi esso sia, che abbia o no a che fare col cibo, interrompe la vita, è un blocco immagine che non ti permette di andare avanti e ti imprigiona in una cornice di insicurezza e disvalore.

Ma già, in fondo è una tua scelta, no? È questo che si dice. Che te lo sei andato a cercare, che è dipeso tutto da te.

Che è colpa tua perché non sei stato abbastanza forte e vuoi solo attirare l'attenzione.

Di solito chi dice questo si dimentica chi è stato il primo a bussare alla porta. E soprattutto si dimentica che sei un essere umano vivo di emozioni e che, se anche può sembrare che le tue orecchie siano tappate, il tuo cuore sente tutto, sempre.

**16 aprile 2021**

"Un cuore spezzato avvelena ogni piatto"

Quello che prima poteva essere un antidoto, dopo è diventato veleno. È lo stesso dolore che scorre nelle vene al posto del sangue e che, una volta sputato fuori, intacca ogni cosa e trasforma tutto in veleno.

Dalle tue ferite non esce sangue, esce veleno. È acido che corrode, fuoco che brucia e lascia dietro sé solo cenere. Le ceneri di quel che è stato e di quel che sarebbe potuto essere.

È un'onda anomala che travolge tutto il tuo orizzonte mentre tu sei distratto a guardare altrove e quando ti volti non c'è più nulla. Alla fine non capisci più quale sia la vera fonte del tuo malessere, se il veleno che esiste già al di fuori o quello che produci tu stesso. Ti illudi di proteggerti eppure ti avveleni. Avveleni tutto ciò che tocchi, guardi, respiri, ma non respiri ormai da tanto tempo per paura di sbagliare, e sempre per non sbagliare eviti entrambe le fonti, che sia il fuori o il tuo dentro. Perché tutto brucia e non è niente in confronto ad un cuore spezzato ormai ridotto in cenere. Se solo avessi guardato quel singolo cuore rotto come due cuori integri, magari chissà, anche quella sofferenza sarebbe potuta essere una pura abbondanza d'amore.

Proprio da quella spaccatura sarebbe uscito amore e non veleno.
Eppure.
Magari era l'amore ad essere veleno.

**20 aprile 2021**

SCHELETRI

Non mi sono resa conto di cosa stessi provando nei confronti di me stessa durante tutti questi anni, una rabbia innaturale che ora sto capendo essere non tanto immotivata.

Sto cercando di capirla e allo stesso tempo forse riuscirò a capire me stessa, se non almeno la persona in cui ho vissuto finora.

Ho sempre avuto la tendenza a biasimarmi piuttosto che dirmi "va bene, io sono così e devo farmene una ragione, ho queste gambe, questo addome, questo viso, e sono miei e non devo avere la pretesa di volerli diversi". Ma non funziona così, magari servisse solo ripeterselo.

Provavo una rabbia di cui all'epoca ero inconsapevole, o meglio, non ero in grado di riconoscere, ero arrabbiata per il semplice dato di fatto di essere io, Elisa, e non qualcun altro. Ero arrabbiata per non riuscire ad essere una me migliore, quindi tanto valeva non essere affatto, che poi è quello che ho iniziato a pensare, io non ero niente se non potevo essere un qualcos'altro di diverso. Non penso di dover ragionare in termini di accettarsi, che dirlo va tanto di moda adesso, direi invece un "non rifiutarsi", il che è molto diverso, tutta un'altra storia.

Mi è sempre sembrato che una banale accettazione fosse più una resa, una sottomissione che non lottare per cambiarmi, ma quando si è giovani non è così facile rivolgersi alle mezze misure. Se non puoi accettarti non lo fai e basta, se non vuoi farlo non c'è ragione che tenga. Se non ne hai la forza, di capirti, non ti stai sottomettendo alla tua incapacità ma stai mostrando a te stesso la tua debolezza e forza più grande, la voglia di vivere mascherata dalla voglia del nulla.

Non è una novità che per vivere devi mangiare. E non è una novità che se ti passa la fame allora non è un buon segno, o ancora peggio, trattenersi dal sentire la fame ancora prima di soddisfarla.

Riavvolgendo il nastro e facendo uno più uno, non posso non notare che io, una persona così, non l'avrei nutrita, ed è proprio ciò che ho fatto. Una persona che rifiuta se stessa non merita di sentire la fame, di essere nutrita e di nutrirsi di ciò che le fa bene.

### 25 aprile 2021

### SOLO DELLE SOPRACCIGLIA

È dall'età di 14 anni, se non prima, che usa la pinzetta per le sopracciglia. All'inizio era una semplice azione di routine, quegli accorgimenti che una ragazzina inizia a fare per curarsi del proprio aspetto pensando di fare bene, ma che negli anni si è trasformata in una malsana ossessione. Come tipico mio, aggiungerebbe la mia parte sarcastica.

Non potevo reputare una giornata conclusa se non mi ero controllata le sopracciglia, avessi tolto anche solo un pelo, ma saltare quel passaggio non era contemplabile. Questo è solamente uno degli elementi che mi provano la mia smania di togliermi parti del mio essere, di scrollarmi di dosso quel qualcosa di invisibile che, a seconda del mio stato d'animo, proiettavo o nelle sopracciglia, o sulle gambe, o sulle braccia, o sulla pancia.

È stato per anni il mio linguaggio implicito per dirmi che mi rifiutavo e non accettavo parti di me che, per quanto io mi ostinassi a combattere, crescevano e cambiano lo stesso forma. Togliermi qualche pelo o asciugare il mio corpo non ha mai fatto sparire del tutto quel peso che sentivo addosso, mi restituiva solo una fluttuante illusione e un senso di potere che il giorno successivo dovevo di nuovo riconquistare a fatica.

E anni su anni a perdere contro se stessi, la tua autostima e considerazione di te non ringrazia di certo.

Qualche settimana fa, durante questo mio intimo e perverso rituale di estirpazione, mi sono bloccata un secondo che è stato sufficiente a chiedere al mio riflesso nello specchio “perché lo sto facendo?”

Già, perché? Sono la prima a lamentarmi del fatto che non mi abbiano mai chiesto perché non mangiassi, invece di dirmi di mangiare e basta, e poi mi comporto allo stesso modo con me stessa, non voglio sapere i motivi che mi spingono a fare o non fare una determinata azione. E questo perché non mi sono mai considerata degna della mia attenzione, non quella degli altri stavolta, qui si tratta di me che vedo me stessa per la prima volta come una persona, un’amica.

La mia risposta è stata “il perché non me lo ricordo più”.

Non so se queste poche parole riescano a trasmettere il senso profondo che racchiudono, ma posso assicurare che il loro significato è enorme, immenso.

Da quel giorno mi sto facendo ricrescere le sopracciglia. Sto accettando una crescita, un cambiamento che non dipende da me e che sono solo in grado di direzionare, di modificare, ma non di annullare. Modellare suona molto meglio di cancellare, richiede lo stesso fatica ma alla fine ti fa vedere qualcosa, non lascia un’immagine fantasma dopo la cancellatura ma dona qualcosa che è nitido e reale.

Certo, non è che da un giorno all’altro ti svegli e diventi il cambiamento che vuoi, sarebbe troppo bello ma anche poco appagante, e se mai inizi mai ci arrivi.

Non ricordarmi il perché del togliermi le sopracciglia mi ha portata a voler trovare adesso un perché per farle ricrescere, mi fa capire che se prima continuavo a toglierle per reprimere le mie parole, ora voglio farle crescere per riavere un’espressione che mi rappresenti per chi sono oggi. E che se non ricordavo il motivo, forse significa che adesso sono pronta a vedermi nella realtà.

Voglio permettere a quella ragazzina di esprimersi come avrebbe voluto, voglio parlarle, chiarire, ridere, piangere, e se un paio di sopracciglia possono rappresentare un ponte per ritornare ad abbracciarla, chi sono io per rifiutarlo, chi sono io per distruggerlo, per toglierlo di mezzo tra noi due.

Un nuovo "perché" può prendere il posto di tutti i "se" e può dare un senso al proprio sé, e chissà che un giorno mi ricorderò ancora il motivo per cui ho iniziato.

Per me.

**28 aprile 2021**

ASSOMIGLIARMI

Il mio concetto di bellezza è sempre stato quello di assomigliare alle altre ragazze.

Questo maledetto confronto.

Forse non è al confronto che devo dare tutta la colpa, posto che debba per forza esistere qualcosa o qualcuno su cui riversare tutta la responsabilità degli eventi.

No, c'è dell'altro.

C'era anche la vergogna per essere chi ero, come se non essere al pari di quelle ragazze, mie coetanee, viste alla tivù, su internet, o sulle riviste, mi rendesse colpevole, incapace di arrivare al loro livello di distinzione e bellezza, insomma un'ennesima prova che mi ripetevo facesse di me una fallita. Tanto valeva sparire proprio, diventare ancora più invisibile se era questo che la società mi stava suggerendo.

Errore.

Non era tanto questa fantomatica e inarrivabile società che con la sua bellezza mi stava dicendo di girare al largo perché io non ero all'altezza di rientrarvi, quanto quella mia stessa vergogna e la mia onnipresente insicurezza a suggerirmelo.

Tanto presa ad assomigliare alle ragazze belle, e così ignara di dover semplicemente assomigliare a me stessa.

Ma sai, è bello ad un certo punto rendersi conto che non te ne frega proprio nulla di assomigliare a quelle belle ragazze, o di arrivare a chissà che livello di accettazione da parte del prossimo solo per il tuo aspetto, perché capisci che in fondo la vera bellezza è assomigliare a se stessi e che non conta nient'altro, non conta che gran fisico puoi avere, non conta quel neo sulla guancia o quelle gambe perfette, niente ha valore se non sei tu per primo a valorizzare ciò che ti rende te in quanto essere umano.

La bellezza non dovrebbe essere un ideale a cui aspirare se ti fa agire in un modo che nei tuoi confronti non è per niente bello, ma soprattutto la bellezza non dovrebbe essere un concetto statico ed intrappolato in convinzioni che si ancorano a stereotipi mai del tutto combattuti seriamente.

Non posso di certo prendermela con la me passata per le sue idee che, in un determinato tempo e contesto, poteva benissimo considerare come ideali a cui aspirare, o come certezze in cui proiettare le sue azioni o non azioni. No, Elisa, se un tempo pensavi in un modo non voglio dirti che hai sbagliato, perché adesso sarei io a sbagliare nel dirtelo, perché mi dimenticherei che eri tu a vivere quelle situazioni e che la me attuale non è nessuno per contestarti.

Sono solo la te più grande, la te diversa, la te che non vuole rinchiudersi in una perfezione illusoria e che proprio grazie a te ha capito cos'è la bellezza vera, un'intuizione dell'anima che porta con sé ciò che mi rende davvero me stessa e di cui mi ero dimenticata.

E sai, solo così si riesce a trovare la vera bellezza anche in ciò che ti circonda e in chi hai al tuo fianco.

È questo ciò che rende vera la bellezza, che la rende reale.

**30 aprile 2021**

Crociera Mediterraneo 2017

La crociera è stata un'esperienza unica e nuova per noi, ci ha fatto scoprire luoghi antichi e moderni accomunati da una rara bellezza ed atmosfera che solo dopo esserci stati si può davvero capire, perché ti entra nelle vene e non ti esce più.

Mentirei se dicessi che, appena salita a bordo, non abbia immaginato di essere sul Titanic, certo in veste moderna e augurandomi un finale lieto, ma sentivo distintamente quel fascino che solo un viaggio in mare sa trasmettere, e che da sempre affascina me per prima.

La nostra prima tappa è stata Corfù con l'escursione alla villa di Sissi, giornata nella quale avevo deciso di mettere un nuovo vestito preso per l'occasione tanto bello quanto scomodo per viaggiare, ma forse sono io che punto di più alla comodità che non all'essere anche un po' carina. Ma per Sissi, questo ed altro.

Abbiamo avuto un po' di tempo per fare un giro nella città, dove tra i vari souvenirs abbiamo pure provato la birra allo zenzero, la "famosa" Zenzibeer che adesso in casa mia è motivo di grandi risate per il suo nome molto buffo.

Il ritorno a bordo lo ricordo come Catastrofico con la C maiuscola: il pullman con il quale saremmo dovuto ritornare al porto è partito con gran ritardo e la nave stava aspettando solo il mio gruppo. Per un soffio siamo riusciti a salire, ahimè non in tempo per la cena visto che al buffet si era già spazzolati tutto mentre noi probabilmente eravamo ancora sul pullman.

PS: ricordo che, imbottigliati nel traffico, mi sono messa a fare mille foto al tramonto dal finestrino del pullman, e che poi mi sono fatta prendere la mano volendo immortalare anche la crociera tutta illuminata mentre stavamo correndo verso di essa sperando non partisse, con in sottofondo le urla dei miei genitori "CORRIIII". Che bei momenti.

**3 maggio 2021**

MAI PIÙ SOLI

Mai come in quest'anno ho affrontato così tante difficoltà.

Forse è la stanchezza accumulata a parlare al posto mio, oppure una semplice e maggior consapevolezza di ciò che vivo e sento. Una più profonda conoscenza di me stessa, e questa da sola basterebbe già per mettersi in tutt'altra ottica in confronto a chi si è stati.

Ma in fondo è puramente una crescita, un cambiamento, ed io, di crescite e cambiamenti, ne sto avendo molti, forse mai come in quest'anno, oppure non sono neanche molti ma sono profondi, come una galleria di mille metri sottoterra che fa decisamente più paura rispetto a mille buche da un metro disseminate qua e là, che più che altro fanno nervoso.

"Quando avevo 15 anni andavo al parco con le cuffie, ora ne ho 25 e vado al parco con le cuffie", dice una canzone di Ultimo, perché se è vero che molte cose cambiano, altre non cambiano mai.

Semplicemente arriva un momento in cui ti rendi conto che sì, sei sempre tu, sempre al parco, con un'altra musica nelle orecchie, un altro aspetto, un'altra mente, ma certe cose te le porti dietro da venticinque anni.

Te le porti dentro.

Se tu cambi, loro cambiano, certo, ma se lo fate assieme allora non è tanto un cambiamento quanto invece una crescita, cresci assieme a ciò che ti rende te stesso, e solo così puoi scoprirti per davvero.

E, come le pagine del calendario si rincorrono anno dopo anno, faccio fatica a credere che io, di pagine, ne abbia scritte parecchie e che nessuno le abbia scritte al posto mio, e questa è la prova che tra tutte non cambierà mai, io a tenere in mano quella penna, io che in quel parco scelgo la canzone che più mi ispira sul momento.

Io che mi porto dentro tutto l'amore che, da venticinque anni, mi si cerca di donare, e quello che io per prima so di avere a mia disposizione.

With every broken bone, sempre.

**5 maggio 2021**

"Insabbiare ciò che di appuntito vive in me"

Se una volta, tuffandoti, hai scoperto che sotto l'acqua profonda si nascondevano degli scogli appuntiti, e che, a causa di essi ti sei ferito, ti tufferesti di nuovo?

Magari proverei a tuffarmi in un altro modo, da un'altra angolazione, ma non potrei non tuffarmi, mi piace troppo.

Invece io proverei a cercare un punto più in basso, ai piedi della scogliera, dove riesco a vedere il fondale così da evitare quegli stessi scogli che mi hanno fatto male.

Sono stanca di farmi male.

In questo caso, saresti anche disposta a guardare gli altri che si tuffano, che provano quel brivido che separa il salto dall'impatto, e che non per forza deve terminare sugli scogli, ma può permettere alla tua anima di prendere un bel respiro, anche se sott'acqua.

Ma che certezza hai anche lì non troverai qualcosa a ferirti?

Nessuna. E che certezza hai a rimanere sulla riva, sicura tra la sabbia, ma invidiosa dei salti che fanno gli altri? Potrebbe lo stesso arrivare un'onda anomala.

E poi, si dice proprio "buttarsi" e non "entrare in punta di piedi", per evidenziare che ti butti con tutto te stesso, senza lasciarti indietro.

Non siamo al sicuro da nessuna parte.

Non se non insabbierai mai ciò che possiedi di appuntito tu per prima. È quello che ti fa più male di tutto. È quello che sta vivendo al posto tuo.

**8 maggio 2021**

Olympia

Essere ad Olympia è come fare un tuffo nel passato. Non so se questa sensazione si possa provare in tutta la Grecia, forse sì, forse tutta quella storia antica non ha mai smesso di vivere e continua a parlare al presente e al futuro. Ma chissà, questo potrebbe succedere dappertutto in tutti i luoghi del mondo, solo che noi non ci prestiamo attenzione.

Discussioni esistenziali a parte, l'escursione ad Olympia comprendeva la visita ai resti archeologici dove sono nate le Olimpiadi, e la nostra guida, come in tutti i posti che abbiamo visitato, è stata impeccabile nel presentarceli. Grazie ai suoi racconti, l'atmosfera del ritorno al passato è stata ancora più vivida.

Non mi sono fatta mancare una corsa sulla pista olimpionica, credo l'ultimo scatto di gambe che il mio corpo da ventenne mi abbia permesso di fare, sotto il sole cocente del mezzogiorno. Ricordo un gran caldo dal quale abbiamo preso respiro nel negozio di souvenir prima di ritornare sulla nave, e dove mi sono comprata un piattino dipinto a mano come ricordo. Tornati a bordo, avevo deciso di passare il pomeriggio in panciolle a prendere il sole di fronte la piscina, perché sai, tornare nel passato toglie molte energie.

Ogni tanto penso a com'è assurdo che io sia stata in questi posti, luoghi immortali senza tempo e di cui non si realizza mai la straordinaria importanza e valore.

Un po' come i posti dentro noi.

**12 maggio 2021**

Questione di ritmo, questione di tempo.

Ritmo: successione di qualsiasi forma di movimento secondo una certa frequenza che sia svolta nel tempo.

Sento che il mondo va sempre più veloce ed io non riesco a stargli dietro, o peggio, è lo stesso mondo che col suo ritmo vorticoso mi spinge in avanti e mi ci ritrovo dentro senza che io sappia come ci sono finita.

E il mondo non aspetta, la vita cambia ritmi e tempi e tu devi adattarti se non vuoi esserne escluso e, per quanto io ora stia correndo. mi sento sempre un passo indietro, sempre col fiatone, sempre in ritardo.

Ma quello di prima poteva davvero essere considerato un ritmo? Può un ritmo essere statico? Se devo basarmi sulla mera definizione del dizionario, no di certo. Ma in fondo, se prima eri fermo, qualsiasi movimento ti sembra un fulmine.

Sto imparando giorno dopo giorno che i fatti vanno oltre qualsiasi definizione e che ogni vita rende una definizione oggettiva in una realtà soggettiva.

Quando andavo a lezione di chitarra, per tenere il tempo a volte usavo il metronomo, un oggetto con un'asticella che oscilla a destra e sinistra e che, a seconda di come si regola, scandisce un determinato ritmo. Una stessa canzone potevo suonarla sia lenta che un po' più veloce, sia per studiarla minuziosamente che per cimentarmi in una corsa contro il tempo e per sfidarmi nell'aumentare la velocità.

Ed è proprio così che voglio pensare, cioè che nella melodia che sto suonando ora nessuno mi impone nessun ritmo, sono solo io a decidere il mio tempo.

Una persona molto speciale mi ha detto: vivi un nuovo ritmo, non reggi, molli, ritorni al ritmo che riuscivi a sostenere, oppure, riconoscendo che non ci riesci lo stesso, non molli, e chiedi aiuto per vivere il nuovo ritmo.

Non è questione di ritmo sostenuto, è questione di tempo nel quale sei sostenuto.

E questo, sai, aiuta a voler andare più veloce.

**15 maggio 2021**

PREMIO DI CONSOLAZIONE

Ci siamo. È arrivato il momento.

Questo dannato supermercato non dispone delle casse fai da te, quelle che fanno sentire potentissimo il cliente medio solo grazie alla pistola laser che legge i codici a barre, con quel suo "bip" così confortante che sembra aver scannerizzato la sua autostima e bravura nell'inquadrare il prodotto.

Basta poco per essere felici.

Ma no, in questo supermercato non si danno premi di consolazione al povero cliente che, stufo della giornata appena trascorsa, perennemente in ritardo e col sorriso direttamente proporzionale a quante rampe di scale dovrà fare per arrivare a casa, rigorosamente senza ascensore e con dieci chili per ogni borsa, non riceverà nemmeno un "grazie per aver partecipato - e speso i tuoi soldi per quel gelato che di sicuro ti farà ingrassare al primo cucchiaino -".

Rassegnata, mi metto in fila alla cassa numero 3, che di perfetto non ha neanche l'ombra ma almeno è dispari, e dispari porta bene, subito dietro ad una signora anziana che ha l'aria molto più curata della mia.Attualmente sono una vecchia travestita da giovane, figurarsi se diventerò mai una vecchietta giovanile come lei, ha persino lo smalto alle unghie. Dopo aver amaramente constatato che io, lo smalto, non lo metto dal 2012, arraffo una confezione di barrette di cioccolato e una di caramelle che furbamente si trovano vicino alle casse per invogliare i bambini a chiedere alla mamma un "posso?" dolce dolce, che come si fa a dire di no?

Visto che, da quando vivo da sola, sono il genitore di me stessa, mi chiedo un "posso" mentale e acconsento, in fondo il premio di consolazione per essere stata battuta dalla vecchietta che ho davanti me lo merito.

Non appena la signora ha appoggiato tutta la sua spesa sopra il rullo trasportatore, e messo cautamente il distanziatore per assicurarsi che i miei prodotti non contaminino i suoi, inizio a mettere le mie cose su quel fiume nero, che nero lo diventerebbe comunque anche se non lo fabbricassero già così.

Sono ammirata dalla maestria con cui la vecchietta ha impilato la sua spesa di modo che non cada nulla al minimo movimento del nastro, ogni elemento calibrato a bolla, una spesa antisismica di prima categoria, non c'è dubbio. Do' un'occhiata veloce a ciò che ho appena appoggiato io, e lì c'è appena stato non solo un terremoto, ma un'onda anomala seguita dallo scoppio di una centrale nucleare.

La bottiglia del succo di frutta ha fatto domino con la confezione dei cereali che ha fatto catapulta con il tonno surgelato che ha fatto crollare ogni mia certezza che i biscotti sottostanti siano rimasti integri.

Dannata gravità.

È buffo, guardando le nostre spese non posso non pensare a come esse riescano a metaforizzare le nostre rispettive vite, la signora che, ad una certa età, ha capito come funziona la vita, si ricorda i passi falsi da non rifare, e ha imparato come incastrare i pezzi del puzzle, ed io, ancora tetris-vita inesperta, che cerco di salvare il salvabile ma con scarsi risultati, vedi i biscotti disintegrati, il crollo delle certezze impilate in fretta e furia perché il nastro va troppo veloce.

E la cassiera, ora che ci penso, sa tanto di Caronte con il compito di traghettare le anime dalla sponda opposta del fiume infernale.

Si riesce a capire molto sulle persone anche dagli stessi prodotti che comprano, esattamente come quando guardi cane e padrone, che si assomigliano.

La vecchietta esperta di dieta sana ed equilibrata, dei rimedi di una volta, ha optato per verdure fresche e di stagione, la sottoscritta preferisce di gran lunga cibo in scatola e surgelati, colpevole nel mio voler trovare scorciatoie e cibarmi di alimenti finti, loro imprigionati in confezioni di latta e cartone, io nelle mie pareti mentali.

Nel poco tempo nel quale realizzo la mia incapacità a mettere le cose anche semplicemente in fila, la signora non solo ha già pagato, ma ha anche riposto la sua spesa nelle praticissime borse Ikea che aveva con sé. Le vecchiette di oggi discendono direttamente da Flash, non c'è altra spiegazione che mi faccia accettare la mia discendenza diretta dai bradipi o dalle lumache, ho ancora qualche dubbio sulla specie originaria ma l'effetto su di me è il medesimo.

"Una borsa, grazie", dico sconsolata alla cassiera, evidentemente un'ecologista mancata perché la sua espressione truce mi comunica disonore per essere l'ennesimo essere umano che inquina e si dà allo spreco, non come la signora che, previdente e rispettosa del mondo in cui vive, ha ben pensato di portarsela da casa, la borsa. Anzi, ben due.

Voglio ignorare ciò che la cassiera-Caronte cerca di comunicarmi in maniera telepatica ma neanche tanto mascherata, e inizio a prendere le cose che sta traghettando con il tipico "bip" ad ogni passaggio.

Ma non devo distrarmi, il momento fatidico è arrivato, il momento in cui devo sfoderare le mie armi da portiere e dove la cassiera è il temuto attaccante pronto a tirare rigori uno dietro l'altro senza pietà. Mi sarei potuta evitare questa tortura se solo ci fossero state le casse fai da te, mi ripeto in testa come una cantilena scaccia sfortuna che però non funziona più di tanto, anzi per nulla.

Non sono mai stata brava negli sport, e la vita si diverte a mettermi in situazione in cui ne ho sempre la prova, e me la vedo proprio, la mia vita come personificazione, seduta sulla sua poltrona scarlatta del potere davanti a mille pulsanti che preme quando vuole divertirsi a manovrarmi come una marionetta. Già, dev'essere divertente.

Il calcio d'inizio è stato fatto, sono nel pieno della partita e già ho mezza spesa sparsa qua e là, ancora indecisa su quando mettere le uova o la busta dell'insalata per evitare che facciano la fine dei biscotti martiri, e al solito mi ripeto che forse sarebbe una buona idea mettere le cose in ordine di inserimento già sul rullo, ma questa è una lezione che devo ancora ripetere per interiorizzare a pieno, e che temo nella vita non funzioni proprio allo stesso modo, che alla fine prima o poi qualcosa la rompi, che tu lo voglia o meno, e sei costretto a ripararla, o a sostituirla, o a fartela andare bene anche rotta e dirti "sì, è la mia cosa rotta".

Sfilo dal portafoglio una banconota da 50 e aspetto che la cassiera mi dia il misero resto, ovviamente trasformato tutto in monetine di piccola taglia per contribuire al peso che dovrò trascinarmi dietro, intanto che raccatto i miei ultimi prodotti, incurante del loro peso e grandezza.

Saluto con un "buona giornata" ma solo perché essere gentile mi fa credere che forse la vita sarà clemente e mi farà arrivare viva a fine giornata senza divertirsi ulteriormente, oppure solo perché le faccio pena, e mi avvio all'uscita.

Ma una cosa però la sto imparando. Sempre lasciarsi per ultimo il contentino che si prende poco prima delle casse. Scarto la mia barretta di cioccolato, e dai, sento che in qualcosa, oggi, la vita l'ho fregata.

**19 maggio 2021**

## EMOZIONI SU PELLE

È strano, mi sono resa conto che il significato dei miei tatuaggi mi è davvero chiaro solo dopo averli effettivamente sulla mia pelle.

I miei tatuaggi sono capaci di parlarmi solo dopo essere nati, prima posso solo immaginare cosa avranno da dirmi, o come diventeranno, quale sarà la loro forma, o cosa potranno trasmettermi.

Non sono puramente disegni e scritte, sono emozioni, sono storie, sono racconti che solo dopo essere passati sul mio corpo e che attraverso esso diventano reali, veri, tangibili, compresi.

Vissuti e vivi.

Ero una tela bianca ed ora sto tracciando la mia storia, le mie emozioni, i miei significati, i miei frammenti.

Sono frammenti che, come quelli esplosi dal cristallo che imprigionava la farfalla, mi liberano a poco a poco dalle mie prigioni, o almeno vorrei che fosse così, un giorno.

La farfalla era cristallizzata, era ferma, non poteva muovere le sue ali per volare e sentirsi libera di esplorare, di vedere, di nascere una seconda volta. E gli stessi frammenti che le si tolgono di dosso possono anche ferirla, ma nonostante ciò lei non smette di sgretolare la barriera in cui è rinchiusa.

Il rischio c'è sempre, la paura anche di più.
Ma ci sarà la libertà.
Forse.
Un giorno.

**25 maggio 2021**

FORMA

Essere in forma
Un essere informe
Essere fuori forma
Essere conforme
Prendere forma
Dare forma
Sentirsi in forma

Una forma può essere un corpo, ma un corpo non è solo una forma.

È un tutto di potenzialità. Io mi sento abbandonata, persa, confusa, in questo mare di possibilità di essere una forma, di dover prendere forma, di dover soffrire per formarmi, dare forma a ciò che per tanto tempo ha sempre creduto di essere informe, indefinito, non adatto.

Un corpo come simbolo di disadattamento.

Un corpo come prova di adattabilità, da superare o fallire.

Un corpo che non è dotato di parola ma che comunica lo stesso, anche nel silenzio, anche nella forma, anche fuori forma, anche ciò che ancora non sappiamo su di noi.

Un corpo.

**28 maggio 2021**

Le chiami "persone normali", come se tu non lo fossi.

Pensi che gli altri siano quelli giusti, a posto, appunto "normali", e tu sei il primo a credere di non esserlo, sei il primo che si identifica alieno, distante, estraneo da tutto il resto.

Ma forse, solo da te stesso.

Non centri nulla con ciò che ti attornia, devi aver sbagliato fermata perché qui sono tutti così diversi, così normali.

"Normale" da definizione è "nella norma, consueto, ordinario, regolare". C'è qualcosa in questa assurda vita che sia regolare, che segua un qualche criterio?

Regole stabilite da chi, quando, come, e soprattutto perché. Dev'essere ritenuto "normale", e quindi criterio da seguire, credere in se stessi, oppure è "normale" dubitarne e, anzi, ritenersi un fallimento?

Può essere "normale" essere se stessi in ogni situazione, o non sapere come farlo?

O non sapere proprio dove trovarlo, questo te stesso.

E ancora, è normale sentire che un vuoto pesa molto di più di un pieno, oppure è normale credere che quel vuoto, se riempito, peserà di meno e porterà con sé una sensazione di sollievo e leggerezza?

Quel vuoto non è davvero vuoto.

In quel vuoto ci sono tutte le cose che non hai avuto la forza di affrontare e che hai compulsivamente gettato al suo interno per non doverle vedere. Per non doverle sentire. Quel vuoto, quella voragine pesa perché è pieno di emozioni invisibili, quelle stesse sensazioni che, a poco a poco, sempre meno sbiadite, ora si rivelano in tutta la loro verità, con tutto il loro peso.

Immagini che, per quanto potessero essere “normali”, e in quel caso legittime da provare poiché vissute da essere umano, non sono state riconosciute per tali.

Ma sai, è normale dirti che la persona che potevi essere non ti rincorrerà per sempre.

È normale ripeterti che un giorno la comprenderai, la capirai, che riuscirete a vedere assieme ciò che prima era invisibile.

È normale, o col tempo forse lo diventerà.

**5 giugno 2021**

Sto leggendo un libro in cui il protagonista è affetto da prosopagnosia, un deficit cognitivo che rende incapaci di riconoscere i volti delle persone, compresi quelli di familiari, amici stretti, e se stessi.
Non se ne ha memoria, tutto è sempre sconosciuto, tutto torna al livello zero nel giro di pochi secondi.

Allo specchio, sei osservato da qualcuno che non conosci.

Spesso, mi sento anch’io così.

Spesso, ho l’impressione di dimenticarmi pezzi fondamentali della mia vita, al cui posto non riesco a vedere altro che fallimenti, sbagli e sconfitte. Il buio, il vuoto.

Non riconosco più quello che fino a poco tempo prima conoscevo senza sforzo, compresa me stessa.

E, certo, sono sempre una bocca, un naso, due occhi, due orecchie, puoi anche riconoscerli separati, ma assieme è lì il casino, è lì che la somma delle parti ti dà solo un tutto confuso.

Così è difficile trovare una totalità, un’identità.

Riprendo quel minimo di confidenza con me stessa, ed ecco che di punto in bianco i punti cardine della mia persona subiscono un reset e diventano un’estranea. In questi momenti, mi estraneo dal mondo che allo stesso modo non riconosco più per come riuscivo a vederlo prima, dentro ci vedo solo luoghi sconosciuti, persone mai incontrate prima, tutto è sfocato ed inconsistente, tutto fa paura perché il contatto con la realtà si è perso irrimediabilmente. E se non sei reale, è difficile prendere piena coscienza di qualcosa che non esiste, che non senti esistere. Ci si sente molto soli, ci si sente molto tagliati fuori, in-adatti, in-esistenti.

Tra le tante, soffrire di un disturbo alimentare significa prendere confidenza con un determinato cibo, farci amicizia, conoscersi, e poi dal nulla, a causa di questo strano tipo di prosopagnosia, quel cibo diventa uno sconosciuto verso cui provare diffidenza, se non vero timore ed istinto alla fuga.

È faticoso cominciare sempre daccapo, o almeno è questo il primo pensiero che sorge. Non si vedono più i progressi per quel che sono, che sai, sono semplicemente progressi, non vittorie esclusive o definitive, non punti di arrivo, che magari detto così fa ancora più impressione, eppure i passi avanti fanno così paura che si preferisce fare finta non esistano, di non conoscerli, vederli passare e non fermarsi a salutarli ma tirare dritto come sempre, senza che nessuno ti fermi.

Senza che nessuno possa riconoscerti o avere anche solo il tempo di memorizzare la tua persona.

Perché se di te si ricordano, significa che hai stabilito un contatto, e che per farlo, allora esisti. Il problema è che per te sarai sempre lo sconosciuto di te stesso, avrai sempre dei dubbi sulla tua presenza, domande che, anche se avrai una risposta, poi si ripresenteranno identiche qualche tempo dopo.

Dalla prosopagnosia non si guarisce, come da molte altre cose totalizzanti ed inglobanti che sconquassano la vita di tutti i giorni, ma allora mi viene da pensare che si possa usarla contro se stessa, ovvero non riconoscere più la malattia per tale, crederla una sconosciuta, non tenerne memoria. Il che non significa fare finta non sia esistita o che non esista tuttora, né rappresenta arrendersi o rassegnarsi.

È un modo che hai per ricordarti di te stesso.

E questo, per quanto poco possa valere, o per quanto non lo si voglia credere già conosciuto, si chiama progresso.

## 18 giugno 2021

### ESTERIORITA’

L’Antartide viene considerato un deserto perché non piove quasi mai. Un deserto di ghiaccio.

Curioso come una singola parola possa sviluppare più immagini, un deserto caldo, freddo, secco. Inoltre, l’aggettivo secco può essere usato anche con la parola “ghiaccio”.

E non è mica finita qui.

La parola secco, o arido, può riferirsi all'animo di una persona, come alla sua pelle.

Ahimè, anch'io rientro nel club della pelle secca, e per quanta crema io possa mettere non riesco mai a sentirla morbida, distesa, liscia come potrebbe essere. Questo mi fa capire che non basta agire solo dall'esterno, occorre agire anche da dentro. In questo caso, reidratarsi bevendo di più, in senso lato serve nutrire il proprio animo e non basare la propria considerazione solamente su ciò che si vede allo specchio.

Quello che agisce da fuori lo fa solo sulla superficie delle cose.

In fondo, è il mondo stesso ad insegnarci che per ottenere un cambiamento esterno c'è bisogno di un motore interno, che siano le radici sottoterra a sostenere gli alberi, o il calore interno della Terra che arriva a muovere i continenti, o ancora, la farfalla che nasce dal suo bozzolo.Anzi, dirò che è addirittura pretenzioso esigere un cambiamento esterno senza pensare di non subirne anche uno interno, non esiste l'uno senza l'altro, sono dipendenti, necessari vicendevolmente, sono allo stesso tempo causa e conseguenza. Si può partire da un deserto, caldo o freddo, vuoto di emozioni e pieni di dolore, per arrivare ad una radura piena di vita e priva di risentimento.

Tutto questo solo partendo dalle proprie radici, solo attingendo al calore del proprio centro, solo crescendo all'interno del proprio bozzolo.

**21 giugno 2021**

I film mi sono sempre piaciuti. Forse perché per quelle due ore di immagini che si susseguono una dopo l'altra, ho la possibilità di vivere un'altra vita e immaginare come sarebbe essere uno dei personaggi. Immaginarmi nelle movenze, nei gesti, nelle espressioni, nelle emozioni, negli eventi.

Da piccola, pranzando con i nonni, guardavo sempre una cassetta (sì, era ancora l'epoca delle giurassiche videocassette, i VHS) che fosse nuova di zecca o brutalmente registrata con pubblicità annessa, e i miei nonni, da nonni, subivano pazienti la mia scelta del giorno.

Oppure guardavo i film durante i pomeriggi d'estate, recitavo pure con gli attori, tanta era la mia voglia di vivere cose diverse dalla quotidianità, tanto era il mio desiderio di sperimentare cose diverse e nuove.

Se un film mi colpisce, mi sento diversa.

Sento che dentro me quella bambina bramosa di esplorare esiste ancora, in qualche angolo nascosto, in qualche posto dimenticato.

Ma lei, di me, non si è dimenticata.

La bambina che ero non si è scordata chi avrebbe voluto io diventassi, una volta grande.

Sono io che, da grande, non ricordo più cosa si provi a recitare nei film, a "fare finta che", ad essere ogni giorno sempre qualcuno di diverso, a cui aggiungere sempre del mio.

La bambina che guardava i film, la sua voglia di avventura, di sentimenti, di tesori da trovare, si è fatta a poco a poco sempre più silenziosa in un modo in cui non ne percepisci subito la sua mancanza, ma quando te ne rendi conto è ormai sparita del tutto.

Al suo posto, si è fatta strada una sua versione più grande, più presa dalla quotidianità, da frasi fatte e demotivanti come "la vita non è un film", da consapevolezze standard e ordinarie che non andavano d'accordo con le sue speranze disilluse sul poter avere una vita, un giorno, che la facesse sentire davvero come in un film.

Già, la vita non è film, finiti i titoli di coda sullo schermo pian piano ritorni nel tuo covo di difetti, incertezze, debolezze, di confronti controversi che ti affossano ancora di più, e aver visto quel film non ti fa più sognare ma ti fa svegliare nella tua realtà.

Ma sai, si può rimanere delusi quanto si vuole finché le aspettative che ci si fa restano circoscritte all'interno di uno schermo, finché non le sposti fuori. Finché non hai il coraggio di vivere le tue, di avventure, non puoi pretendere che quelle dei personaggi possano magicamente diventare le tue.

Non sono il personaggio di un film, no, sono semplicemente la protagonista della mia vita.

Chiusa la TV, il film finisce.

Aperta la mente, inizia la tua vita.

**1 luglio 2021**

Michelangelo pensava che in un blocco di marmo esistesse già l'opera d'arte al suo interno e che il compito dell'artista fosse quello di portarla alla luce, ovvero di rivelare la sostanza contenuta dentro la materia, andando a togliere parti di essa per raggiungere ciò che celava. Ma, allo stesso tempo, molte opere di Michelangelo risultano "non-finite" proprio a testimoniare che quella tanto ricercata sostanza non potrà mai essere totalmente visibile, mai completamente presente nel mondo reale.

Penso succeda lo stesso agli esseri umani.

Si scava, si scava, si tolgono parti di sé e parti della propria vita per raggiungere l'essenziale, come una stanza vuota: lì, lo vedi prima se c'è quello che stai cercando, mentre vai tu a trovarlo all'interno di una stanza con miriadi di oggetti accatastati, che forse nemmeno ti servono tutti e nemmeno ti ricordi perché li hai o da dove provengono.

Butti via tutto, ricordi, emozioni, pensieri, parole, corpi, anime, lacrime, sorrisi, te stesso.

E in questo caso non è tanto di essenziale che si sta parlando, anche se "essenziale" è strettamente collegato all'essenza stessa, cioè significa che non è accessorio, e dunque è indispensabile. Ma appunto, cos'è più indispensabile dell'essenza stessa?

Forse siamo talmente presi da questo nostro riordino e sbarazzo totale nella forsennata ricerca della nostra essenza, di cosa ci rende noi, di come siamo davvero, che non prendiamo sul serio una frase semplice e banale che è invero molto conosciuta, "l'essenziale è invisibile agli occhi".

L'essenza è ciò che permane sempre qualsiasi sia la forma che assumiamo, che ci sia più o meno materia, che ci troviamo in una stanza piena o vuota, che stiamo vivendo al buio o alla luce.

Ci sono cose che si conoscono, ma conoscere non significa credere. E forse, credere di non dover dimostrare niente a nessuno, soprattutto a noi stessi, e che esistiamo anche senza una prova, anche senza palesare quella sostanza nascosta nel nostro blocco di marmo, ecco penso che sia questa l'essenza stessa delle cose, la loro realtà anche senza un perché, che va bene sempre, che sempre va bene.

**5 luglio 2021**

ESPLOSO

Vorrei avere solo un paio d'occhi.
Perché, ne ho forse più di uno?

Proprio così. I miei occhi sono capaci di mostrarmi le stesse cose in un modo sempre diverso. Vivo in un universo poliedrico che cambia non appena distolgo lo sguardo, che si diverte a mutare per mandarmi in confusione e farmi credere di non sapere più che forma abbia la verità, la realtà, l'esteriorità.

Che forma abbia io stessa.

Vorrei che tutti questi chili di paura che i miei occhi proiettano nelle cose si trasformassero anche in pochi grammi di coraggio sufficienti a farmi introiettare l'essenza di ciò che sono. Non suggerirmi ogni volta che non vado bene ma sussurrarmi dolcemente che ogni versione di me è adatta per questo mondo. Vorrei che ogni singola sfaccettatura di quello specchio rotto si ricomponesse in una figura unitaria e totalizzante, che inglobi tutto di me, occhi, braccia, gambe, addome, che non rischino di ferirmi con le loro schegge non appena io ci posi lo sguardo.

Il mio sguardo è uno specchio rotto.

Un giorno è esploso, è andato in frantumi e da allora niente è più come prima, nulla di ciò che conoscevo prima ha mantenuto le sue sembianze, e di conseguenza ha cambiato anche me, ferendomi, graffiandomi, accecandomi. Una realtà che è diventata sfaccettata in un modo che mai mi sarei immaginata, ora rischia di ridursi in un ammasso di sguardi scalfiti e segnati che col tempo non potranno più ripararsi. Sono tutti i miei sguardi che, giudicanti, sono tutti diversi, e alla fine mi dicono la stessa cosa, mi comunicano solo inadeguatezza, incapacità di vedermi per ciò che sono.

Molti dipinti di Picasso si intitolano "esploso", e senza ombra di dubbio è proprio come mi sento io, esplosa in tanti piccoli minuscoli innumerevoli sguardi di me stessa, su me stessa, che non trovano accordo tra loro. Fanno parte dello stesso specchio, eppure non combaciano. Sono frammenti di me, eppure non riescono a riflettere la mia persona. Ma non si può riparare uno specchio senza avere le mani insanguinate.

**15 luglio 2021**

Mi è stato detto varie volte che i miei occhi non possono mentire.

Che se anche con la bocca sto sorridendo, loro sussurrano a chi guarda "non crederle, è una bugiarda".

Non sono bugiarda, tutt'al più posso esserlo stata, ma i miei occhi, quelli mai, e non mi hanno mai tradita.

In realtà, le mie labbra che si curvano non tentano di ingannare bensì vogliono solo dire "ci sto provando", sperano magari che con un sorriso incerto si possa lo stesso innescare quel meccanismo per attivare l'interruttore della felicità. Ma finisce per essere un sorriso colpevole e consapevole che non ci sta credendo per niente.

La prima persona che mi ha fatto notare che i miei occhi parlano è stato il mio professore di ginnastica del liceo. "Si vede che stai meglio, si vede dagli occhi. Sorridi anche con quelli". Al che io, sorpresa, quasi colta sul fatto, ho dovuto ammettere che era vero e che, se lo vedevano gli altri, allora significava che non me lo stavo immaginando solo io, che era reale - per quanto provare felicità sia lo stesso a suo modo controverso, e sono sicura che più di qualcuno che sta leggendo potrà capire -.

Proprio ieri, dopo aver trascorso il pomeriggio a guardare le foto degli anni passati in compagnia di una delle poche persone a me care che la mia vita attualmente ospita, mi sono sentita dire la stessa cosa. "C'era qualcosa di strano in questa foto, poi ho capito. A differenza di adesso, qui sorridi con gli occhi. Ora il tuo è un sorriso col ma".

Touché, di nuovo.

"È perché qui ero veramente felice".

Due anni fa, il futuro non faceva paura ma rappresentava un'eccitante possibilità. Due anni fa, sentivo di avere la vita tra le mani e non io ad essere stritolata nelle grinfie dell'inferno, non io ad essere strangolata per mano della paura. C'è quella foto che mi ricorda un momento estremamente felice, chissà magari uno dei migliori che posso aver vissuto inconsciamente, una foto che solo a guardarla mi fa riprovare le stesse emozioni che quegli occhi mi raccontano.

Quegli occhi che in tutta la loro verità dicono "sei ancora capace di sorridere così". Lo sono per davvero, capace di sorridere con ogni singola parte del mio corpo, con tutta me stessa?

**20 luglio 2021**

"Ti lamenti che è sempre tutto uguale ma poi non vuoi mai cambiare"

E sai, si capisce quando una persona sta bene con se stessa. È spensierata, libera, spontanea, è semplicemente se stessa.

E cos'altro dovrebbe essere?

Perché cambiare dovrebbe significare ritrovarmi in una condizione in cui non mi andrei bene, se già adesso, dove mi trovo, non sto bene con me stessa?

A rigore di logica, se non stai bene in un posto, lo cambi. Se quel vestito ti sta stretto, ne prendi uno più grande, o viceversa, se quel vestito ti sta largo, cerchi di stringerlo.

Come se farlo fosse così facile, così leggero. Che poi cresci con l'assurdo concetto che allargare è il male, che prendere il tuo spazio è sempre soggetto a critica, mentre se rimpicciolisci quasi nessuno ci fa caso, o meglio, lo considera in modo diverso rispetto ad un aumento.

Ma se non sei all'altezza della persona che non sei, perché non cerchi una scala per salire di livello e così arrivare all'altezza di chi saresti davvero?

Perché alla fine non lo sai neanche più il perché non fai le cose, o perché continui a farle, perché è tutto dannatamente bisognoso di avere senso che finisce per non averne nessuno, e tutta questa vita scorre lenta ma veloce e tu sei lento e sempre indietro.

Cambiare è una porta che sai cosa lascia fuori ma non ciò che contiene.

È paura di fare la cosa sbagliata.

E se fosse invece paura di fare la cosa giusta?

"Attenzione, ti stai avvicinando al livello successivo", ma l'essere umano ha la scomoda tendenza a bloccarsi quando sente quella parola, attenzione. Che forse è proprio ciò di cui è carente, la capacità di prestare attenzione a quello che sta vivendo.

**23 luglio 2021**

DUE DI QUADRI

Si perdono tante cose.

Si perdono tante cose e nemmeno ce se ne accorge.

Solo dopo un arco temporale più o meno lungo, che può variare dal tragitto da casa al supermercato agli anni dell'adolescenza all'età adulta, dopo una determinata quantità di passi e respiri, capita di sentirsi più leggeri, con le mani libere quando invece dovevano contenere qualcosa.

Sì percepisce che c'è una mancanza ma non si riesce ad identificarla, a darle un aspetto o un nome o piuttosto a capire se effettivamente esista, se non sia solo una scomoda impressione, uno scherzo della nostra subdola mente.

Così si perdono le cose.

Vi fermo subito. Altolà!

Questa introduzione potrebbe trarvi in inganno e farvi profetizzare un chissà quale discorso filosofico sul perdere le persone, un amore, un amico, un'occasione, un'opportunità.

Niente di tutto questo, stavolta, con mia grande sorpresa, rimarrò coi piedi ben piantati a terra, precisamente sull'asfalto che tutti calpestano ogni giorno senza quasi rendersene conto.

Se poi, in ogni dove si può nascondere un risvolto filosofico, io di questo non ne ho colpa.

Quando cammino per la strada, ogni tanto mi piace fermarmi ad osservare il colore del cielo, la forma delle nuvole, le decorazioni sopra gli edifici, i labirinti che creano i rami degli alberi, insomma, mi piace scoprire ciò che mi circonda e non solo passarci attraverso (digressione filosofica evitata).

Di recente, il mio sguardo è stato catturato proprio dall'asfalto su cui stavo camminando perché mi sono imbattuta in una carta da gioco: un due di quadri.

Che stranezza, persino un po' buffa e insensata perché mi sarei perlomeno aspettata un due di picche, per rimanere coerente col detto popolare e far quadrare questa assurda combinazione, ecco, per trovarle un senso, un motivo, un nesso. Invece no, sulla mia strada trovo un segno che, diciamocelo senza remore, non se lo fila nessuno.

Il segno dei cuori è l'alabarda di chi possiede un animo romantico e sognatore, che il mio traduttore interiore scriverebbe ingenuo e disilluso (digressione filosofica numero due evitata), quello dei fiori è un po' un passe-par-tout perché un fiore rende migliore ogni cosa, e le picche hanno una forma subito riconoscibile, non le puoi confondere.

Ma i quadri, già il nome inganna di per sé, perché non ritraggono un bel niente e potrebbero benissimo essere scambiati per rombi (digressione filosofica/identitaria numero tre evitata).

Il come e quando questa carta sia stata persa, di che mazzo faceva parte, chi lo possedeva, quante partite abbia vinto o perso, se abbia mai avuto nella sua vita di carta un ruolo decisivo e cruciale, non lo saprò mai. Avrei voluto farle una foto, così, non tanto per il ricordo di questo bizzarro evento o per la mia mania di fotografare tutto ciò che possa destare la mia ispirazione, quanto per avere una prova che qualcosa può anche non avere senso e che va bene comunque.

Volevo dare valore a quel due di quadri che si ritrovava da solo, perso, senza definizione perché fuori dalla sua scala, che ora avrà l'asso seguito dal tre, e certo avrà creato un bel po' di confusione, e chissà se si sono già accorti della sua assenza.

Volevo fargli una foto per sentirmi un po' meno sola tra tutte le cose perse e fuori posto che non sanno il valore che possiedono proprio finché non si trovano da sole (digressione filosofica numero quattro evitata per un soffio).

**25 luglio 2021**

DEMONE

"Più uno appare perfetto da fuori, più demoni ha dentro"

Lo sento.
Arriva.
Dal nulla, compare.

Il che è difficile da spiegare perché non è che lo puoi vedere, non lo puoi schivare, non puoi semplicemente scansarti per evitare che ti travolga.

Arriva, ed è dappertutto.

Mi osserva.

Sono sotto la sua lente d'ingrandimento, a poco a poco mi sta bruciando come una povera formica, mi sta logorando, sto svanendo. Le fiamme mi rincorrono, mi circondano, non posso scappare.

Nella sua lente d'ingrandimento, divento più piccolo, si rimpicciolisce il mio coraggio il mio amore il mio odio la mia forza la mia anima.

Sono la lucciola dentro il suo vaso di vetro, sbatto senza sosta contro le pareti incapace di capire che, anche se vedo ciò che sta fuori, non posso raggiungerlo.

La mia luce non è abbastanza per farmi vedere il mio riflesso, e quindi farmi capire che sono dentro qualcosa e al medesimo tempo ho dentro qualcosa che mi fa provare tutta questa assurdità.

La luce va e viene, come il demone. Forse i due sono in qualche maniera connessi, collegati, complementari.

Vedo il mondo là fuori ma la barriera che lui mi ha creato tutt'attorno mi impedisce di raggiungerlo, e non lo vedo ma è dappertutto, e la cosa più brutta è che solo io so che è così.

È così, e non sono capace di spiegarlo, di descriverlo, perché come puoi descrivere qualcosa che hai sempre alle spalle, qualcosa che hai sempre sopra la testa, che appena ti volti o alzi lo sguardo è già scomparsa, e sì che ti dai del pazzo, del fuori di testa.

Ma poi ricomincia.

Finché smetti di cercarlo, sai che in un modo o nell'altro, presto o tardi ti raggiungerà. Per quanto si possa alzare la musica, lui arriva ad un livello più alto, per quanto si possa passare il tempo con le persone care, lui attaccherà quando sei da solo. Arriva, ma in realtà c'è sempre, nei momenti in cui mi dà tregua non è per magnanimità, no di certo, è solo perché sta aspettando il momento propizio per cogliermi quando meno me lo aspetto.

È così che fa più male.

E questo è il suo lavoro, un compito che porta a termine sempre nel migliore dei modi, nel migliore dei peggiori.

Striscia, si infila, diventa aria, lo respiro, lo mangio, mi mangia, mi colpisce, mi lascia a terra in fin di vita, me ne lascia giusto quel poco per farmi capire che è lui che ha il potere, è lui che alla fine decide se stiamo ancora giocando o se la partita può dirsi terminata.

Vedo tutto attorno a me. Mi illudo di poterci vivere, un giorno.

Non lo vedo ma è dentro me.

Mi illudo che potrà andarsene, un giorno.

**27 luglio 2021**

UNA MAGLIETTA AL CONTRARIO

Quando ci veste di fretta, può capitare di indossare una maglietta dalla parte sbagliata.

Che poi io mi domando, chi mai ti verrebbe a dire "ehi, tu, hai la maglia al contrario, girala subito, non puoi rimanere così". Probabilmente questa ipotetica persona anche esiste, anzi, forse più di una, le leggendarie "Pigne In Culo", tanto per capirci, quelle che non tollerano una virgola fuori posto e che possiedono l'impellente bisogno di fartelo notare, e poi sono tutte contente e soddisfatte per aver portato a termine il loro compito su questo pianeta.

Ma non sono qui a parlare delle P.I.C. e a dar loro più visibilità di quanto spetti loro.

Stavo dicendo, la maglietta al contrario.

Mi è successo l'altra mattina, quando la sveglia traditrice non ha suonato ed io ho bellamente continuato a dormire, rischiando di fare tardi all'esame di filologia della letteratura italiana, che vai a spiegargliela tu, al professore, l'eziologia del tuo ritardo.

Dovrei di sicuro risalire a molte generazioni addietro, e farei prima a disegnare uno sgangherato albero genealogico pieno zeppo di errori, varianti e rami secchi, chi lo sa poi dove sta la verità, magari il ritardo patologico appartiene solo a me e basta, darò il via ad una stirpe di Ritardatari che a loro volta mi malediranno per aver trasmesso loro questa fastidiosa tara genetica.

Nella mia imbarazzante caduta dal letto e forsennata corsa contro il tempo, imprecando contro la sveglia e me stesso, mi sono vestito senza nemmeno capire cosa stessi indossando, poco ci mancava uscissi in pigiama ed All Star (e qui le P.I.C. avrebbero di sicuro di cosa lamentarsi).
Ho preso solo le chiavi di casa e il cellulare e mi sono fiondato giù per le scale del condominio, che ora sembrano troppe anche in discesa e non solo in salita. Curioso come la prospettiva cambi ma le scale rimangano sempre un problema (P.I.C., avete qualcosa da aggiungere?).

Proprio quando arrivo al portone, ecco che incrocio il vicino del primo piano con due belle borse cariche di spesa, ma tanto a lui che gli importa, deve fare solo una misera rampa di scale.

Non mi dice né buongiorno né si intrattiene in convenevoli, ma sentenzia quasi come un'accusa "hei, lo sai che hai la maglia al contrario, vero?".

Oh ma certo che lo so, volevo solamente testare la tua pignainculaggine così la prossima volta aumenterò la difficoltà, chessò, metterò la scarpa destra sul piede sinistro e viceversa, o magari farò l'avventato gesto di mettermi il cappellino con la visiera di dietro.

Ecco, perché col cappello è concesso, e fa pure figo, mentre per altre cose no?

Nonostante potessi essere in ritardo, dopo essermi dato una veloce occhiata e aver realizzato di indossare la mia maglietta blu a tinta unita, mi sono lo stesso permesso di chiedergli, "e da cosa lo capisci, scusa?".

"Be', dall'etichetta, che domande", e gira subito i tacchi perché quelle borse hanno l'aria di pesare di più ogni secondo che passa.

Così sono rimasta lì, con la sua risposta ancora nell'aria prima che raggiungesse il mio cervello e mi facesse avere una sorta di epifania, un'illuminazione, una consapevolezza sul genere umano e sul mondo.

Finché le cose avranno un'etichetta, ci sarà sempre qualcuno che ti dirà da che parte devi stare. Finché si distinguerà tra un davanti giusto e un retro sbagliato, ci si perderà tutto ciò che sta nel mezzo.

Le etichette dovrebbero servire solo per dirti a quanti gradi fare il lavaggio, o a informarti sul materiale, sulla provenienza, insomma, su cose che quando le leggi non dovrebbero farti sorgere il dubbio se devi infilarle per un verso o l'altro, non dovrebbero trasformarsi in un pretesto per giudicare o saperne di più rispetto a chi sta vestendo i propri panni.

Al mio solito, mi sono fatto prendere dai miei voli pindarici mentali ed ora non capisco più se i miei vaneggiamenti si riferiscano al piano materiale e reale o se stia pericolosamente sconfinando nell'universo astratto e metaforico, ma poco importa perché l'esame rimaneva sempre lì ad aspettarmi.

C'è anche da dire che una maglietta messa dalla parte errata mi ha dato una lezione di gran lunga migliore e utile, con tutto il rispetto per la filologia e il mio professore.

Mentre correvo alla fermata del bus, pensavo che una volta tornato a casa mi sarebbero servite delle forbici per tagliare tutte le etichette dei miei vestiti e buttarle nell'immondizia, oppure regalarle al mio vicino, che magari pure le colleziona.

Da una P.I.C seriale me l'aspetterei eccome.

**29 luglio 2021**

Da un lato ci sono io, dall'altro c'è la Vita.

Ma ci sono anch'io che sono vita, e c'è la Vita stessa che me lo ricorda. Me lo ricorda presentandomi opportunità, possibilità di cui ho una paura inaudita, ma verso le quali ho anche delle responsabilità.

Non responsabilità che assomigliano a macigni, qualcosa di più simile a delle valigie, sì, delle valigie che contengono tante speranze quanto sono le mie paure, certo, e tutto questo ha un peso, ma è anche un contenuto, una sostanza, una realtà.

Da un lato ci sono io, dall'altro la Vita, in mezzo questa valigia aperta a metà, io che cerco di chiuderla un po' per non rischiare di vedere cose di cui potrei innamorarmi e scordarmi così del controllo esercitato su ciò che in parte odio, e la Vita che invece cerca di aprirla, anzi di farmi persino entrare in quella dannatissima valigia, mi invita senza pretendere niente in cambio che non sia io con tutta me stessa. Con le mie paure, le mie curiosità, le mie speranze, le mie sconfitte. Perché in quella valigia ce n'è di spazio, e la maniglia è bella robusta per reggere tutto il peso necessario.

La paura più grande, quella che pesa di più, è di non essere io abbastanza forte, e che proprio sul più bello possa questa valigia scivolarmi dalle mani, aprirsi e disseminare ovunque tutto il suo contenuto.

Per questo è responsabilità ma allo stesso tempo è coraggio di farsi aiutare dalla Vita a tenere stretta quella maniglia, una volta scoperto che proprio la Vita ti vuole dalla sua parte.

È un peso condiviso che diventa una forza in aumento.

È lasciare quel lato in cui sarei sola con le mie paure e avvicinarmi al lato opposto in cui, anche se a piccole dosi, c'è qualcosa che possiede vita e che è capace di alimentarmi, di nutrirmi.

Mi permette di vivermi.

**30 luglio 2021**

Se c'era una cosa che la signora Giani voleva, lei andava là e se la prendeva. Se c'era una cosa che la signora Giani voleva dirti, bella o brutta che fosse, te la diceva.

Era la donna più forte che abbia mai conosciuto.

Quella forza che sai nasconde anch'essa le sue fragilità, ma che riesce non si sa come a sommarle e a trasformarle in energia vitale, in carburante attivo che le permetteva di andare a mille.

La signora Giani amava la danza.

Viveva per la danza, era la danza.

Non posso scordare la luce che si accendeva nei suoi occhi quando si nominava un passo di danza, lei, che era sempre più tenace e caparbia, testarda nel voler scoprire il metodo segreto per fare cinque, sei, sette piroette.

Lei, che ti raccontava le bellezze e le pene che la vita da ballerina porta con sé, lei, che prima di essere una prima ballerina era una danzatrice senza nessuno alle spalle perché era partita da zero e aveva ballato col suo sogno senza guardarsi indietro, senza abbandonarlo mai, senza arrendersi ai no ricevuti o agli ostacoli incontrati.

La signora Giani era più forte di tutte noi messe assieme, ci teneva unite proprio con la sua forza, e penso che in fondo noi ragazze fossimo la sua.

Quando si avvicinava il saggio, nel momento di assegnare la coreografia ad ognuna di noi, pensava alla parte che più ci si addiceva, anzi ce la faceva proprio scegliere, perché "devi ballare su qualcosa in cui ti riconosci". Dovevamo trovare la danza che faceva per noi, non adattarci a qualcosa di totalmente diverso dalla nostra essenza.

E chissà, forse con questo voleva dirci che ognuno è perfetto a modo suo, a seconda della musica che più lo caratterizza, e che su quella musica può essere davvero se stesso come mai riuscirebbe ad esserlo al di fuori da un palcoscenico.

"Ti voleva tanto bene, Eli". Com'è vero, il suo bene me lo trasmetteva a pelle, e spero che lei riuscisse a percepire il mio.

Quando stai vicino ad una persona è difficile farle capire quanto effettivamente ci tieni alla sua presenza, quanto conti per te dirle anche solo "buongiorno signora Giani!", quanto nelle sue parole tu riesca a sentirti a casa, quanto quella casa fosse una sensazione che pensavi ingenuamente di poter provare sempre, perché "la signora Giani è una roccia". E in realtà lo sarà sempre perché era una di quelle rare persone che riesce a sopravvivere attraverso tutti quelli che ricambiavano il suo bene, perché semplicemente non si può credere che una persona che ti ha dato così tanto, che ti ha insegnato così tanto, nella danza ma soprattutto nella vita, da un giorno all'altro non esista più.

"Com'è possibile reagire così nonostante entrambe ci fossimo preparate?", mi scrive Gio.

Ma come si può essere pronti a frenare le emozioni?

Come ci si può preparare a qualcosa che sai essere inevitabile ma che non vedi se arriva, e che devi solo aspettare senza poter fare niente?

La signora Giani era la danza, è la danza, una danza che voleva che tutti amassero quanto lei e che non era rigida, statica, accademica, era una danza delicata, morbida, libera, naturale, e proprio con questo messaggio voleva che noi ragazze lo fossimo anche nella vita, libere di muoverci, di pensare, di agire, di ballare sulle difficoltà della vita come aveva imparato a fare lei.

Perché se la danza ce l'hai nel cuore, saprai sempre come liberarti da ciò che ti incatena.

E per questo, la signora Giani sempre sarà.

**3 agosto 2021**

È difficile per me riuscire ad esprimere quanto onore e quanta responsabilità io provi nel poter dire anche solo due parole nel giorno del funerale della Signora Giani.

Ho scritto quanto segue, e spero quel giorno di avere la forza necessaria per pronunciare queste parole, anche se so che lei riuscirebbe a sentirmi sia che io parli o resti in silenzio.

IN RICORDO DELLA SIGNORA GIANI

"Se, nel giorno del saggio, le prove generali andavano male, la signora Giani era ben contenta perché diceva che in quel caso il saggio sarebbe stato un successo.

La vita ti butta direttamente sul palco, senza prove, e la signora Giani era riuscita a fare della sua vita un balletto con il potere di affascinare chiunque lo guardasse e che creava a propria volta la voglia di danzare. Perché era questo che la signora Giani desiderava più di ogni altra cosa, che si amasse la danza, la sua danza, tanto quanto l'amava lei.

La sua era una missione, portare la danza nel cuore delle sue allieve, riuscire a far capire loro che la danza è ciò che ognuno di noi riesce a metterci dentro.

Che, se lo vogliamo, possiamo diventare noi stessi la danza, proprio come lo era diventata lei.

Alla fine di ogni balletto il sipario si chiude, ci sono i ringraziamenti e gli applausi, ma non c'è spazio per gli addii, esattamente come oggi. Perciò grazie signora Giani per averci dato il privilegio di ammirare la sua immensa opera d'arte, che resterà sempre viva a ballare nei nostri cuori".

**9 agosto 2021**

Mentre ero fuori dalla chiesa con le ragazze di danza, è arrivata una farfalla a svolazzarci attorno.

È andata via, e poi è ritornata.

A me, piace pensare che sia stato un segno, che possa essere stata la signora Giani che, come alla fine di ogni saggio, si fermava a parlare con noi e a dirci che avevamo dato il meglio, che alla fine tutto era andato bene, anche se magari poteva non pensarlo. Ma lei più di chiunque altro conosceva l'emozione che si prova prima, durante e dopo un'esibizione, e per questo era fiera di noi in qualunque modo avessimo ballato.

Perciò sì, alla fine della cerimonia, la signora Giani è venuta a salutarci, ha voluto inviarci il suo saluto, perché tra tutte quelle persone che erano presenti oggi non è stato possibile avere un momento esclusivamente nostro, per lei e le sue ragazze.

Sono emozioni forti, quelle di oggi.

Emozioni e sensazioni, scene e parole che non si dimenticano.

Una mia compagna di corso ha detto una cosa molto vera, ossia che le nostre lacrime non erano di tristezza ma di gratitudine, di riconoscenza per i ricordi che gelosamente custodiamo e custodiremo per sempre, di nostalgia per gli attimi che siamo state fortunate a vivere assieme e soprattutto per tutto ciò che abbiamo imparato, non solo sulla danza ma soprattutto sulla vita, sulla condivisione, sul lavorare duro, sull'impegnarsi, sul sentirsi accolte come in una famiglia.

Voglio proprio credere che la signora Giani abbia sentito le mie parole e sia poi volata un'ultima volta tra di noi per dirci anche lei il suo grazie. Che come una farfalla ora voli libera su di noi, e che io da adesso in poi avrò tatuata anche nel cuore.

**12 agosto 2021**

Ore 18 e qualcosa.

G: Eli guarda che mi sono messa in tiro.
E: E me lo dici così?!
Appuntamento ore 20.

Eli nella sua testa: e va bene allora metto i tacchi e mi trucco, e voi, scarpe da ginnastica, sarete per un'altra volta.

Così è iniziata la "serata donne in carriera" (chiariamo, tra le due è Gio quella in carriera, io al massimo posso essere una donna in corriera, ma perdo pure quella. Scusate, battuta facile).

Una serata tra un cambio di tavolo e l'altro (santi camerieri a portare pazienza con due clienti come noi) tra una risata e l'altra, tra parole di consapevolezza, ricordi ed emozioni.

Tra la voglia di superare quella paura di sbagliare, e farle lo stesso, le cose, anche sbagliando, e lottare contro quella paura che invece le cose non te le fa nemmeno iniziare e ti fa subito tirare indietro, senza nemmeno provarci perché tanto sai che mollerai, che non vuoi che gli altri contino su di te perché vorresti dire loro "non fatelo perché vi deluderò".

Eppure, adesso, voler inaspettatamente andare oltre quei meccanismi che un tempo venivano naturali, automatici, ma che ora ti chiedi a cosa mai possano essere utili, e cerchi così il modo di cambiarli perché così non vuoi più essere.

Questa serata, che mentre la vivevo era come sospesa nell'universo, quasi in sottofondo rispetto al mondo che continuava a girare, rimane lì, incastonata tra i ricordi di danza e gli aneddoti del presente, tra una sensazione che sa molto di possibilità e non di rassegnazione.

E rimangono le foto, foto anche scattate a caso ma che, se ci fai caso, non potrebbero essere migliori di così, perché nonostante l'inquadratura sbagliata ("e ora chi preme?"), o la figura sfocata, quei momenti rimangono ben nitidi nella mente e nel cuore di entrambe.

**13 agosto 2021**

"I sapori incidono sulla percezione del gusto"

Si usano spesso questi due termini come sinonimi, ma in realtà non sono la stessa cosa.

I gusti sono solo cinque, dolce, salato, acido, amaro e, il meno conosciuto, umami (che no, non è un nuovo roll giapponese, è il gusto tipico del brodo o dell'arrosto per capirsi).

Il gusto viene percepito con la bocca, mentre il naso coglie gli aromi, e proprio dalla loro unione si ottiene un sapore, e questi sono migliaia.

Un sapore è il frutto di una condivisione.

Quando uno dei due componenti non funziona (ad esempio, quando siamo raffreddati) tutto ci sembra insapore.

Quando anche solo una delle nostre parti si chiude al mondo, ecco che a poco a poco la vita perde il suo sapore che, a differenza del gusto, può assumere davvero infinite forme, ma che proprio a causa delle nostre privazioni può anche diminuire fino a rendere tutto sgradevole, noi stessi diventiamo sgradevoli.

Ormai solo cinque gusti mi stanno stretti. Penso di non mi accontentarmi più di cinque miseri gusti, così da perdermi chissà quali sapori che la vita può nascondere, che sono davvero tanti, nemmeno riesco ad immaginarli tutti, ed è forse anche per questo che finora mi andava bene vivere qualcosa che si poteva contare sulle dita di una mano, mi dava un'illusoria sicurezza di poterli conoscere, quei gusti, di controllarli, di dominarli, di vederli tutti in una volta e sapere che esistevano solo perché potevo vederli subito.

Ma le cose belle della vita non si vedono, si sentono.

Tutti i sapori che mi sono persa eguagliano o addirittura superano quanta era (quanta è) la paura della condivisione, dell'unione, del vivere stringendo mani, accettare di prendere quelle mani che avrebbero dato alla mia vita "quel sapore in più", e non quel gusto sempre uguale a se stesso, che alla fine si guarda allo specchio e non si vede rinnovato, non riesce a percepire quante sfumature di sé possono esistere, e che vorrebbe nel profondo poter sperimentare.

Un nuovo sapore non deve generare senso di colpa, perché è lo stesso gusto che regna sovrano da anni a doverlo provocare. Ma non voglio più parlare di senso di colpa, uno dei miei cinque gusti quotidiani oserei dire, perché adesso ho tanti, tanti nuovi sapori che mi aspettano, che temo perché non conoscono ancora.

Appunto, ancora.

**16 agosto 2021**

"Metterei la paura nelle conchiglie e il rumore del mare nel cuscino". Ecco, questa frase mi fa capire che sono io a dominare le mie paure, non il contrario.

Che ho la facoltà di decidere dove metterle, queste paure, se sotto al letto, chiuse in un cassetto, in fondo alla borsa, o anche in una conchiglia, perché no.

Posso appallottolare le mie paure fino a renderle piccole piccole, accartocciarle o farle ardere su se stesse dando loro fuoco, o ancora, inondarle con l'oceano di rabbia e lacrime che possiedo dentro me. Posso fare tutto questo, perché ho la (fortunata) facoltà di cambiare, di avere nelle mie mani le redini del gioco, anche quando sento i miei pensieri e le mie azioni manovrate da una forza esterna che allo stesso tempo percepisco come interna.

Lo so, è tutto così assurdo, sia un pensiero che l'altro, è tutto assurdo perché adesso la cosa "giusta" può essere quella che voglio, e non quella che dovrebbe essere.

Come cambio io, cambia il modo in cui mi rivelo al mondo, cambia il mio sguardo, la mia voce, tutto, seppur in maniera molto, molto lenta, quasi impercettibile, che proprio per questo sembra non esistere.

Non so se aver avvertito questa sensazione rappresenti o meno qualcosa, magari sì, magari è solo uno dei miei inutili sproloqui metaforici, ma di recente ho provato una cosa davvero strana: dopo aver finito di mangiare, non sentire quel cibo sopra di me, direttamente sulle gambe o sulla pancia - un ulteriore fardello da portarmi dietro - come di solito mi capita. Non l'ho sentito su di me ma l'ho sentito in me.

Non è solo questione di preposizioni, no, tra quel "su" e quel "in" c'è un mondo, un oceano pieno zeppo di conchiglie contenenti ognuna le mie paure, ma che non risuonano se non ci avvicino l'orecchio, non hanno voce se mi allontano da esse quanto basta.

Perché sai, un corpo dovrebbe permetterti di farle, le cose, non esserti d'ostacolo e impedirti di raggiungerle. Dovrebbe accompagnarti e sostenerti, non esserti di peso, nonostante possa pesare poco.

Perché un numero non può dirti chi sei e un cibo non può decidere per te, questo nessuno può farlo.

Le mie orecchie ora vogliono sentire solo il mare.

**18 agosto 2021**

La morte della signora Giani ha riaperto quel mondo che avevo pian piano reso più silenzioso, una parte della mia vita fino ad ora quiescente. Quel vulcano, quel bellissimo e distruttivo vulcano, è esploso di nuovo.

Quanta forza ci vuole per sostenere queste emozioni che non stanno né nel corpo né tantomeno nella mente? Queste emozioni che sento il cuore esplodere da tante scosse sto ricevendo?

La stessa forza a cui ho dovuto fare appello mentre leggevo il mio discorso di lunedì, al cospetto della bara, è stata la stessa che mi è servita in questi due anni per accettare che la mia danza è finita. Sono passati due anni, ma per me, soprattutto in questi ultimi giorni, è come fosse successo ieri, tanto sento fresche queste emozioni, tanto hanno avuto la capacità di riaccendersi all'istante come un fiammifero che si consuma sempre più velocemente, la cui fiamma, una volta preso il via, non hai più tempo per poter spegnere.

È tristezza, è gratitudine, è riconoscenza ed è gioia per la fortuna di aver vissuto in prima persona tutta quella bellezza e avere sempre avuto una seconda famiglia dove sentirmi al sicuro.

E c'è anche una rabbia inaudita per questa pandemia che ha raso al suolo tutto, e certo, ognuno di noi ha il diritto di essere in collera, quindi me compresa.

Molte cose sarebbero successe comunque, ma lo avrebbero fatto in modo diverso, e avere anche solo questa prospettiva come alternativa mi manda in bestia perché la mia danza poteva avere la degna conclusione che le spettava, quel capitolo della mia vita meritava tutt'altro finale.

Posso pensare che le mie parole per la signora Giani vogliano cercare di esserlo, un degno finale, come quando finisce lo spettacolo e si chiude il sipario.

Può esserci stato qualche errore nella coreografia, ma ciò che conta è non fermarsi mai e concludere la propria esibizione.

Ma perché sento tutto questo?

Perché danza c'era sempre, nella mia vita, non ho ricordi che non racchiudano anche danza nel sottofondo.

Danza c'era quando ero piccola e andavo a giocare in giardino, c'era quando facevo le feste di compleanno alle elementari, c'era quando ricevevo le prime delusioni in amicizia e dalle prime cotte.

Danza c'era quando iniziava un nuovo anno scolastico, anche in una nuova scuola, c'era quando ho iniziato a prendermela con me stessa, c'era quando ho perso (contro) me stessa. C'era quando il futuro era sparito dal mio orizzonte, come del resto il mondo intero, e c'era persino quando ho pian piano riaperto gli occhi, quando a fatica ho cercato di riprendermi la mia vita.

E in fondo, danza c'è ancora adesso, ed è sempre, sempre viva nel mio cuore, perché non potrà mai finire per davvero.

**20 agosto 2021**

Non c'è un corpo che sia esattamente identico ad un altro.

Ogni corpo è diverso, le braccia, le gambe, l'addome, abbiamo tutti le stesse parti in una versione che è solo nostra.

Questo dovrebbe bastare, dirsi "è il mio corpo e non può essere uguale a quest'altro, è solo mio e vale proprio perché nessun altro è come me". Spesso, invece, questa sorta di esclusività spaventa e, al contrario, fa sentire di essere gli unici che non vanno bene in un mondo di corpi che, per una parte o per l'altra, sono migliori del nostro, loro hanno le forme giuste, l'aspetto giusto, e da fuori li vedi così felici perché per quale motivo dovrebbero lamentarsi se, a differenza tua, abitano un corpo che li fa sentire loro stessi, o meglio, vivono in una forma che combacia con il loro essere?

Ho sempre dato più importanza all'aspetto, e non mi vergogno ad ammetterlo perché so che per tutti questi anni non ho fatto altro che mentirmi e ripetermi che in realtà io non ci tenessi così tanto, a piacermi. Penso che in fondo, come tutti possediamo un corpo, tutti possediamo una mente per mentirci se una realtà distorta può rappresentare quella forma che tanto cerchiamo, perché tutti siamo alla ricerca dell'incastro perfetto in noi stessi.

Quindi, pensando che un determinato corpo fosse migliore del mio, ecco che quel corpo stava pensando lo stesso rivolto ad un altro, e così via. Ci siamo dimenticati che prima di avere una forma, siamo una forma. Abbiamo fatto del nostro mezzo di vita un illusorio fine per mostrarci al mondo.

Siamo imprigionati in questa catena di confronti, siamo legati in un intrico di bugie, che se solo riconoscessimo il nostro corpo per ciò che è, ovvero solamente un corpo, chissà forse quel malefico groviglio potrebbe pian piano sciogliersi, potrebbe allentare la presa che ha su di noi.

Io abito il mio corpo, non potrò mai abitare quello di un altro, però ho la possibilità di rendere questo mio posto un luogo sicuro, un luogo bello, un luogo vero.

Un luogo da vivere che ritorni ad essere un mezzo per fare, vivere ed essere tante cose, e non un fine che dà solo sofferenza.

Perché il bello è che la tua forma la decidi tu.

**23 agosto 2021**

È più o meno da giugno che non uso la matita per le sopracciglia.

Oggetto che mi era pressoché indispensabile, vitale, che rappresentava il mio modo di presentarmi al prossimo, e del quale adesso ho addirittura scordato l'esistenza, se non averlo visto per caso abbandonato nel cassetto del bagno. Credevo di non poter vivere senza, ed ora mi ritrovo a vivere proprio perché non la uso più. Diciamo che è un modo diverso di vivere rispetto a prima, ecco, perché la me che scrive è diversa da quella di mesi fa.

La me di giugno ha voluto mettersi alla prova, sfidarsi e scoprire se davvero ne fossi stata in grado, di ricostruirmi, di ripartire per l'ennesima volta ma credendoci forse come non mai.

Ho letto un curioso aneddoto, non ricordo dove, o forse la mia mente l'ha inventato di sana pianta, fatto sta che ad Amsterdam non si usa mettere le tende alle finestre perché si vuole trasmettere il "calore del focolare", in qualche modo si vuole coinvolgere chi sbircia da fuori all'interno della propria abitazione, e quindi della propria vita.

Non si mettono filtri, barriere, "veli di Maya" tangibili e materiali, non si esclude l'altro dal proprio mondo interiore.

Mi piace pensare che adesso io permetta al mondo di sbirciare dentro me stessa un po' più di prima, che non senta il bisogno di coprirmi con quella matita che tanta sicurezza mi dava, ma che non faceva altro che creare divisioni tra la me genuina e reale e tutto il resto che stava fuori. Creava innumerevoli spaccature dentro me stessa, linee spezzate che ogni giorno cancellavo e che non potevano mai rimanere uguali a loro stesse.

Ora mi chiedo se sia possibile fare lo stesso con quei pensieri che, al pari della matita, un tempo erano ossigeno senza il quale non contemplavo la vita, e che ora sempre più spesso mi chiedo se non siano essi stessi il velenoso inquinamento che mi impedisce di respirare a pieni polmoni. Se sia possibile riporli in un cassetto che poi un giorno, aprendolo, io possa ridere al pensiero di quanto li ritenessi fondamentali, e che invece si sono rivelati essere esattamente il contrario.

Perché in fondo, se ci penso bene, ottieni tanti risultati se scosti le tende: sveli ciò che tieni nascosto, sia per salvarlo sia per vergogna, fai entrare la luce che viene da fuori e, quello più importante di tutti, fai uscire la luce che c'è in te.

**2 settembre 2021**

Succede che il pavimento sotto ai tuoi piedi sparisca all'improvviso. Un momento prima stai camminando sicuro di avere una superficie da calpestare, anzi, non ti chiedi nemmeno se esista perché la sua presenza è così scontata da non dover neppure abbassare lo sguardo per controllare. e il momento dopo quella stessa superficie sparisce, sotto di te non c'è più niente.

È qui che ti poni le domande esistenziali: "Su che cosa stavo camminando finora? Come faccio adesso a non precipitare? Dove precipito?"

Da piccola, correvo talmente veloce che il pavimento sotto di me poteva anche sparire e non avrei sentito la differenza, perché, di mio, volavo sulla vita curiosa e leggera.

Ciò che mi sbarrava la strada non rappresentava un ostacolo, bensì una sfida a superarlo, o quantomeno non era capace di fermarmi e, di conseguenza, di farmi rendere conto dell'esistenza del pavimento.

Un albero cadeva sul tragitto, decidevo se andare a destra o a sinistra, o ancora meglio di scavalcarlo direttamente, e poi di nuovo dritta per la mia strada, senza chiedermi se avessi fatto la scelta giusta perché l'importante era andare oltre, era raggiungere la meta, qualsiasi fosse. Ma quando, con gli alberi, iniziano a cadere fulmini, massi enormi, bombe di fuoco e onde anomale, rallenti la tua corsa anche se non vuoi, e arrivano anche molte domande, ma soprattutto arriva la consapevolezza di quel famoso pavimento.

Immobile, in questo tornado di eventi, è inevitabile che la superficie che ti ha sorretto fino a quel momento non presenti i primi segni di cedimento.

Crolla, e tu la segui.

Dove finisci?

Sei all'interno di un vuoto e ti sembra che non abbia fine, e più il tempo in quel vuoto aumenta più la paura dello schianto si fa sentire, fino a diventare puro terrore del mondo.

Alla fine, non si sa dopo quanto, atterri, sei di nuovo su un pavimento, dolorante e sofferente, ma hai di nuovo qualcosa sotto ai piedi. E così impari di nuovo a camminare, e magari chissà, anche a correre un giorno, fino a non sentire più il contatto col terreno.

Impari a prendere velocità perché capisci che la certezza del pavimento non deve essere la tua unica garanzia, perché può cedere da un momento all'altro.

L'unico pavimento su cui puoi fare affidamento è quello che costruisci dentro te, è l'unico su cui investire le forze, per costruirlo, per sostenerlo, per crederci. Per credere che qualsiasi pavimento calpesterai, se crollerà, tu potrai anche seguirlo ma dentro te, il tuo pavimento interiore, non lo seguirà.

**5 settembre 2021**

Va tutto bene, è tutto okay

Non sono un mostro, sono solo un umano
E ho fatto molti sbagli

Ero così drogato di vita e del mio ego
Che ho ignorato i segnali
E sono rotto nella mia vergogna

Ma non sono un demone
È per questo che ho agito così
E i giorni migliori esistono sì
?

E ho fatto molti sbagli
Non voglio aprire gli occhi e vedere
Che non sono capace di emergere

Sono solo un umano di fronte al mare
E solo davanti al mare
Va tutto bene, è tutto okay

**7 settembre 2021**

Il corpo parla per noi e con noi.

È provato che stare curvi in avanti, oltre a provocare dolore, influisca sulla nostra autostima e ci renda insicuri. Allo stesso modo se si cerca di stare con la schiena dritta e le spalle aperte ci sentiremo più sicuri di noi e più capaci. Per riuscire a migliorare la propria postura non basta un giorno né ricordarsi sul momento di stare dritti, perché non siamo soldatini di lego ma un complicato insieme di meccanismi biologici, e modificare una posizione che assumiamo per la maggior parte del tempo non è così facile ma richiede piccoli e costanti accorgimenti quotidiani.

Perché sì, è un trauma, fisico e mentale, e il corpo ci dice quando prova dolore, il corpo ci dice quando st(i)a(mo) male, quando è il momento di cambiare posizione (fisica) e atteggiamento (mentale). Dove sta il punto?

Voglio utilizzare questo concetto meccanico al livello dei pensieri, che detto tra noi è ciò che mi riesce meglio.

Non posso pretendere che certi pensieri se ne vadano da un momento all'altro, o che spariscano del tutto, perché sono parte di me, al pari delle ossa e dei muscoli.

Se voglio raddrizzare questi pensieri che minano alla mia autostima e considerazione di me stessa, devo piegarli e allenarli giorno dopo giorno, ricordarmi che, proprio a causa della loro curvatura in avanti, rappresentano quel peso che mi porta sempre più giù.

Non voglio essere (più) gobba, non voglio vedere il mondo raso terra, non voglio permettere a quei pensieri di farmi affondare e dimostrarmi per l'ennesima volta che loro sono capaci di piegarmi, mentre io, con loro, non ci riesco mai come vorrei.

Voglio camminare all'altezza dei miei sogni, che ora, onestamente parlando, non so dove si trovino, o se piuttosto esistano ancora, ma so che un sogno non si accontenta del terreno e punta sempre al cielo.

So che un sogno cammina a testa alta e non pesa più di una piuma.

**8 settembre 2021**

Anche se so che non te ne andrai mai

Non significa che tu debba essere sempre presente

Sempre pronto a prosciugare di vita ogni mio secondo

Sempre pronto a servirmi su di un piatto d'argento il mio indigesto senso di colpa

Sempre pronto ad immobilizzarmi quando io vorrei semplicemente correre libera

Sempre pronto a sputarmi addosso veleno che brucia le mie emozioni fino a renderle cenere

Acido che corrode le mie vene e mi tiene in vita in un morboso e subdolo calcolo

Anche se so che tu non te ne andrai mai

Perché la mia mente non è capace di scordare un simile dolore

So che, forse, un giorno, va bene non domani, e nemmeno il giorno dopo, ma magari davvero un giorno potrai allentare la tua morsa su di me, e permettermi di essere me stessa senza la paura che tu ti ripresenti quando meno me lo aspetto

Ciò che ho dentro non è quello che c'è fuori

Vorrei che ciò che ho dentro potesse uscire senza fare così male

Vorrei che ciò che ho dentro potesse salvarsi dal tuo veleno e stavolta diventare l'acido che corrode te

Diventare il fuoco che non mi brucia ma che accende i miei desideri

Vorrei salvarmi da te, e chissà magari ci riuscirò, e anche se sono io a manovrare le redini di questa folle e fottuta vita ma me le lascio sempre sfuggire, non importa, anche se piango non importa

Perché se piango ho ancora lacrime disposte ad uscire e correre libere

**10 settembre 2021**

È possibile avere un corpo che non mi faccia sentire sbagliata, per cortesia? È possibile vivere in un corpo che mi faccia sentire umana?

Perché se continuo ad agire, a fare qualsiasi cosa con questo corpo e in questo corpo, penserò sempre di sbagliare, perché il mio essere sbagliato si proietterà al di fuori di me e intaccherà tutto ciò che tocco, si disperderà nell'aria che respiro, nell'ambiente in cui mi ritrovo.

Questo corpo che considero da sempre sbagliato, mancante, bisognoso, necessitante, è forse lui che mi fa credere di sbagliare, e di conseguenza fa nascere in me la paura anche solo di provarci, ad agire, a fare quel passo che non so dove mi porterà ma che allo stesso tempo potrebbe essere l'inizio della mia salvezza?

È un gioco a specchi che procede all'infinito, io, sbagliata, mi rifletto nelle mie azioni, che si contaminano e diventano anch'esse errate, e poi di nuovo, io le vedo e mi ci specchio, ricevendo la conferma del mio aspetto inadatto.

E così all'infinito, i riflessi non si fermano, gli specchi maledetti non esauriscono i loro anatemi finché uno dei due soggetti non si sposterà, ma entrambi sono pietrificati, hanno il terrore di muoversi da dove si trovano.

Per il timore di sbagliare ancora una volta.

Sono in un labirinto di specchi deformanti, nei quali, appena mi vedo, mi spavento e non mi riconosco, e ad un tratto tutto inizia a vorticare freneticamente e gli specchi prendono il volo dentro questo tornado ed io ci sono dentro, sono nel centro del ciclone a specchio e sono accecata dai riflessi che cozzano tra loro, e che non riescono a farmene vedere uno che resti uguale a se stesso, o che sia reale, o anche solo meno sbagliato.

È possibile interrompere questa catena infernale?

È possibile cambiare ciò che mi ritorna indietro?

Da dove spezzo la catena, e come?

O mi sposto, o rompo lo specchio, o chiudo gli occhi.

O sbaglio.

Ma forse, questo mio sbaglio potrebbe essere il migliore che io possa mai commettere, perché forse, ma solo forse, potrebbe trasformarmi in umana.

Un semplice essere umano che esce dallo specchio delle proprie insicurezze e che riesce finalmente a specchiarsi dentro se stesso, ricevendo in cambio solo la propria essenza, che non è né giusta, né sbagliata, né mancante, è solamente sua.

**11 settembre 2021**

Gli atleti paraolimpici ti insegnano che puoi andare avanti anche se ti manca un pezzo.

Anche se non sei intero.

Che le cose puoi farle lo stesso, se sei talmente avido di possedere quel qualcosa che ti manca, o anche solo che vuoi ottenere. Paradossalmente, riesci ad andare a mille rispetto a quando non ti mancava nemmeno un pezzettino, come se, per compensazione, ciò che resta di te inizi a lavorare anche per tutte le parti che non hai più. Ciò che non hai non deve necessario rappresentare un pezzo mancante, come ciò che hai perduto non deve compromettere quello che ancora ti resta, e che finisce invece in secondo piano, fino ad essere dimenticato.

Ti dimentichi di avere ancora dei pezzi che ti permetterebbero di andare avanti, e pensi solo a quelli che hai perso, come se esclusivamente grazie ad essi tu potessi proseguire il cammino.

Quei pezzi non torneranno più.

Puoi provare a continuare senza, ma prima o poi ti servirà un tutore, un sostituto, un aiuto, che non avrà meno valore dell'originale perché andrà pian piano a riempire quel vuoto.

Saprai riconoscere il valore delle opportunità secondarie solo quando vorrai davvero camminare di nuovo, solo quando restare fermo ti farà smuovere qualcosa dentro. Solo quando restare fermo inizierà a toglierti quel poco che ti resta.

E non sarà scappare. Sarà creare.

**12 settembre 2021**

Riprendo la rubrica #raccontounricordo, è veramente da tanto che non ripesco quei momenti.

Mykonos, seconda tappa della crociera nel Mediterraneo del 2017, se non erro.

Non so se capita anche a voi, ma durante qualsiasi vacanza dev'esserci la "giornata no", che per me non è poi così strano.

Avevamo prenotato l'escursione in una spiaggia di cui ora mi sfugge il nome, e peccato perché era simpatico. E già il viaggio in pullman non mi era andato a genio.

Speravo di recuperare una volta in spiaggia, ma no, quando la giornata storta si mette d'impegno riesce a rovinarti proprio ogni singolo secondo, e va bene, pazienza. Ammetto che avrei voluto godermi meglio quell'esperienza, e forse sì anche la crociera in generale, ma in fondo le cose storte servono a capire che la postura non era corretta, e che per una prossima volta ci farò più attenzione.

Al ritorno era previsto un giro nel centro cittadino, verso la fine della visita abbiamo preso un gelato e ricordo che il polipo disegnato sulla coppetta mi aveva fatto sorridere.

Forse quell'animaletto ha dato un punto positivo, sì. Non tanto da farmi dimenticare l'ustione che mamma ed io ci siamo prese (e la sera a bordo c'era la serata a tema "in bianco", ma davvero, vita, ti diverti forse?), e la caduta in spiaggia di mamma, che un signore spagnolo è corso in suo aiuto imprecandole dietro "no se puede hacer asì!" perché lei voleva una foto sugli scogli.

Apprezzo lo sforzo, polipetto, ma non ci siamo.

**15 settembre 2021**

In un quadro di Magritte c'è una pipa con la scritta "ceci n'est pas une pipe", questa non è una pipa. Perché è l'immagine di una pipa.

Ho provato ad usare la stessa frase su me stessa, ceci n'est pas moi, e mi si è aperto un mondo. Certo, sarà scontato o banale, ma nessuna consapevolezza, se accompagnata da una straordinaria sensazione di risveglio o illuminazione, dovrebbe essere considerata tale.

Ceci n'est pas moi rappresenta il mio essere nel mondo, una parte che tutti vedono, un'altra che nessuno sarà mai in grado di vedere, e che spesso io stessa non riesco a mettere a fuoco.

Questa non sono io perché il mio corpo non rappresenta tutta la mia persona, perché le mie emozioni, i miei pensieri, le mie paure e i miei sogni, tutto questo non si vede, ma non significa che non esista.

Questa non sono io perché ciò che vedo non equivale a ciò che sento e viceversa, e da fuori l'eterna contraddizione tra le mie parti non è visibile, non è misurabile né comprensibile, e anch'essa fa parte di me ma viene ben nascosta dall'involucro esteriore.

Questa non sono io perché, se mi metto davanti allo specchio, lui mi ritorna semplicemente il mio riflesso, e fino a prova contraria quello è il riflesso di me stessa, la mia immagine, ma non mi rappresenta nella mia totalità, è solo una piccola parte di me.

Non sono io in quanto tutto di me.

Ed io, in quel riflesso, vedo a mia volta riflessi tutti i giudizi e le critiche che si materializzano e diventano più veri di quanto non lo sia io, e finiscono per prendere il mio posto.

Sono giudizi che si basano su regole effimere, su valori che la società tramanda come perfetti e che inevitabilmente su di te appaiono sotto forma di difetti.

Ma se tanto si cerca di normalizzare un difetto, lo è davvero, un elemento del male?

Essere in difetto significa avere qualcosa di sbagliato, qualcosa che non funziona, e se si arriva a considerare le proprie caratteristiche come sbagliate, e le si enfatizza appositamente poiché difettose, forse non siamo noi sbagliati ma la stessa società che impone l'accento su di essi.

Devo davvero normalizzare il mio riflesso, se alla fine un difetto è parte della normalità?

Devo davvero chiamarlo difetto, o semplicemente riconoscerlo come mia caratteristica, e dunque che senso ha porsi il problema se si sta contestando l'ovvio?

Ceci n'est pas moi.

Perché sì, forse per la prima volta voglio essere tutti di me, tutta me, senza tralasciare nulla, senza dimenticare che fuori dallo specchio posso essere un'Elisa completa, Elisa completamente libera. Perché non esiste specchio che possa riflettere la mia anima e nemmeno tutto questo dolore, o questo ardente desiderio di essere e non di apparire.

L'apparenza è una trappola mortale che mostra tutto fuorché i contorni argentei dell'anima.

**17 settembre 2021**

Quando le cose non vanno, si dice che vengono i nodi al pettine. Quando non riesci a parlare perché l'emozione è troppa, si dice che hai un nodo in gola.

Il tutto per far capire al meglio che c'è qualcosa che blocca il tuo agire, che tu vorresti tanto continuare il tuo operato, ma quel nodo non te lo lascia proprio fare.

Puoi tirare il pettine quanto vuoi, ma finisci per strapparti i capelli, puoi cercare di pronunciare qualche parola o anche qualche sillaba, ma quel nodo è come carta vetrata incastrata nel tuo esofago.

Ed io, di capelli, ne ho strappanti tanti, e di corde vocali ne ho lacerate altrettante.

Mi capita spesso poi di ritrovare le catenine delle collane tutte aggrovigliate, che mi viene da pensare che abbiano fatto tutto da sole, che si siano incastrate in quel modo talmente complicato perché stavano cercando di rimanere in ordine, e invece.

Per non parlare dei fili delle cuffiette, perché io, cresciuta con gli mp3 del paleolitico nei quali ci stavano al massimo cento canzoni, non mi sono ancora omologata alle cuffie Bluetooth, e chissà forse dovrei.

È troppa in me la necessità di vederle, le cose, anche annodate, come per avere sempre qualcosa da risolvere.

Ma a guardare così tanto i nodi del passato, cosa spero di trovarci dentro?

Cosa spero possano rivelarmi, una volta sciolti, sempre che sia possibile farlo?

Nel frattempo, quei fili stringono attorno ai miei polsi sempre più.

Più mi muovo, più mi faccio male.

Più cerco di essere viva, più perdo pezzi di me.

È curioso pensare come le parole, nel loro folle utilizzo metaforico e, perché no, anche nel loro intimo significato di prospettiva, possano ribaltare la situazione, far sì che un nodo ostacolante si trasformi in un nodo salvifico.

Perché un nodo si fa su un fazzoletto per tenere a mente le cose importanti, un nodo è fatto con le funi sopra una barca per renderla sicura, un nodo può essere rappresentato da due mani che si stringono. Un nodo può essere sciolto ripercorrendo il suo tragitto ma, se col tempo è diventato un labirinto inestricabile e inespugnabile, è in quel momento che da nodo da sciogliere passa a nodo da conservare. Non da buttare via perché troppo stretto, non da gettare perché inutilizzabile.

Al contrario, ti ricorda che il tuo passato non ha niente da risolvere ma che rappresenta la tua àncora, che quei nodi rappresentano i passi sul tuo cammino, delle staffette che tu e il Destino avete condiviso, delle bandierine che segnano il tuo passaggio.

Il passato è un nodo che ti rende sicuro a te stesso.

Il passato è uno dei tanti nodi sulle cuffiette della tua vita, e possono essere tanto scomodi quanto possono essere i “tuoi” nodi, che riescono ad accorciare la distanza tra il te di adesso e il te più intimo, più reale, più annodato che mai ma sempre più vero.

**22 settembre 2021**

Di recente, mi sono chiesta che cosa ricorderò di questi anni, anni che per antonomasia sono sempre considerati quelli più belli, della giovinezza, della leggerezza con cui bisognerebbe viverli, ma che per un motivo o per l’altro si rivelano essere sempre più pesanti, e alla fine non si riesce mai a viverli davvero come si vorrebbe.

È un presente assente, questo che sto vivendo, perché io per prima lo sono. Scopro ogni giorno sulla mia nave falle di cui ignoravo l'esistenza, o che, presa dalla fretta di andare nel futuro, in passato ho tappato in modo precario giusto il necessario per permettermi di continuare, seppur con un'andatura più lenta di quanto sarei potuta andare se avessi riparato con cura quei buchi. Se mi fossi data il tempo per curare quelle ferite e non mi fossi convinta che invece potevo continuare anche sanguinando.

"Quando cerchi di sopravvivere non ti chiedi come vivere, e di conseguenza come essere libero".

Non puoi sopravvivere e allo stesso tempo fare acqua da tutte le parti, perché se tappi da un lato, il veleno esiste lo stesso e trova il modo di uscire, anche da una piccola fessura che consideravi insignificante o di cui nemmeno ti eri accorto.

E così, piano piano, affondi.

Anneghi in quella brama di raggiungere traguardi su traguardi, senza pensare che ogni piccolo passo è un traguardo già di per sé, ma per capire questo devi avere al tuo fianco persone che te lo fanno notare, chi ti guarda conquistare quelle che per te sono solo passaggi intermedi senza valore e che invece di avvicinarti alla meta - a patto che esista ancora - paradossalmente pensi che ti allontanino da essa e che moltiplichino la strada.

Il punto è: lascia la meta dove si trova. Non cambiarla. Non rimpicciolirla o ingigantirla. Perché finché non ci arrivi non sai com'è, e potresti anche sorprenderti di scoprirla completamente diversa da ciò che credevi in partenza.

Ed io, nel frattempo, continuo ad interpretare l'ostaggio di me stessa tra passato e futuro, tra il ricordo di un corpo che riusciva a viversi, a riconoscersi, a toccarsi e a percepirsi, dove tutto partiva da esso e solamente poi finiva nell'ambiente circostante, e di un fantasma del presente che invece è come se ci passasse attraverso, alle cose e alle situazioni, senza provare nulla perché non sente prima di tutto se stesso.

E come potrebbe, è talmente inconsistente, è il riflesso falso di sé, che dunque si è sempre ingannato. Ma che adesso, da fantasma, vorrebbe poter diventare reale, più vero, più umano. Un più che sia senza valori ma che semplicemente riconosca di averne uno, e suo soltanto.

"Ho paura che poi non sarò più io".

"Non è che non sarai più tu, sarai di più te stessa".

Ho capito che se la considerazione che ho di me stessa resterà pressoché invariata, qualsiasi forma io possa assumere non sarà mai quella giusta. Perché io non sarò giusta.

Come si aggiustano i pezzi all'interno di sé?

Come riconoscere quali tenere, quali buttare, quali riparare?

Non è tanto una forma diversa ciò che alla fine cerco, non sarà quella a rendermi più me stessa, o almeno non principalmente. Invece, ciò che sarò in grado di fare in virtù di quella forma diversa, e dunque rinnovata come lo sarà il mio agire, ecco sarà quella a rendermi tale. Solo facendo le cose che ora questa forma mi limita, potrò essere DI PIÙ me stessa. Non nella forma ma con la forma, grazie ad essa e non solo in essa.

È una sottile differenza che fa tutto il risultato. Non è ciò che sei, ma è ciò che fai in quella forma. E fa una paura tremenda pensare di cambiare ciò che si abita da tanto tempo e che credevi stupidamente di poter mantenere così in eterno, sempre intatto eppure sempre più rotto. Ma è esattamente così che rischi di perdere te stesso, di diventare un "di meno" e non il tuo "di più".

**30 settembre 2021**

SAREBBE BELLO

Sai, sarebbe bello sentirsi liberi nel proprio corpo.

Sarebbe bello sentirsi a casa in qualsiasi posto, perché ciò che abiti non ti è estraneo. Sarebbe bello sentire quella spontaneità che contraddistingue i bambini, fare le cose solo perché si ha voglia di farle, senza pensare a cosa succederà dopo, o a come arrivarci, al dopo, ma andare e basta, anche senza sapere la meta.

Sarebbe bello vivere il proprio corpo senza bisogno di controllarlo, senza imperare su di esso come un despota spietato e infliggergli condanne che non si meriterebbe. Che tu non meriteresti.

Sarebbe bello passare le giornate senza giudicarsi, senza basare la propria considerazione sull'aspetto e immortalarsi così in una versione che non segue il cambiamento. Il tuo cambiamento.

Sarebbe tutto così bello che quasi stento a credere che sia possibile, viversi in questo modo talmente disinteressato, leggero, delicato, vero.

Sarebbe bello sentirmi libera.

Libera in me stessa, di essere me stessa, di vivere me stessa, di essere dalla parte di me stessa, libera da me stessa. In un modo che solamente adesso capisco non essere né normale né giusto, ma semplicemente naturale.

La meta è la naturalità di viversi.

Voglio credere che tutto questo sarà bello non solo nella sua versione ipotetica ma anche nei momenti più difficili, anche quando sarà doloroso come non mai.

Perché altrimenti non sarei qui.

**2 ottobre 2021**

COME VOGLIO SENTIRMI

Una delle domande che posso essermi fatta più spesso in questi anni è "che cosa mi manca?", dando per scontato che dovessi per forza aver bisogno di un pezzo o più pezzi che potessero completarmi e fornirmi così la magica soluzione a ciò che potevo considerare un problema, ma anche semplicemente che mi facesse credere di non essere io, il problema.

Non mi è mai venuto in mente di chiedermi invece "cosa posso fare con i pezzi che possiedo? Voglio dell'altro?"

Il primo tipo di ragionamento mi ha portata a denigrare i pezzi che mi hanno formata, come se, proprio a causa di essi, io sentissi e vedessi in me solo mancanze, buchi, vuoti. Quegli spazi erano delle distanze tra le mie parti, non tanto da riempire quanto da avvicinare, da unire. Mi sono sempre sentita frammentata e mi ci sento tuttora perché nutrita di quelle distanze e in esse, fino ad allontanarmi così tanto da me stessa da non riconoscere più che aspetto, e soprattutto che identità avessi. E quindi ora devo e voglio chiedermi "mi manca davvero qualcosa?".

L'Elisa di oggi, che scrive proprio in questo preciso momento, vuole impegnarsi a credere che no, non mi manca nulla che non abbia già, al massimo ciò che mi manca è credere di poter davvero partire dai pezzi che ho, di poterli davvero usare, unire e collegare. Di poterli riavvicinare e riavvicinarmi a me stessa. Ripetermi che non conta tanto trovare il presunto tassello mancante, vederlo o toccarlo con mano, quanto partire dai miei tasselli per creare una forma nuova. Perché adesso penso che non mi importi nemmeno più sapere cosa voglio raggiungere, in che modo o in quanto tempo lo otterrò, quello che ora cerco è "come voglio sentirmi", perché forse solo sentendosi meglio ci si può vedere anche meglio.

Voglio sentirmi naturalmente Elisa, me stessa nella sua versione più pura, composta dai suoi pezzi senza distanze e senza aggiungere nulla.

Solo io.
Sono io.

**6 ottobre 2021**

Pretendere di non cadere e di rimanere sempre in piedi, quando stai percorrendo la tua strada, in salita o discesa (perché sì, si può cadere anche in discesa ed è altrettanto pericoloso quanto in salita), è come fingere che l'universo sia in perenne equilibrio. Cioè è una palese presa in giro.

Da sempre mi sforzo di non toccare terra, di non avere alcun contatto con quel terreno che il solo sfiorare mi darebbe la prova che io, la forza per stare in piedi, non ce l'ho, oppure che non ne possiedo abbastanza, o quanta davvero me ne servirebbe. Eppure, tutto ciò che scrivo lo scrivo proprio quando la mia prospettiva è a livello del terreno, quando sento di perdere l'equilibrio o addirittura mentre sto cadendo.

Bizzarro, vero?

Che uno alla fine può ritrovarsi sempre a terra e pensare di dover sempre ricomincia daccapo, di dover sempre fare uno sforzo per rialzarsi che sarà centuplicato ogni dannatissima volta, perché è questo che pensi, che ogni volta sarà più difficile.

È per questo che non vuoi cadere, per non dover poi faticare più di quanto potresti e vorresti, per risparmiarti tutta quell'energia.

Io penso si faccia molta più fatica a controllare di non cadere. A valutare e calcolare ogni singolo passo e il successivo, a pietrificarsi e cristallizzarsi fino a che un terremoto, ma basta anche un leggero alito di vento, ti spinga in avanti e ti faccia cadere lo stesso, e non dipende da un tuo passo sbagliato ma semplicemente accade e basta, e questo non puoi controllarlo.

Sto cercando di ripetermi tutto questo, che piuttosto di non cadere, posso fare attenzione a dove cado e come cado, sto cercando di conoscere quali lati di me possono essere più robusti così da buttarmici sopra, sapere se, mentre sto cadendo, girarmi a destra farà meno male rispetto a schiantarmi di piena faccia. Perché per tutte le volte che sono caduta, dovrei aver capito quali lati di me possono essere più forti. E invece, mi duole ammettere che è un pensiero che sto facendo solo di recente, perché le altre volte me la sono presa solo con me stessa per essere caduta e mi sono rinfacciata di poter fare più attenzione.

Non mi sono mai detta "ehi, sei a terra, la prossima volta buttati a destra che lì sei più forte".

E quindi non credo che mi aiuti domandarmi perché non sono in piedi, che in fondo poco cambia saperlo; certo, dona una più profonda consapevolezza del proprio agire e di ciò che si vive, ma sempre a terra rimango. E forse, a quel punto rialzarmi non sarà cento volte peggio, ma anzi forse succede esattamente il contrario, ogni volta posso alzarmi un po' più forte, sempre dolorante ma più me stessa.

Non mi sarò ricordata (o rinfacciata) i miei punti di debolezza ma avrò scoperto i miei punti di forza e li starò costruendo pian piano, passo dopo passo, caduta dopo caduta.

Perché a rimanere sempre in piedi anche ci si stanca.

**14 ottobre 2021**

Arriva il blackout.

Non esiste più niente, il mondo là fuori smette di esistere, io smetto di esistere, c'è solo questo doloroso senso di inadeguatezza, di sbaglio, di insofferenza, di essere irrimediabilmente irrecuperabile, che non andrà (andrò) mai bene.

Succede come a danza. Soprattutto nei primi anni, la danza l'ho appresa davanti allo specchio, ore passate davanti a me stessa che hanno contribuito a creare la mia immagine di me. Ma tanto tempo davanti allo specchio non porta al narcisismo, tutto il contrario, è dover vedere un'immagine imperfetta di sé e andare alla ricerca di quei difetti che annullano tutti i tuoi sforzi e traguardi ottenuti, tutto si cancella all'improvviso. Come adesso.

Lo specchio mi dimostra l'impossibilità della perfezione, è un giudice infernale che si erge sopra la vera me spingendomi ad assumere da sempre un atteggiamento comparativo, distruttivo e critico nei confronti di me stessa. Non devo muovermi così, sto sbagliando, non è così che questo passo dev'essere eseguito, non riesco a farlo.

Non devo essere così.

Persa dentro ad uno specchio, incapace di uscirne, incapace di uscire da quell'immagine che in fondo non è veritiera di me.

Ceci n'est pas moi.

Danza mi ha anche insegnato a nascondere il dolore, a celare la sofferenza dietro ad un sorriso. Sorridi anche se fa male, non devi mostrare la fatica, i tuoi passi devono apparire leggeri anche se dietro c'è una pesantezza inimmaginabile.

Arriva il momento in cui questo non è più possibile, in cui non posso più scappare da quel riflesso, e la persona che sono oggi sa che non potrà continuare a farlo. Può esistere davvero un modo perfetto di muoversi nel mondo, nella vita, senza errori, senza confronti, senza colpe?

Se voglio muovermi piangendo, urlando, gridando, strappandomi la pelle, devo farlo. Voglio farlo.

Blackout.

**15 ottobre 2021**

Penso che quando uno dice "sto male" sia talmente riduttivo utilizzare queste semplici due parole che non ne basterebbero mille.

Tutte le parole che servirebbero nemmeno esistono davvero. Come spieghi che dietro a quel "sto male" si nasconde una versione di te disintegrata, spezzata, che a poco a poco si sgretola, che dissemina pezzi di sé ogni passo che compie. Che hai qualcosa incastrato nella gola, che ti scorre nelle vene, che ti paralizza la mente, che è sopra di te e non riesci a toglierlo, a sottrartene per quanto tu possa dimenarti.

Un'incapacità a definirlo, a vederlo questo male, ed è anche per questo che stai male, perché non riesci a vederlo e quindi a provarne l'esistenza, non tanto agli altri, che alla fine poco importa se ti credono o meno (o almeno così dovresti arrivare a pensare) quanto a te stesso, a provati che no, non ti stai inventando nulla, che esiste un perché.

Ecco. È il perché che più ti fa soffrire.

Perché.

Non è nemmeno più un "perché a me", piuttosto un "perché contro di me", perché perché perché non sono capace di liberarmi da queste catene invisibili ma di una pesantezza che eccome se si fa sentire.

Perché così è un morire rimanendo in vita, è un vivere aspettando la morte, è un assentarsi dal presente quando invece la tua presenza c'è, tutti la vedono, ma tu in realtà non ci sei. E quindi chi c'è al mio posto, chi è quella proiezione che dà l'apparenza della mia esistenza, ma che di fatto non sta vivendo e si nasconde, scappa, si protegge dietro ad una sagoma che si muove, cammina, respira, ma non si rende conto di farlo?

Quali parole esistono per esprimere tutto questo?
Quali parole uso per materializzare tutto questo?
Ma soprattutto, quali parole ci sono per porre fine a tutto questo?

Può darsi che la fine finirà con me, oppure che finirà col mio inizio, ma per ora c'è solo un illusorio inizio mai finito, e una temuta fine già iniziata.

**23 ottobre 2021**

Sai, si dà per scontato che per volare servano esclusivamente delle ali. Non è vero.

Tutto ciò che ti permette di volare è valido.

Un'emozione. Un ricordo. Un desiderio. Un sorriso.

E anche le ferite. Le crepe. I tagli. Le cicatrici. I frammenti della tua persona che hai sparso attorno a te e che non hanno fatto altro che ferirti perché ti ostinavi a volerli raccogliere tutti a mani nude, dal primo all'ultimo, dal più grande al più piccolo, e dovevi recuperarli in fretta perché più tempo passava e più possibilità c'era che tu ti graffiassi, o che loro si dividessero ancora di più.

Ma una volta raccolti, ti rimanevano tra le mani, e continuavano a farti sanguinare.

E quindi sì, proprio quelle schegge di te stesso sarebbero potute diventare delle ali, perché per tutte le volte che hai preteso che le tue ali si aprissero, una volta dopo averle scoperte, non sono mai riuscite a reggere la durata di un volo che ti portasse lontano, o abbastanza in alto da vedere quanti dannati frammenti di te potevano esserci.

Forse non conta tanto usare ciò che di buono possiamo avere, come delle ali, ma conta riuscire a trasformare ciò che ci ha ferito in un elemento che possa ora elevarci su chi eravamo, su chi vorremmo essere. Che possa cucire quelle ferite invece di continuare a farle sanguinare.

Vestire le mie cicatrici come delle ali è forse l'unica cosa che, ora come ora, sento potrebbe darmi la forza per rialzarmi, che per volare c'è tempo a capire come fare, ma sarebbe bello arrivare quantomeno a rialzarsi.

E magari, se non proprio volare, almeno nuotare tra le onde accompagnata dal mio delfino che ho appena tatuato sulla mia pelle, e che mi ricorda, assieme alla farfalla, che un modo per muoversi esiste.

Basta (voler) essere vivi.

**24 ottobre 2021**

Quando ho iniziato a soffrire di anoressia, tagliavo il cibo in piccoli pezzi. Lo faccio ancora adesso in realtà, e forse sarà diventato un automatismo, ma penso che all'epoca quest'azione avesse un significato più profondo che non mi sono mai data la possibilità di comprendere veramente.

Era spezzare la paura in piccoli pezzi, così da non vederla molto più grande di com'era per davvero.

Quella stessa paura che mi aveva spezzata, che aveva spezzato qualcosa dentro me, se non semplicemente la mia anima, doveva a sua volta essere spezzata per poter essere affrontata.

Quando si dice, ripagare con la stessa moneta.

Forse stavo solamente cercando di fare della paura qualcosa che fosse a mia misura, appunto qualcosa di sempre più piccolo, sempre meno visibile, meno pesante, e sempre più frammentato.

Aiuta pensare che una grande paura sia in realtà la somma di tante piccole paure spezzate, e col senno di poi, adesso, rileggendo le pagine di quel capitolo della mia vita, nemmeno con l'intenzione ma puramente per caso, ecco riesco a capirla, quella piccola Elisa, incapace di tenere in mano forchetta e coltello, e che nonostante ciò usava quegli strumenti ostili per aiutarsi, ne faceva le sue armi per tagliare la paura che aveva nel piatto. Diamo talmente per scontati alcuni nostri comportamenti, o li consideriamo senza una possibile spiegazione, che alla fine quel grande perché si perde e rischia di venire anch'esso tagliato per sbaglio, venendo privato del suo significato profondo.

E a volte, chiedersi il perché di ciò che facciamo può portare a conoscersi di più, a dimostrare che possiamo essere comprensivi verso chi eravamo invece di vomitarci addosso colpevolezze che rischiano di spezzare la persona che siamo adesso.

Penso stia qui tutta la differenza tra tagliare ciò che si ha nel piatto e tagliare la paura, e cioè riuscire a capire che quel perché mai chiesto è stato il coltello che ci ha spezzato e che ora può decidere di non farlo più.

**28 ottobre 2021**

Chiudo gli occhi e il mondo muore.

Chiudo gli occhi e non esiste più nulla, non c'è più niente là fuori, e allo stesso tempo non esisto più nemmeno io.

Facile, vero, fare come fanno i bambini, io non ti vedo allora significa che tu non puoi vedermi. Come se fosse chissà che gran colpa, pretendere di non essere visti, di essere invisibili, di sparire.

Di nascondersi.

Di scappare da ciò che non ti appartiene.

Ma se non esisti, c'è davvero qualcosa che puoi dire di possedere?

Cosa ti appartiene in un mondo che muore?

Come sai se sei reale, vero, vivo, se non vuoi vedere nulla?

E se, quando riapri gli occhi, ti accorgi di essere ancora al buio, e scopri che non sai distinguere la tua realtà dalla vita vera?

Sei sicuro di sapere cos'è reale?

Sei sicuro di esserlo?

Chiudo gli occhi e non esisto più.

Chiudo gli occhi e non resisto più.

**31 ottobre 2021**

Non ricordo che età avessi, forse dodici o tredici anni, non di più. È una scena che mi è rimasta impressa nella memoria e a cui ripenso spesso, forse per cercare un ipotetico inizio del bellicoso rapporto con la mia corporeità, o forse soltanto perché il pensiero che feci all'epoca non mi ha mai abbandonata del tutto. O ancora, per ripetermi che non ho colpe se non l'esserci nata, con questi pensieri.

Era estate, circa all'ora di pranzo, io stavo salendo sulla bilancia per vedere se quel giorno mi sarei potuta concedere una modesta e per nulla pretenziosa pizza surgelata, una tipica margherita comprata al supermercato, e che sono certa di non aver più mangiato da allora. Dopo il verdetto ero così contenta di poter mangiare quella pizza, perché sì, quel giorno i numeri me lo permettevano, mi dicevano che andavo bene e che in me poteva esserci spazio per ciò che desideravo e che, se non avessi avuto la bilancia sotto mano, probabilmente avrei mangiato in ogni caso.

Penso spesso a quella scena della mia vita perché credo sia stato da quel giorno che io abbia iniziato a pesare le cose che potevo permettermi, che potevo meritarmi, è stato da lì che, in modo graduale ma costante, ho iniziato a (non) dare peso al mio valore.

Se prima, quand'ero ancora una bambina, ero in grado di mantenere i miei propositi, e quindi concedermi ciò che consideravo un premio per "pesare nel mio limite", crescendo non ci sono più riuscita, perché ogni cifra era allo stesso tempo uno spostamento di quel limite, e si trasformava in un "sarà per la prossima volta" portato però all'infinito.

Il permesso era ciò che aspettavo, un'indicazione che provenisse dell'esterno, e che di conseguenza ha fatto svanire la mia libertà.

Non sono libera da tanto tempo, imprigionata in molte cose, in uno specchio, nei numeri, nelle emozioni, in me stessa.

Ci si può perdere in se stessi e non sentirsi al sicuro, pur abitando nel proprio essere?

È talmente contrastante e disorientante come sensazione, che un numero può darti l'apparenza della stabilità che cerchi.

Si dice sempre "è solo un numero, non dice niente su di te", un numero non può far sapere se ti piace l'azzurro o preferisci il viola, se ami la danza o sei sai suonare uno strumento, un numero non sa qual è la tua canzone preferita né se in questo momento ti senti felice o se vorresti solamente piangere, e un numero non può dirti se c'è abbastanza spazio nella tua vita per le cose che ti fanno stare bene.

Un numero, tutto questo non lo sa, sono solo io a saperlo, e quella bambina lo sapeva bene ma il peso del mondo gliel'ha fatto dimenticare e, non contando più su se stessa, ha deciso di contare altro, tutto ciò che alla fine non conta nulla in una vita libera dalle sue prigioni.

**6 novembre 2021**

DOVE FINISCE LA FINE

Quando pensi che tutto sia finito, è davvero tutto finito?

Quante volte sembra che il mondo intero sia ad un passo dalla sua fine, e invece il minuto dopo è ancora lì.

Tu sei ancora qui.

Quante volte l'idea di non riuscire ad andare avanti viene scambiata con l'inevitabile sensazione che tutto si fermi, che tutto diventi immobile, in pausa, senza più segni di vita? Eppure, tutto va avanti lo stesso, anzi, ti rendi conto che andava avanti proprio mentre tu ti eri bloccato, e quindi sembra addirittura che possa essere andato ad una velocità folle, da tanto tempo sei rimasto fermo, inconsapevole di tutto ciò che ti circondava o che succedeva. Come se tu, per tutto il tempo, fossi stato in un universo separato dal reale solo da una lastra di vetro che, pur lasciandoti vedere non ti faceva sentire, e per sentire intendo con le orecchie ma anche col cuore.

Ho sempre avuto paura della fine.

Ce l'ho tuttora, e non penso sparirà mai completamente.

Temo che, arrivata alla fine di un evento, di un'emozione, un viaggio, o un obiettivo, ecco che lì possa finire anch'io.

Detta ancora meglio, non mi spaventa tanto la fine in sé quanto la fine di un nuovo inizio, non avere la certezza che qualcosa potrebbe di nuovo nascere, e di conseguenza che io possa cominciare nuovamente a vivere.

Non ho la certezza di poter rinascere ancora, attraverso ciò che vivo, provo e penso.

E mentre scrivo queste parole, sono ancora qui, verso la fine di una giornata che si porta dietro il timore del domani, il timore di non esserne all'altezza, di cedere, arrendermi alla debolezza che cerco in ogni modo di allontanare da me.

Ed è difficile, se non impossibile, allontanare qualcosa che hai dentro e che fa parte di te, perché significherebbe spezzare il tuo essere invece di modificarlo, di plasmarlo su quel nuovo domani che ti fa paura, e non semplicemente di farlo finire perché ti intralcia il cammino. Perché la fine di una debolezza non esiste, esiste solo l'inizio della sua consapevolezza che potrà fare della debolezza un punto d'inizio.

Come il mondo continua a girare, così arriverà ogni fine ma anche ogni inizio, e continuare a stare fermi quando qualcosa è finito ormai da tempo, e che ha fatto finire la persona che eri, non significa che, rimanendo fermo, tu non abbia iniziato ad essere una persona nuova, una versione diversa di te.

Perché quando tutto finisce, non sei tu a finire.

E dove finisce, la fine?

Finisce quando sei tu ad iniziare.

**7 novembre 2021**

VITA MODELLO

Cosa significa per te vivere una vita ideale, una vita che sogni, una vita "modello"? Che di moda, si sa, avrebbe ben poco, se non essere la tua personale moda, fatta apposta per te.

E dunque, come dovrebbe essere la vita per calzarti a pennello?

Quali sembianze dovrebbe possedere, quali colori, suoni, immagini, per farti dire "questa è la vita che voglio"?

Perché se non la vedi chiaramente, se non ti si presenta dritta in faccia, come fai a riconoscerla?

Mi è stata fatta questa domanda ben due volte da due persone diverse a distanza di poco tempo, e mi sono resa conto che, ad ora, io non so rispondere.

Non credo che nessuno sappia davvero dare una risposta o, nel caso ce l'abbia, non sono sicura che creda al 100% nella reale possibilità di ottenerla, quella vita che dice di volere.

Non so trovare una descrizione che possa essere straordinaria, che possa neanche lontanamente avvicinarsi all'idea di esistenza che posso (potevo) immaginare per me, che possa dare un senso a tutte le domande, a tutti i come e perché sparsi qua e là che mi sono persa per strada.

Ma mi serve davvero?

Devo necessariamente essere alla perenne ricerca di quell'extra dall'ordinario per rassicurarmi e dimostrarmi che sto vivendo bene, nel modo giusto, senza sbagliare, e senza fare confronti?

È davvero solo grazie a quell'extra che la vita prende valore, oppure il valore deriva dal riconoscere che l'ordinario possiede già l'extra all'interno di sé?

È un tipo di ragionamento che andrebbe fatto anche sulla nostra persona, ovvero riconoscersi con un valore in potenza e non derivante da qualcosa o qualcuno di esterno.

E, anche qui, è il semplice dettaglio a fare la differenza.

Non devi fare nulla di straordinario se non riconoscerti straordinariamente te stesso.

Perché, in caso contrario, arrivi a chiederti cosa ti manchi, o cosa manchi alla tua vita, per essere davvero Vita, per essere davvero Te Stesso, e cadi in questo girone dantesco da cui poi è troppo faticoso uscirne, una volta intrappolati.

In realtà, penso di non aver mai saputo esattamente cosa mi aspettassi dalla me futura, forse troppo, forse l'irraggiungibile, forse il raggiungibile senza credere di potercela fare, un tutto sommato al niente, un orizzonte che pian piano stava diventando sempre più nitido ma che di punto in bianco è sparito senza lasciare traccia, come se non fosse mai esistito.

E quindi a cosa mi servono quei tasselli fuori dall'ordinario, se non c'è più posto qui, nemmeno per me stessa, che riesca a dare valore al più misero e semplice ordinario?

Sorrido amaramente rendendomi conto che anche l'utilizzo dei termini influenza di conseguenza il modo di sentirmi, ovvero: "cosa mi aspetto da me", quell'aspettare blocca ulteriormente il mio agire, come se davvero dovessi sedermi nella sala d'attesa della vita per aspettare di ricevere qualcosa, anche solo un segno, un segnale dall'altoparlante che dica "ehi, tu, laggiù, va tutto bene, continua così, qualsiasi cosa tu stia facendo". Non so come dovrebbe essere una vita modello, ma so che se riesci a ritrovare il coraggio di dare valore alle cose semplici, a ciò che ti fa stare bene, se ritorni a dare valore a te stesso indipendentemente dalla versione di te che incarni in questo momento, ecco credo che a quel punto non ci sia più il bisogno di chiederselo, come sarebbe la vita che vorresti, perché semplicemente la staresti vivendo.

Nella vita che vorrei, so che c'è bisogno di tempo per ricostruire tutti i mattoni infranti e nonostante questa consapevolezza dura da digerire, cerco lo stesso di provarci, a rimettere in piedi qualcosa, a rimettere assieme me stessa.

Nella vita che vorrei, posso essere una persona che dà qualcosa agli altri e a se stessa, che non si butta addosso odio, rancore, risentimento, colpevolezze, tutto lo schifo che ha rappresentato la presa d'assalto delle mie mura.

Nella vita che vorrei, non è il mondo ad essere un brutto posto ma è il mio universo che può rendere il mondo più accettabile, che può farmi credere che sì, posso anch'io (ritornare a) essere felice, che per quale motivo dovrebbe essere il contrario, dato che la felicità, o semplicemente lo stare bene, non dovrebbe essere un extra nella vita di nessuno?
Nella vita che vorrei, ho accanto a me persone che mi fanno sentire me stessa e che con le quali condivido emozioni, esperienze, momenti, parole, che non mi giudicano e mi ascoltano, si prendono cura di me quando io sono la prima a non farlo.

Nella vita che vorrei, so che in fondo tutto può diventare extra e che l'ordinario è relativo, che tutto può trasformarsi nella sua versione migliore, straordinaria, pur non facendo assolutamente niente se non essere investito di valore.

E, se può esserlo la vita, perché non anche chi la vive?

Ma sai cosa, forse troppo spesso scambiamo la domanda "che vita vorresti" con "cosa vuoi dalla vita", credendo ingenuamente che le cose arrivino a noi da sole, non solo aspettando ma proprio rimanendo fermi, immobili, per paura che, se ci muovessimo, poi non potremmo più essere trovati.

Come mi troverà la vita, se adesso mi sposto da qui?

Come posso sapere che, prendendo quella direzione, io non mi allontanerò da essa, o peggio, che lei non mi stia venendo incontro?

E come può vedermi, la vita, se io continuo a nascondermi, o se non sono visibile perché privo di quell'extra?

Ho appena sentito una frase che dice "se vuoi una cosa, vai là e prendila", il che mi fa di nuovo cambiare la domanda iniziale.

"Vuoi la tua vita?", e certo è che nessuno te l'ha chiesto prima di donartela, ma adesso sta in te scegliere se andarla a prendere, una volta che ti è sfuggita dalle mani.

Sta in me riconoscermi parte di quell'extra.
Sta in me tornare a credere.

**9 novembre 2021**

"Sai, penso che uno arrivi al confronto perché sta male, se non ha problemi non si cura di paragonarsi agli altri, gli va bene la vita che sta facendo senza porsi domande, vive e basta" mi dice Gio, "che poi, alla fine tutti siamo vittime del confronto, se non con l'altro, con le versioni di noi, del passato e del futuro".

La ascolto guardandola negli occhi, le sue parole hanno acceso quella tipica scintilla che sento quando il presente irrompe nella mia testa, sconquassando l'atemporalità della mia mente.

Nel suo sguardo vedo tutta la sincerità e trasparenza che caratterizza la nostra amicizia e che ha accompagnato il tempo passato a crescere assieme, seppur a volte con le nostre distanze, nell'affrontare ciò che la vita ci scagliava addosso, e che timidamente poteva emergere tra una ricreazione e l'altra, tra un passo di danza e l'altro.

Ora, tutto ciò arriva dritto attraverso gli occhi, senza mezze misure.

"In passato hai avuto paura, ma sei andata avanti, perché ora dovrebbe essere diverso? Con la testa ci sei, Eli, ora devi andare di pari passo col tuo corpo, riallineare i due percorsi. Ma non intendo tanto il fisico quanto la tua persona nel mondo. Non voglio che tu perda tutto il lavoro che hai guadagnato solamente con le tue forze".

Proprio così, Gio, nella mia vita ho avuto sempre paura e, come mi hai detto anche tu, la paura più grande è la paura di avere paura.

Ma forse, sempre come mi hai fatto notare, fa più paura il pensiero di perdere tutto, e sì che in quest'ultimo periodo l'ho creduto, di aver perso tutto, che non ci fosse più motivo per andare avanti perché "tanto, ormai, ho troppo da recuperare", oh, se l'ho pensato.

Ogni minuto di ogni ora di ogni giorno.

Ma è anche grazie a te che ora so che invece non è così.

Perché se io posso aver perso anche l'ultima briciola di fiducia che avevo in me, chi mi vuole bene non ha buttato via nulla, ed è questo che dovrebbe spaventare la paura che mi perseguita, che la fiducia in me esiste, e che forse, nonostante la paura, posso anch'io riprendermi ciò che è mio.

**10 novembre 2021**

I DIRITTI AFFERMATIVI

"Hai il diritto di giudicare se sei in dovere di trovare soluzioni ai problemi degli altri.

Hai il diritto di cambiare le tue opinioni.

Hai il diritto di commettere errori e di essere responsabile di essi.

Hai il diritto di dire 'non lo so'.

Hai il diritto di essere irrazionale nel prendere decisioni.

Hai il diritto di dire 'non me ne occupo'.

Hai il diritto di dire 'no' senza provare disagio.

Hai il diritto di essere libero dal giudizio degli altri prima di entrare in relazione con essi".

È passato qualche mese ormai da quando mi sono rivolta ad un nutrizionista esperto in DCA.

Potrà sembrare buffo per chi non si trova da questo lato della barricata - perché sì, qui siamo in guerra - il fatto che dopo più di dieci anni io abbia deciso di cercare una figura professionale che sia capace di leggere tra le righe delle mie emozioni, che sappia che dietro quel "non mangio la pizza" non esiste solo un semplice rifiuto bensì si celi soprattutto un rifiuto verso me stessa, una privazione di assaporare la vita in ogni sua forma, ed io, di rivedermi in essa indipendentemente dalla mia, di forma.

Non è facile chiedere aiuto. Non è facile perché nessuno vuole ammettere che da solo non ce la fa (più). Costa fatica smettere di credere che prima o poi le cose si aggiusteranno da sole, o che magari sia tutto nella nostra mente, che in realtà le cose siano a posto così e che non ci sia nulla di sbagliato nelle nostre vite, in noi.

Oppure, nel mio caso, molto semplicemente credere che le cose non potessero peggiorare di nuovo.

Questo significa chiedere aiuto, riconoscere che non stiamo vivendo la vita che vorremmo, che alla fine dei conti non stiamo vivendo e basta, ma significa anche ammettere a se stessi che forse esiste una soluzione che fino ad ora non avevamo voluto considerare, perché essere aiutati significa anche essere disposti a faticare a nostra volta.

Accettare di essere aiutati è una fatica che pesa cento, mille volte di più di quella che si fa per giungere a questa consapevolezza. E, tra le varie emozioni che ti circondano in questo occhio del ciclone, sei tanto, ma tanto arrabbiato perché capisci che la rinuncia è diventata il tuo unico credo, la tua unica sicurezza, che lo è ancora e che non avevi mica intenzione di rinunciare alla rinuncia nel breve termine, figurarsi nel futuro.

Ricordo, anni fa, ciò che mi ripetevo prima di andare a dormire, "domani cambio, domani inizio, sì, domani lo faccio, quel passetto in più, domani affronto la mia paura", un domani che aveva sempre il sapore del riscatto, del "diventerò migliore", del ri-diventerò me stessa.

Un sapore che, se andava bene, veniva solamente assaggiato sulla punta della lingua, mai gustato nella sua completezza.

E tutto questo non è giusto.

Non è giusto perché rinunciare a se stessi toglie al domani ogni sapore, toglie all'oggi ogni verità, toglie al passato ogni valore.

In fondo, è già domani.

**12 novembre 2021**

Ho una cassettiera, in camera, di cui il quarto cassetto soprannominato il "cassetto da non aprire".

Al suo interno ho riposto tutte le cose di danza, body, scaldamuscoli, collant, la trousse con l'occorrente per i saggi, ad esempio forcine, lacca, fermagli immersi in un mare di brillantini e paiettes che luccicano come se fossero ancora illuminati dai fari del palcoscenico.

L'ho chiamato cassetto da non aprire perché, oltre al suo contenuto, ci ho spinto dentro a forza i ricordi legati a danza, e con essi tutte le mie sensazioni ed emozioni.

Magari avrei potuto chiamarlo più poeticamente "cassetto delle emozioni", forse d'ora in poi sarà quello il suo nome.

Qualche settimana fa ho deciso di mettere a posto la cassettiera, quindi faccio il primo, a posto, passo al secondo, perfetto, arrivo al terzo, anche questo messo a posto.

Mi blocco quando la mia mano sfiora la maniglia dell'unico da non aprire. Ma stavolta lo apro, perché mi dico "Elisa, non potrai non aprirlo in eterno".

Inizialmente è stato come aprire i tre cassetti precedenti, sento il rumore dello scivolamento e ci guardo dentro, sorprendendomi del fatto che, caspita, posso essere ancora più ordinata di quanto io non sappia già, che ogni volta magari posso dubitare anche su quello.

Inizio a svuotarlo, un body dopo l'altro, una maglietta dopo l'altra, cercando di ricordarmi quando le utilizzassi o a che episodio specifico mi rimandino con la memoria.

Sorrido perché trovo qualcosa come sei paia di collant inutilizzati perché al saggio le calze di scorta non sono mai troppe, presa sempre dalla furia di cambiarmi facendo nel frattempo mille altre cose e dunque rischiando tragicamente di romperle, oppure semplicemente cercando di fare attenzione a non rompere quel malefico tessuto impalpabile proprio mentre lo sto indossando, quasi a non sfiorarlo per non fargli male.

E poi, mi capita sotto mano quel body, un classico body bianco con le spalline che usavamo ogni santo anno, quasi una sorta di jolly da sfruttare tatticamente a nostro vantaggio, scontato poi che ognuna di noi lo avesse, magari sotterrato da qualche parte nell'armadio, o finito chissà dove sotto al letto, magari prestato, ma doveva saltar fuori.

Così quando l'ho preso tra mani mi è venuto spontaneo dirmi "aspetta che lo metto in vista, sia mai che la maestra quest'anno lo chieda", per rendermi subito conto che quel body non sarebbe mai più stato usato per un saggio, di sicuro non per un "nostro saggio".

Ma in fondo è questo il bello dei ricordi materiali, ovvero creare frasi immutabili e senza tempo legate solo e soltanto ad essi in particolare, al fatto che al mondo esiste ed esisterà sempre solo quel body bianco utilizzato ogni anno, di solito per il walzer ma poteva scapparci anche per le variazioni.

Adesso ho la cassettiera sistemata, in tutti i suoi cassetti, forse non in tutti i suoi ricordi, e se non sono ancora abbastanza forte da riaprire certi cassetti della memoria perché dolorosi, da quanta vita può starci dentro - che alla fine mi domando se davvero smetteranno di fare male un giorno - di sicuro adesso so di essere in grado di aprire quel quarto cassetto in camera.

Penso si possa considerare un progresso.

**14 novembre 2021**

Ciao Claudio, sono passati ben otto anni, sembra una vita, vero?

Era una vita fa che, finita la giornata di scuola, passavo sotto casa a salutarti, e magari a dirti che ci vedevamo dopo perché era lunedì, perché di lunedì c'era la lezione di chitarra.

Era una vita fa che mi regalavi i tuoi immancabili baci Perugina, o i piccoli peluche, e uno sai lo conservo ancora nella vetrina, vicino al divano, come se attraverso i suoi occhi cuciti tu possedessi uno spiraglio per vedermi ancora, per continuare nella tua missione di proteggermi dal "brutto mondo" che mi dicevi ci fosse là fuori, appena varcata la soglia della sala prove.

Era una vita fa, ma non c'è giorno che io, passando davanti alla tua porta, non sia tentata di bussare, e magari trovarti seduto al tavolo a fare la tua settimana enigmistica, o a chiacchierare con l'amico di turno arrivato a salutarti.

Vorrei bussare anche solo per dirti "guarda, oggi ci sono", facendo finta di non aver smesso di punto in bianco, senza che tu abbia avuto la possibilità di sapere come stessi davvero.

Facendo finta di non aver rifiutato il bene che le persone mi donavano, come te, indipendentemente da cosa io facessi o per come io fossi, perché in fondo ero e sarò sempre la "tua picia".

Era una vita fa, eppure se ripenso alla tua voce io la ricordo ancora. Mi sono sempre chiesta se, quando una persona ci lascia, si riesca poi a ricordarne la voce, e il pensiero di non riuscirci mi faceva temere che un giorno, di quella persona, non potesse davvero rimanere più nulla e che diventasse solo una sagoma in una fotografia, dovendo fare uno sforzo immane con la memoria per ripescarla tra i tuoi ricordi.

Dopo otto anni so che non è così, e non perché il tutto parta da me, ossia riuscire io per prima a ricordare la tua voce, ma è esattamente il contrario.

Tutto parte da chi non c'è più, perché sta in loro rimanerci accanto.

Perché chi ci ama non ci lascia mai per davvero.

**17 novembre 2021**

SOLIDE (IN)CERTEZZE

Penso alla “facilità” con cui ora verso l’olio, come se non fosse acido che possa corrodere le mie certezze bensì come semplice e puro olio, nulla di più. E questa semplicità, questa naturalezza, questa realtà tangibile che non esiste solo nella mia mente deformata, è molto più rassicurante di qualsiasi (in)certezza che possa abitare e mangiare la mia mente.

Prima, prendevo quella bottiglia come fosse una reliquia antichissima, come se l’oro liquido contenuto al suo interno potesse rappresentare tutte le mie lacrime versate che dovevano essere calibrate accuratamente, per non andare ancora sprecate. Come se davvero, in quel giro d’olio, potesse racchiudersi il limite di ogni mio credo.

È da vari giorni che, arrivato il momento di condire il mio piatto, prendo la bottiglia d’olio e magicamente questa rimane una bottiglia d’olio per tutto il breve tragitto dispensa-piatto-piatto-dispensa, e mi sono letteralmente fermata a rifletterci.

Che forse, la solidità delle mie certezze non può trovarsi in elementi esterni a me, e banalmente la solidità che può trasmettermi un liquido è nulla in confronto alla fluidità della vita là fuori, che non può essere così facilmente imbottigliata con etichette, numeri o descrizioni.

Certo, è semplice dirsi “è solo olio”, o “è solo un esame”, “è solo un salto”, “è solo una montagna”, ma è solo rendendo le cose reali che si possono affrontare.

Ad esempio, “sono solo io”, sono reale, sono viva e, che io lo voglia o no, mi affronto, giorno dopo giorno, goccia dopo goccia, senza cambiare identità lungo la mia strada.

Perché non sono in quel piatto ma sono là fuori, anche quando non me ne rendo conto, anche quando il cibo resta solo cibo.

**19 novembre 2021**

Cara Dubrovnik,

Non passa giorno che non ripensi a te, alle tue acque cristalline (persino nel porto), alla pace e tranquillità che mi hai trasmesso non appena ho varcato i tuoi confini.

È successo come a Londra, l'aver percepito fin da subito un legame, un'appartenenza ad un ambiente che sembra surreale da quanto ti ci puoi trovare bene, da quanto il tuo essere, la tua anima e ciò che ti circonda sono esattamente come dovrebbero essere, in una simbiotica sintonia. Non c'è una descrizione per spiegare questo stato d'animo proprio perché penso che le cose belle della vita siano indescrivibili e debbano essere solamente provate.

Nell'ultima tappa della nostra crociera 2017, avevamo prenotato anche l'escursione all'isola di Lokrum, chiamata Isola della Lacrima per via della sua conformazione geografica, ma io sospetto sia stata chiamata così perché quando arrivi ti commuovi e quando vai via non puoi fare a meno di versarla, qualche lacrima.

L'isola di Lokrum è una riserva naturale che non manca molto dall'essere un paradiso terrestre (anche con qualche coniglietto libero di vagare tra i visitatori) e, informazione per gli amanti del genere, è stata una delle location del Trono di Spade (a Dubrovnik ci sono moltissimi negozi a tema, se può interessare la cosa).

Ma anche qui, non sono mancati i (miei) disagi, tanto per usare un eufemismo. L'escursione era stata fissata la mattina presto, così io, da brava previdente del mio ritardo e della mia lentezza, avevo messo la sveglia ben prima del canto del gallo, presentandomi nella cabina dei miei alle sette precise. Peccato non mi fossi ricordata che, risalendo la costa, bisognasse anche sistemare il fuso orario di un'ora indietro, ergo: erano le sei.

Però dai, almeno mi sono goduta la vista della costa all'orizzonte, nella foschia mattutina, sentendomi all'altezza di Jack Sparrow che poco ci mancava che intonassi un canto piratesco o grido di guerra, "ahoy!".

Ah sì, e almeno il buffet alla colazione era ancora bello pieno!

**21 novembre 2021**

"Ma tu, perché scrivi?"

"Perché se smettessi, anche l'ultima parte vera di me svanirebbe"

Non penso esista un modo più diretto, più puro, più sentito, per me, di mettermi in connessione con me stessa al 100%. E, di conseguenza, riuscire a connettermi con ciò che vive anche al di fuori di me.

Scrivere per me è respirare a pieni polmoni la vita.

Scrivere per me è diffondere la mia interiorità nel mondo, aprire il mio nucleo fondamentale pieno di insicurezze, dubbi, paure, ma anche ricolmo di emozioni, prospettive, desideroso allo stesso tempo di averceli, quei famosi sogni che tutti dicono di avere, ma che alla fine in pochi hanno la fortuna di vedere coi propri occhi.

"Ma tu giochi in casa, come si dice, 'ti piace vincere facile'! Se uno sa usare le parole, può farci tutto quello che vuole!"

"Uno può saper usare le parole, certo, ma non significa che sappia quando, come, o perché usarle".

Scrivere per me non significa "leggi ciò che scrivo, leggi ciò che ha scritto un'altra persona, diversa da te". Scrivere per me significa "leggi e emozionati, leggi queste emozioni scritte da qualcuno che è umano come te, e che vuole materializzare le emozioni nascoste, negate, abbandonate, rifiutate e sempre incapaci di stare al mondo".

Un po' come me, un po' come te, un po' come tutte le anime in cerca di un corpo in cui riconoscersi alla luce del sole, un po' come tutti i corpi alla ricerca della loro anima dispersa nel buio.

Per me scrivere è tutto questo, è rinascere e riscoprirmi anima e corpo un po' più me stessa, in mezzo a chi, leggendo, è ancora capace di emozionarsi per delle semplici parole.

**27 novembre 2021**

Il tuo cuore batte sempre. Il tuo cuore batte anche quando ti stai domandando se sei ancora vivo.

A volte mi è capitato di mettermi una mano sul petto per sentire se il mio cuore battesse ancora. È stupido da dire, ed è altrettanto stupido farlo, ma quando ti senti così alieno nel tuo corpo dubiti di tutto, prima fra tutti la tua esistenza. Invece adesso, a differenza di quelle volte, mi capita sempre più spesso di sentire il mio cuore battere molto forte, quasi mi uscisse direttamente dal petto, quasi possa cadermi al primo passo che faccio.Può essere paura, può essere emozione, può essere la sensazione di star facendo qualcosa di sbagliato, oppure di non star facendo assolutamente nulla, e quindi quel battito assomiglia più ai rintocchi di un orologio che scandisce il mio tempo e che mi mette un'esagerata fretta addosso, fretta di vivere, di essere utile, di essere abbastanza.

Ma forse, questo battito accelerato è solo la vita che bussa alla mia porta. È solamente la vita che mi ricorda che io, qui, adesso, ci sono, che posso provare paura, emozione, inadeguatezza, felicità o tristezza, e che proprio in virtù di tutto questo sono viva, con un cuore che batte. Perché se non senti niente che pulsa dentro te, evidentemente fuori non c'è nulla che ti dia un motivo valido per sentirti vivo.

Come puoi non avere paura di tutto questo?
Come puoi non provarne altrettanta emozione?

Perché sì, le cose le puoi fare anche se hai paura, le cose le puoi dire anche se così facendo ti metti a nudo e corri il rischio di mostrare il tuo vero te.

Puoi farlo perché sei vivo, perché esisti, perché hai abbastanza paura della vita e di te stesso ma che, nonostante essa, riesci ad aprire quella porta, magari anche solo uno spiraglio, ma la apri.

Quando il mondo è andato sottosopra, ricordo di aver scritto che il mio cuore pulsava non perché fosse vivo ma perché stava sanguinando.

Oggi, quando il mondo non è ancora tornato a suo posto, e non penso lo farà mai, ecco oggi tengo il mio cuore tra le mani ma senza sporcarle troppo di sangue perché, se di ferite ce ne sono ancora, c'è anche quella vita che rivuole il suo posto.

**1 dicembre 2021**

Dico sempre di voler essere la "versione migliore di me".

Dico sempre di voler essere altro da ciò che sono, fare un reset totale perché sono troppe le cose che vorrei cambiare, che farei prima a fare tabula rasa e ricostruirmi da zero piuttosto che correggere tutti gli errori che mi vedo dentro e addosso.

La verità è che una versione migliore di me non esiste. Non esiste per nessuno. Esistiamo solo noi che, giorno dopo giorno, miglioriamo e peggioriamo, senza per questo lasciare traccia di una versione che rimanga cristallizzata nel tempo.

Una versione stabile di me non può esistere perché si è sempre destinati a cambiare, e pretendere di raggiungere una versione di noi dicendo "ehi, ho deciso che questa sarà la versione migliore di me", non fa altro che trasformare quella stessa versione in una ancora da migliorare, perché non sarà mai abbastanza.

Ho sempre provato un retrogusto dolceamaro nel vivere le cose che mi accadevano, e questo capita ancora oggi. Dietro l'angolo, sempre quel "ma" pronto a sbarrarmi il cammino, quel "però" sempre presente per ricordarmi che avrei potuto fare di meglio.

Che avrei potuto essere meglio.

Posso davvero continuare a fondermi con l'esterno fino a sciogliere la mia individualità?

Posso davvero continuare da annegare quando vorrei solamente riuscire a respirare anche nelle profondità?

Non lo so se oggi io sia peggiore di ieri, o se domani sarò migliore di oggi, so solo che ogni giorno cerco di dare il meglio di me, e non ci riuscirò sempre ma un tentativo mancato sarà sempre meglio di una rinuncia in partenza.

**2 dicembre 2021**

"Il punto è questo, Veronica, da un lato so che i miei pensieri non se ne andranno mai, che io non riuscirò mai a cancellarli, almeno non totalmente", faccio una pausa per prendere la crostatina, "però ho anche capito che tutta la differenza sta nel pensare con la mia testa, cioè che cosa io voglio pensare, se ascoltarti parlare e guardarti, o se ascoltarti e, nel frattempo, fare merenda assieme a te. Se pensare che la marmellata mi finirà automaticamente nelle gambe o nella pancia, o dirmi che, caspita, è proprio buona".

È chiaro che, io, se fossi stata da sola, una merenda fuori non l'avrei mica fatta.

Avrei dato ascolto a quella parte di me che ritiene inutile ogni cosa, quella voce che, a volte urlando, a volte sussurrando, dice che non c'è bisogno di fare cose piacevoli, neanche lontanamente vicine ad una serenità abbozzata senza provare quel nauseante senso di colpa.

Solo per esistere, in fondo.

Solo per voler vivere.

"Ma sai, Eli, non si riesce ancora a capire che mente e corpo sono un tutt'uno, che se la mente non sta bene, anche il corpo ne risente, e viceversa. Non si può stare bene se una delle due parti soffre".

No, non puoi stare bene se una parte di te ti considera inutile, non puoi stare bene se dentro te è in corso una guerra atta solamente a distruggerti, perché è questo che succede, qualunque parte vinca automaticamente anche perde.

C'è forse da chiedersi da che parte io voglia stare, se dalla parte di me stessa, e quindi comprendere tutto di me, il positivo e il negativo, o se voglia vedere solamente il marcio e permettergli di intaccare ogni cosa.

Ed è una bella parola, comprensione, perché mi dà sia un senso di inclusione che di condivisione, e forse ciò che voglio è solamente condividere di nuovo la mia vita con me stessa e viceversa, per non dover più pensare a cosa dovrei fare, e poter fare invece ciò che voglio davvero, ascoltandomi e comprendendomi.

Scegliendo me e non la non me.

Perché se qualcuno mi dice "passo il mio tempo solo con le persone di qualità, perché voglio un tempo di qualità", e si sta rivolgendo a me, e sta passando del tempo con me, allora è tutto ciò che mi serve.

**8 dicembre 2021**

La signora Giani mi diceva sempre di non arrendermi. Di insistere, se un passo non mi riusciva nemmeno dopo la centesima volta che lo provavo e, nel caso ci fossi riuscita, di andare oltre, di spingermi oltre quel limite che avevo appena superato.

Nella danza, così come nella vita, non sei mai arrivato.

Non potrai mai dire "ho raggiunto il meglio", perché quel meglio diventa automaticamente un pretesto per cercare qualcosa che possa superarlo, un motivo per cercare dentro te un modo per superare te stesso. La signora Giani però riconosceva anche il valore di ciò che raggiungevo, nella danza e nella vita, e mi ricordava che con impegno e costanza potevo scavalcare i miei confini, perché l'unica persona che poteva decidere dove essi iniziassero e finissero ero (e sono) solamente io.

Non sto dicendo che si può riuscire ad eseguire alla perfezione tutti i passi della vita utilizzando la magica frase "con un po' di buona volontà", al contrario. Con questo, voglio dire che solo con la volontà di superare quelli che rappresentano per me degli ostacoli potrò ballare come voglio nella mia vita, libera da ogni confine tra me e il mondo, libera dalla necessità di essere il meglio ma solo guidata dalla voglia di dare del mio meglio in tutto ciò che faccio.

Non so dove posso arrivare, so solo che non voglio rimanere qui ferma a guardare mentre il mondo continua a girare, anche se nel verso opposto e sottosopra. Perché questo assurdo mondo potrà anche avermi tolto molto, ma in me rimarrà sempre la voglia di ballare.

Perché in fondo per me la danza è vita, e in un giorno non troppo lontano io spero davvero di tornare da lei, così da fare di quel giorno un giorno migliore.

**9 dicembre 2021**

"Mamma, prepara un thè e tempo dieci minuti arrivo".

"Oh certo, ma guarda che non ho i tuoi biscotti, porta tu quello che vuoi".

"Tu cos'hai?".

"Solo wafer alla vaniglia".

Non rispondo.

È solo un attimo, ma mi fermo a ripensare a com'è il sapore di un wafer. Non lo ricordo.

È passato talmente tanto tempo dall'ultima volta che ne ho mangiato uno, che mi si mischiano nella mente mille e più sapori abbandonati, fino a non distinguerli più, perché di gusti ne ho lasciati parecchi, così alla fine mi dico che non li ricordo quando in realtà sono tutti ben presenti in me ma ammassati l'uno sopra l'altro alla rinfusa, tutti a nascondersi e sotterrarsi in un angolo della mia vita che non abito più.

Esco. Non ho con me le "mie cose".

Arrivo da mamma, ciao ciao com'è andata oggi ah caspita piove dammi l'ombrello.

Ha già pronto il thè fumante e le bustine da scegliere, mi ispira questo ginger & citrus tea.

Portiamo tutto in soggiorno, lei porta i wafer perché, scusa, chi è lei per non fare merenda.

Non ho ripensamenti. Non mi dico di bere soltanto il thè per evitare (ancora) la paura che si nasconde in quei wafer, perché sai cosa?

Sono wafer.

Allungo la mano per prenderne uno, immergerlo nel thè e mangiarlo, sentendomi stranamente normale.

Però un po' sono emozionata perché, ritornata in quell'angolino abbandonato, un po' felice lo sono.

E va bene così.

**11 dicembre 2021**

PASSA AVANTI

Dico spesso, anche se in realtà avrei scritto "sempre", ma sto cercando di non generalizzare nulla nella mia vita, perché poi finisce che ci credo sul serio, nonostante nell'ultimo periodo sempre, mai, tutto e niente siano stati molto presenti.

Ma dicevo, ammetto spesso di non vedermi nel mio futuro perché, se guardo avanti, c'è solo una patina sbiadita e confusa, e anzi è già tanto se io adesso riesca a vedermi nitidamente nel mio presente.

Di recente, con varie persone mi sono intrattenuta a parlare di obiettivi, di sogni, di desideri, date loro il nome che più vi convince. E si parlava di come sia difficile riuscire a vederci qualcosa, in questo famoso futuro, che possa dare anche la più minima rassicurazione che arrivi per davvero. Sempre che debba essere il futuro a dover arrivare e non noi a raggiungerlo, ma forse c'è poca differenza se alla fine si vive solo nel presente, essendo presenti.

Ho paura di crearmi di nuovo degli obiettivi perché temo di poterli perdere, di vederli rasi al suolo mentre io sono occupata a guardare altrove, sia indietro che davanti a me.

Ma so e sento che l'essere umano non può non desiderare qualcosa, magari continuerà a negare questo suo bisogno, ma esiste.

Mi ripeto di prendere la vita passo dopo passo, a piccoli passi, perché con una grande dose di vita tutta assieme c'è il rischio che mi spezzi definitivamente. Ma magari così potrò anche recuperare il desiderio di avere dei sogni nei quali io possa rivedermi veramente.

Forse, il più grande obiettivo che posso avere è di continuare a sognare. Per adesso, "passa avanti questo sogno se non è tuo", anzi no, tienitelo stretto comunque.

**12 dicembre 2021**

Sono due anni che il mondo mi ha risucchiata in questo universo parallelo di non senso.

Sono due anni che la mia ricaduta mi ha colpito vigliaccamente alle spalle, in un momento della mia vita in cui posso giurare di non essermelo proprio meritato.

Sono pochi mesi che mi sono guardata in faccia e ho ammesso di non aver mai affrontato il problema prendendolo sul serio, prendendomi sul serio, vivendo piuttosto le mie paure e avendo paura di una vita che fosse libera, vera, semplicemente mia.

Sono pochi mesi che sto cercando di prendermi cura di me dopo anni di trascuratezza, e forse ci riuscirò tre volte su dieci se va bene, ma nei momenti in cui mi tratto male me lo faccio notare, e in qualche modo cerco di fare pace con me stessa, o anche solo il giorno successivo di darmi un'altra opportunità per recuperare.

È stato ieri che mi sono detta che, se sono ancora qui, seppure in questo mondo no-sense, interiore ed esteriore, che tanto insensato lo è in ogni caso, ecco se sono ancora qui, forse un motivo c'è.

Esiste quella frase sentita e risentita, "ciò che non ti uccide ti fortifica", ma io penso che valga molto di più dirsi "ciò che ti fortifica non ti uccide", perché fa molta più paura avere la forza di andare avanti piuttosto che riconoscersi totalmente disarmati.

**21 dicembre 2021**

Nonna teneva le cioccolate in un armadio dove c'erano anche i liquori.

Immaginatevi quale inebriante mix di profumi poteva uscirne.

Sul fondo della parete c'era uno specchio, cosicché ogni volta che aprivo l'anta potevo vedermi mentre ci allungavo il braccio.

Aprire l'anta di quel mobile era come venire investiti da un carico di ricordi, sensazioni ed emozioni che solo un profumo nello specifico è capace di farti provare.

Era il "profumo delle cioccolate proibite", ovvero di quelle riservate per le occasioni speciali che, se mangiate in una giornata qualunque, assumevano proprio quel gusto di divieto.

Ed erano di un cioccolato particolare, a volte pure doppio, con la crema al latte come ripieno, che nelle giornate d'inverno aveva lo stesso beneficio di una coperta calda che ti avvolge quando fuori c'è la neve.

Non mi copro con i profumi da troppo tempo.

I miei, di profumi.

Non mi riparo in quei ricordi perché, realizzare che una volta lo specchio dentro quell'armadio rifletteva puramente una mia voglia - che veniva appagata - e non un rifiuto di essa, ecco saperlo ora mi getta in confusione, perché com'è mai possibile che io fossi la stessa persona dell'epoca?

Chiaro che non lo sono, intendo dire che il braccio che prendeva la tavoletta di cioccolato era il mio, che la mente che glielo comandava era la mia, che gli occhi che distrattamente potevano osservare la scena erano proprio i miei.

Eppure dopo è successo esattamente il contrario, non sono più stata capace di essere quella bambina sicura di ciò che voleva, che non si chiedeva se potesse essere giusto o sbagliato prendere quella cioccolata e che semplicemente lo faceva perché lo voleva, ed ora mi viene da dirmi che forse non avrei nemmeno dovuto continuare ad esserlo.

Ho lasciato spazio ad una ragazza che non sapeva più chi fosse, non sapeva più cosa significasse pensare con la propria testa, non sapeva come dover interpretare quel miscuglio di profumi che adesso la soffocava. Quella ragazza non sapeva proprio come averne, di pensieri che fossero suoi, perché il giudizio degli altri veniva sempre prima del suo, e il suo, a differenza di prima, non esisteva affatto.

E quindi nemmeno lei esisteva.

Mi è bastato sentire nuovamente il profumo di quel cioccolato per ricordare a me stessa che sì, esistevo all'epoca, esistevo durante la mia inconsapevolezza di stare al mondo ed esisto tuttora, un po' meno nella testa degli altri è un po' più vittima della mia.

Ma preferisco essere la vittima del mio destino piuttosto che la prigioniera in una vita che non è la mia. Preferisco annusare quel mix di profumi, anche confuso, ma mio, piuttosto di non sentire più nulla, perché ciò che fa parte di noi è il più bel sapore che possa esistere.

**22 dicembre 2021**

Complice la malinconia, dopo aver visto a teatro il balletto dello 'Schiaccianoci', mi sono messa a riguardare i miei vecchi saggi di danza, quando alla fine di ogni esibizione non ero mai contenta di come avevo ballato.

Troppi errori, troppe imperfezioni, troppa paura di sbagliare, poca fiducia nei miei movimenti.

Ma stranamente questa volta ho pensato che forse non ero stata così male. Che forse, avrei dovuto riconoscere ciò che la me dell'epoca era riuscita a fare, invece di presentarle sempre il conto di ciò che non aveva fatto "nel modo giusto". Che quella ragazza aveva sempre fatto le cose come meglio poteva, e che caspita, potevano anche essere cose difficili da affrontare per un'anima fragile com'era.

Mi sono chiesta il perché dell'esistenza di questa mia perenne paura verso tutto, che sia di sbagliare, paura del mondo, o di me stessa. E poi, ho fatto un passo indietro dicendomi che, se uno ha paura, sente di essere in pericolo. Se uno sente il bisogno di proteggersi, significa che teme di farsi male. Se uno costruisce un proprio mondo isolante e alienante è perché non vuole sentire nulla che non sia il senso di protezione e sicurezza.

Ballando non potevo avere mai certezza di eseguire la coreografia perfetta, com'è vero che ballando sulle punte non c'era la garanzia che non mi facessi male. Ma lo facevo lo stesso. Lo facevo perché era l'unica occasione per uscire da quel mondo isolante e allo stesso tempo assordante, per concedermi il lusso di respirare la vita che c'era fuori.

Lo facevo perché ballare era più importante del rischio di sbagliare.

Può mai esistere "concedersi il lusso di vivere davvero"?

Prima di entrare in scena non si è mai pronti. Chi dice di esserlo, mente, o se lo dice lo fa per convincersi che sia vero.

Non sarò mai pronta ad affrontare le mie paure, non lo sarò per confrontarmi col pericolo, né sarò pronta (o disposta) a sentirmi sicura nei panni di me stessa.

Ma uno spettacolo si svolge sul palcoscenico, con le luci, le persone, il sipario che si apre al mondo, la musica, le parole. E forse, vale la pena di viverlo. Davvero. Senza mai essere pronti ma ballando sempre, nonostante tutto.

**25 dicembre 2021**

Se, un anno fa, qualcuno mi avesse detto che avrei vissuto tutto quello che è successo in questi mesi, non gli avrei creduto.

Non gli avrei creduto perché avevo smesso di credere in tutto, in me, nella vita, nelle persone, nel mondo. Non gli avrei creduto perché credere era diventata una subdola illusione di poter uscire dal buio e di poter ottenere quell'irraggiungibile luce di cui tanto si parla.

Però le cose succedono, anche quando metti in pausa la tua esistenza, il mondo continua a girare, il tempo a scorrere e intanto tu guardi, aspetti, perdi, impari, sopravvivi.

È da tanto anni ormai che non provo più il "Natale", ammesso che debba esistere davvero un prototipo standard da "famiglia del mulino bianco". Piuttosto parlo della sensazione del Natale, di quel Natale che può essere anche agosto ma tu ce l'hai nel cuore. Ecco, soprattutto in questi ultimi due anni il Natale, nel cuore, io non l'ho avuto.

Nonostante una parte di me tenda ancora a non credere e a non avere fiducia, allo stesso tempo c'è un'altra parte che riconosce tutto ciò che è successo in quest'ultimo anno, e che forse ha contribuito a ricostruire dentro me qualcosa che si può avvicinare al Natale di cui parlo, qualcosa che sento essere diverso dentro me, e che ho paura a vivere senza pensieri per il timore che poi non sia vero.

Perché ho capito, o stavolta voglio soltanto credere, che il Natale non è solo un giorno, il Natale può essere una persona, una canzone, la famiglia, gli amici, il coraggio di ricominciare, la voglia di fidarsi e di affidarsi, il desiderio di sentirsi liberi di essere se stessi senza dover avere il consenso di nessuno.

Il bisogno di tornare a credere.

Il Natale dev'essere un'emozione che fa stare bene, niente di più, niente di meno. Auguro a tutti voi di trovare il vostro Natale, o qualsiasi altro nome vogliate dargli.

Basta che vi faccia stare bene.

# 2022 – VIVERE

**2 gennaio 2022**

C'è sempre questa domanda, ovvero come, quando e se sia possibile guarire da una sofferenza che non si vede. Da un malessere che non passa come un raffreddore, che non si attenua come la febbre, né che basti bere uno sciroppo per renderlo meno aggressivo.

Non mi è mai piaciuta questa parola, guarire, un po' perché dirmelo mi faceva sentire malata anche nelle poche volte in cui invece mi sentivo bene, un po' perché in realtà non l'ho mai ritenuto possibile, come fossi ormai condannata a dover vivere una vita che non mi appartenesse, in un corpo e in una persona non miei.

Non ho cambiato idea, non mi sono ricreduta, almeno non completamente. Piuttosto, sono arrivata a ritenere che non esista in questi casi una guarigione che possa dirsi oggettiva perché la malattia (questa malattia) è una condizione estremamente soggettiva e personale, e quindi se proprio vogliamo usare la parola guarire credo sia da usare in riferimento ad una guarigione unica per ognuno di noi, con una specifica cura che non può essere né venduta né tantomeno fabbricata se non da noi stessi.

Per me, guarire è passare l'ultimo dell'anno con la mia famiglia guardando "A Qualcuno Piace Caldo", ridendo di gusto perché Tony Curtis parla con uno strano accento, e tutti ridono perché ridere fa bene e non c'è colpa in questo.

Guarire è svegliarmi la mattina e mangiare dei biscotti di cui non conosco nulla assieme ai miei genitori, farmi preparare il pranzo da loro senza guardare come fanno, senza sapere, senza sapere come fare ad affrontare tutto ciò ma affrontarlo lo stesso.

Guarire è combattere i miei demoni che so essere più forti di me, in grado di ferirmi, atterrarmi, uccidermi più volte, ed è al contempo mettermi alla prova e sfidarmi senza pensare di dover più vincere su me stessa ma vincere per me stessa, senza riconoscermi tra quei demoni ma separata da essi.

Guarire è andare a dormire con la consapevolezza di aver dato il meglio e di poter essere meglio, e di non pretendere sempre il massimo da me stessa o dalla vita sapendo che una lunga strada è formata da tanti piccoli passi, anche da soste lungo il tragitto, perché guarire è tornare ad essere umani senza sentire il peso della propria esistenza, e significa anche fermarsi quando tutto sembra essere insostenibile.

Guarire non è guarire, è vincere la paura di poterlo fare per davvero, è fidarsi di se stessi anche privi della malattia e proprio per questo scoprirsi più veri che mai.

**5 gennaio 2022**

Non ricordo quando il mondo sia diventato un posto orribile, né quando la mia vista si sia talmente abituata al buio da rinnegare l'esistenza della luce.

Non ricordo quando l'assenza di risposte si sia trasformata in un pretesto per aumentare le domande, o quando il bisogno di essere abbracciata sia stato surclassato da una fredda volontà di scappare da tutto.

Non ricordo quando il nulla abbia preso il posto di ciò che un tempo era popolato dalle emozioni, non ricordo nemmeno che gusto abbia il piacere di fare qualcosa senza un conseguente rimprovero, sia immediato che successivo, sia motivato che non.

Non ricordo quando il controllo della fame abbia iniziato ad equivale al controllo che potevo avere nelle mie scelte di vita, quando le difficoltà siano diventate ostacoli insormontabili invece di incentivi a volerle oltrepassare perché volevo andare avanti, senza credere di non esserne all'altezza.

Non ricordo quando, ma ricordo benissimo come.

Ad ogni modo, ha importanza?

Ha importanza ripensarci, se tanto adesso non sono più quella persona?

Che differenza fa pensare che un tempo vivevo una vita, ed ora ne vivo un'altra, o chissà quante ancora posso viverne, essendo sempre un po' più diversa da quella che sta scrivendo ora?

Non ricordo quando certe cose abbiano preso più importanza di altre, e quando invece io per prima abbia perso l'importanza che avevo nella mia, di vita.

Ricordo solo che io, un'importanza devo averla, o almeno è quello che voglio ricordarmi, giorno dopo giorno.

E anche se non ricordo quei famosi punti di svolta descritti all'inizio, forse devo solo tenere a mente che adesso sono in grado di creare ricordi nuovi, con un'importanza, con la mia presenza, con la me di adesso che vuole conservare ciò che conta e non ciò che le fa perdere il diritto di contare.

**7 gennaio 2022**

"Non esiste un male senza un bene, Eli. E se tu sei riuscita a tirare fuori da quel male la persona che sei, devi solo andarne fiera". Veronica si ferma, ci pensa un attimo e continua, "ma non grazie a quel male, perché non è che devi ringraziarlo, ma pensare che sei tu, così, ora, nonostante esso".

Poi fa un'affermazione che mi fa sorridere con gli occhi perché mi conferma quanta bontà possa essere racchiusa nella persona che ho davanti, e quanto sia il bene che, anche se è da poco tempo che ci siamo ritrovate e ri-conosciute, sta provando nei miei confronti. "Se solo certe persone si vedessero come le vedo io, si ricrederebbero di molto su loro stesse".

Per quanto tempo ho continuato a pensare che ad un male corrispondesse solo altrettanto male, che non potesse esserci quel meglio in cui tanto si vuole credere e che, invece, potesse seguirne soltanto un peggio del peggio?

"E ti dirò, ma che vita di merda aspettarsi sempre che succeda qualcosa di brutto".

E anche per quanto tempo ho ritenuto di non aver vissuto molti anni del mio passato, ripetendo agli altri e a me stessa di avere "un buco" che mi crea a sua volta una voragine nell'anima, e che forse contribuisce ad ingigantire quel mio senso di colpa onnipresente, come mi sentissi l'unica responsabile per non essere stata in grado di riempirlo come fanno con apparente facilità quei famosi "altri".

"Ma tu non ce l'hai, questo vuoto, perché anche se non hai vissuto come avresti voluto, hai vissuto comunque, e questo nessuno può togliertelo".

Diventiamo ciò che siamo riconoscendo tutto di noi e in noi, comprendendo ogni mancanza o eccesso, senza lasciare nulla fuori, senza lasciare al dopo la possibilità di rischiare oggi, senza lasciare ad oggi il rimpianto di un futuro diverso, anche solo sognato.

Senza lasciare che il destino faccia tutto al posto nostro. Senza lasciare che quel male prenda il nostro posto. Senza che quel male passi senza aver lasciato anche un po' di bene.

**10 gennaio 2022**

C'era una volta una bambina che addentava i suoi biscotti preferiti finendo prima tutta la parte esterna così da lasciarsi il cuore di marmellata per ultimo. Credeva che così si sarebbe gustata meglio ciò che le piaceva di più, senza nemmeno chiedersi perché quella parte esterna avesse qualcosa di meno da farla reputare peggiore dell'interno.

Eppure, anche la pasta frolla esterna aveva un suo perché d'esistere, anzi, senza di essa il ripieno di marmellata non avrebbe avuto una base su cui poggiarsi.

La bambina faceva così un po' con tutto, girava attorno alle cose che desiderava di più pensando che dopo se le sarebbe godute ancora di più, eliminando la parte scomoda che la divideva dal suo obiettivo.

Passarono gli anni e la bambina crebbe senza rendersene conto, se ne accorse di botto in un giorno qualunque, nel momento in cui capì che la parte esterna diventata sempre più difficile da digerire per prima, sempre più spessa, sempre più ostacolante nel raggiungere le sue mete future. Così, sempre in quel giorno, decise di non girare più attorno a niente e semplicemente di voltare le spalle a ciò che le si presentava davanti, sempre più demotivata e svogliata, senza forze ed energie perché, anche se non amata, quella parte esterna le donava lo stesso dell'energia. Le dava la forza per credere in se stessa e per ripetersi che poteva farcela, ad arrivare al cuore delle cose, ad ottenere ciò che più desiderava e che la faceva stare bene, anche se preceduta da un po' di fatica.

Che rinunciare non l'avrebbe portata da nessuna parte ma l'avrebbe soltanto lasciata nel suo limbo di insicurezze e delusioni.

E tutto questo, insicurezze e delusioni, era diventato il suo involucro di certezze che però la separava dal suo, di cuore.

Tutto aveva una ragione d'essere, tutto un perché, ma se non si fosse più scontrata con l'esterno delle cose non sarebbe più riuscita a vederne l'interno, e così ha perso tanto, molto, forse troppo, di sé e del mondo.

Adesso, quella bambina cresciuta inconsapevolmente è una donna che ha la voglia di arrivare di nuovo al cuore delle cose e delle persone, come un tempo, come quando era piccola, con nuove cicatrici addosso e dentro, ma è pur sempre lei. Ha solo capito che la pasta frolla è buona anche da sola, e che se poi arriva la marmellata, be', ne sarà valsa la pena.

Ma soprattutto ha capito che ogni dolore, prima di una felicità, possiede il suo immenso valore e può portare tanta forza quanta è capace di donare un battito che esce dal cuore.

**12 gennaio 2022**

Saprai apprezzare il valore di ogni ferita, di ogni sorriso, di ogni lacrima, di ogni cura.

Saprai apprezzare il valore di un gesto fatto col cuore, delle persone che restano al tuo fianco, e di quelle che se ne vanno.

Saprai apprezzarti per le cose che sai fare, per quelle che ancora dovrai imparare, per quelle che non farai mai.

Saprai apprezzare i tuoi piccoli successi, i tuoi grandi fallimenti, i tuoi passi avanti e i tuoi passi falsi.

Saprai apprezzare il valore di ogni giorno e la tua vita che si crea e cambia, assieme a te, per te, per imparare soltanto ad apprezzarti così come sei.

**21 gennaio 2022**

Ci troviamo sempre di fronte ad un bivio.

Prima o poi, quel punto in cui la strada si divide a destra e sinistra, arriva. Mi sono resa conto che ormai da troppo tempo, e in particolare nell'ultimo anno, sono sempre stata portata a scegliere una strada solo per evitare quell'altra. Se dovevo scegliere tra A e B, sceglievo B per evitare ciò che A avrebbe comportato. In questo caso, B poteva anche rappresentare l'opzione di non fare niente, di rimanere immobile e inerme attendendo passivamente che la strada scegliesse per me, che qualche avvenimento mi spingesse nella direzione del destino.

Ma una vita passata in balìa delle onde prima o poi ti annega. E come dicevo, in questi mesi, come capita più spesso di quanto non vogliamo, ancora una volta mi si è presentato di fronte quel famoso bivio, ma stavolta ho sentito una netta, nettissima differenza.

Stavolta scelgo B perché voglio B, non perché non voglio A.

Si riesce a sentire l'enorme differenza che queste lettere, "non", trasmettono all'atto della scelta?

Dopo molto tempo, a poco a poco, sto percependo di nuovo cosa voglio, cosa vorrei, cosa desidererei, e alla base delle mie scelte non voglio più utilizzare la paura e quindi scappare ma, al contrario, utilizzare la paura dell'ignoto e nonostante essa correre verso una direzione scelta da me, e non dalla paura stessa.

Tra il buio e la luce, se prima ero al buio non era perché lo volessi, almeno non totalmente, ma semplicemente perché avevo paura della luce.

Adesso, forse forse, posso scegliere la luce.
Anche con la paura.

**23 gennaio 2022**

L'Elisa di un anno fa non avrebbe mai creduto che potesse cambiare (ancora) così tanto.

A riguardare la me dell'anno scorso, non vedo nessuno.

C'ero, ma ero assente, mi sentivo niente, un fantasma attraverso cui passava la vita, e credo si vedesse benissimo. Ricordo che ero consapevole di questo, cioè del fatto che non mi sentivo più viva, e credevo davvero che per me non ci sarebbe stata nessuna "seconda possibilità", che dire seconda è un eufemismo pensando a tutte le volte che ne ho avute, di opportunità, per ritornare me stessa.

Non so per quante volte ad un essere umano sia concesso di rinascere; io, di sicuro sono nata più di quanto la vita possa concedere, scoprendomi sempre nuova e allo stesso tempo sempre la stessa.

Credo che a questo punto non ci sia poi così tanta differenza tra rinascere e riconoscersi, perché è quello che sto provando adesso, a guardarmi, mi riconosco, se non totalmente, almeno più di prima, e non tanto allo specchio quanto nelle mie azioni.

Solo quando riconosci chi sei, ecco è lì che cambi, è lì che la vita ti offre l'ennesima possibilità per rinascere perché ha visto che ti sei riconosciuto e che in te c'è ancora una piccola parte pronta a rischiare la scommessa sul futuro.

L'Elisa di un anno fa non avrebbe rischiato perché aveva rinunciato al suo futuro, l'Elisa di adesso forse ci crede un po' di più, a ciò che verrà, ma la differenza è che più che al futuro, ora non vuole rinunciare a se stessa.

Ma sai, spero lo stesso che arrivino ancora momenti in cui crederò di non farcela, per rileggere queste parole così da non ricredermi per l'ennesima volta.

**24 gennaio 2022**

I profumi nascondono ricordi.

Un profumo è capace di sprigionare non solo il suo aroma ma è anche in grado di risvegliare un'emozione o una sensazione che abita in noi, e che non ci abbandonerà mai.

Ricordo, finita la lezione di danza durante i mesi invernali, le volte in cui mamma veniva a prendermi, che io le andavo incontro per abbracciarla e venivo sommersa dal freddo dell'aria di fuori che cozzava col calore che avevo addosso reduce da pirouettes e coreografie ancora impresse nei miei muscoli. La pelliccetta sul cappuccio del suo giubbino mi solleticava il viso ma quel suo profumo mi faceva sopportare ogni fastidio e ogni tipo di freddo.

Lo stesso profumo lo ricordo andando ancora più indietro nel tempo, quando la sera, d'inverno, mamma tornava dal lavoro ed io a casa l'aspettavo e le saltavo letteralmente addosso, non curandomi minimamente dello sbalzo di temperatura a cui mi sarei sottoposta.

"Ma sono fredda!" mi diceva lei, nonostante quell'abbraccio rappresentasse una delle poche cose belle della sua giornata passata a inveire contro i numeri sullo schermo del suo computer.

Non m'importava del freddo che poteva circondarla, io volevo il calore che solo una mamma, la mia mamma, è capace di custodire.

Non parlo solo della sensazione che provavo, essendo bambina, di sentire che "tutto va bene", ma proprio della necessità dell'essere umano di sentirsi protetto, accolto, curato.

Quel freddo a sua volta mi ricorda che posso sempre trovare al suo interno una fonte di calore. Per me, quell'odore di aria fredda mischiata al profumo di mamma, ecco per me quello è il sapore di casa.

**1 febbraio 2022**

Tony Stark, alias Iron Man, crede che siamo noi a creare i nostri demoni. Concordo in parte con questa affermazione perché, se da un lato è certo che molte delle nostre paure ce le creiamo da soli, è altrettanto vero che spesso sono i demoni ad assalirti per primi e a coglierti impreparato.

Quando questi demoni ti attaccano, ecco è lì che automaticamente è come se anche tu li creassi, perché invece di alimentare la tua anima, alimenti loro.

Sono loro che si cibano di te, della tua vita, di tutto ciò che, per definizione, dona sapore alla tua esistenza. E tu rimani privo di gusto, rimani spoglio delle tue emozioni, della tua identità, sei un avanzo di vita che non reputi valga la pena curare.

Arriva un momento, però, in cui ti accorgi che il peso che senti deriva proprio da quel demone che ti sovrasta, e ti chiedi, ipoteticamente, come sarebbe vivere senza, e chi saresti senza di esso.

Perché sì, fa paura lasciare qualcosa che ti permette di silenziare il tuo mondo interiore, che ti toglie il fardello delle sofferenze che potresti avere nel mondo vero, che soffoca in te quella voglia di uscire rassicurandoti che, se resti, non starai peggio di come stai ora.

Ma così diventi il demone di te stesso, impari dal maestro e magari quel primo demone se n'è andato ormai da tempo per lasciare che tu faccia tutto il lavoro sporco.

È qui che non capisci chi saresti in una versione diversa, più umana, semplicemente tua, perché di te rimane poco o niente.

Non so se i miei demoni se ne siano andati, lentamente, in punta di piedi come sono arrivati tanto tempo fa, o se, al contrario, io continui ad essere l'ombra di me stessa.

So solo che se uno è capace di crearsi una paura e abbattere se stesso, è capace anche del contrario, e solo se inizio a creare me stessa posso darmi la possibilità di abbattere le paure che per anni si sono nutrite di me.

Perché, forse, ora posso anche creare i miei sapori, i miei gusti, nutrirmi di coraggio, di emozioni e, perché no, pure delle mie paure, e riconoscermi meritevole del mio nutrimento. Nutrire la mia anima e permettere ad essa di vivere assieme a me.

**4 febbraio 2022**

Controllo: azione continuata diretta a disciplinare un'attività secondo particolari direttive o convenzioni.

Sì può dire che io abbia vissuto metà della mia vita in modo controllato, presumendo di avere pieno controllo sulle mie azioni e sui miei pensieri.

Non è facile realizzare che, in realtà, per la maggior parte delle volte è stato esattamente il contrario, cioè che sia stata io ad essere controllata.

Da cosa? Potrei dire dal controllo stesso.

Non che L'Elisa che sta scrivendo ora ne sia immune, anzi. Le poche volte che riesco a decidere qualcosa senza sentire di essere manovrata da una forza superiore sento di perdere il controllo, temo che, da un momento all'altro, io possa venire travolta da un'onda anomala di conseguenze che, se solo avessi avuto il controllo di tutto, ecco solo così sarei stata in grado di fronteggiarle, di non morirne annegata. Mi è stato fatto notare che, invece, proprio quando non sento gli occhi del destino puntati addosso, solo quando non provo quel nauseante senso di colpa, è lì che ho pieno controllo delle mie facoltà. È lì che sto vivendo davvero e non mi sto lasciando vivere passivamente.

Papà oggi mi ha detto una frase che mi ha fatto riflettere, "le cose possono andare bene perché anche tu sei al mondo, anche tu ne hai il diritto". Già, al mondo ci sono anch'io, e le cose a volte possono andare bene e basta, senza se e senza ma, posso farmi cullare dalle onde senza averne paura, posso sentire le orecchie ovattate o avere gli occhi che bruciano, come le ferite sul mio corpo e nell'anima, ma niente mi riporta indietro, niente mi trascina giù, se solo lascio andare le mie catene.

Il controllo che ammanetta il mio futuro e mi incatena al mio passato, ora voglio solamente che mi àncori ben salda al mio presente avendo ben chiara la differenza tra le mie volontà e quelle dei miei demoni.

Per non far più vivere loro al posto mio.

**6 febbraio 2022**

"Eli, mi hai detto che ti senti felice, non precluderti la possibilità di esserlo ancora di più".

Ieri Siostra mi ha salutata così, con delle parole che lasciano intendere molto più di ciò che dicono. Le sue parole vogliono dirmi che non devo avere paura di essere felice, se è ciò che provo, se è ciò che voglio, come allo stesso modo non devo avere paura di soffrire ancora. Perché succederà.

Tutto, purché io non mi annulli più.

Tutto, purché inizi a rispettare me stessa come non ho mai fatto.

La felicità è una sensazione talmente sfuggente, a volte dai contorni labili e sfumati, altre volte invece dai bordi frastagliati ed appuntiti, che difficilmente si riesce a vederne il contenuto, tant'è la paura di avvicinarsi ad essa.

Sì è distratti dai vuoti o dagli ostacoli che la racchiudono, o chissà magari solo la proteggono, e nemmeno ci si prova più, ad essere felici.

Non ho mai preteso di vivere chissà cosa, ad un certo punto nemmeno desideravo più nulla da tanto era il timore di non riuscire a sostenere un'ennesima perdita, nel caso quell'ipotetica felicità potesse finire.

Ma ogni istante possiede una fine, e su questo non si può avere voce in capitolo. Sì può solo scegliere di viverlo, quel momento, si può volere quella felicità anche se consapevoli che prima o poi potrebbe finire. Ho dato per scontate molte cose, forse anche per forza d'inerzia, per rassegnazione, per abitudine, sul fatto che io, quella felicità, non avrei potuto viverla senza sentirne il peso dei sensi di colpa, senza sentirmi io stessa più pesante solo perché più piena di emozioni. Ma ciò che ho ignorato fino ad ora è che la felicità non ha peso e che, al contrario, è una delle poche cose che rende più leggeri.

Sentirmi libera significa soltanto credere che, finita una felicità, potrà esisterne un'altra, senza immaginare di essere finita anch'io.

Senza credere di non poterla vivere più.

**13 febbraio 2022**

"Pensavo di passare per pranzo, che dici mamma?"

Una frase davvero semplice, banale, quotidiana, che non costa nessuna fatica pronunciare. È il fatto di compierla veramente che può essere difficile. Difficile è rendere reale una nostra volontà, è vederla, viverla, ricordarla dicendosi che quella volta ce l'hai fatta, e che forse allora puoi riuscirci anche un'altra volta.

È da un po' di tempo che sto cercando di trasformare la mia vita in un'esistenza che sia di qualità e non di quantità, che mi sforzo di ascoltare me stessa e di zittire l'altra voce in me che è sempre pronta a farmi notare ciò che non va e come io non vada.

Ma davvero quello che mi dice non va?

Solo perché va in un modo diverso, sconosciuto, nuovo, rinnovato, non significa che io non debba viverlo. Anzi, direi proprio il contrario.

Vivere di quantità ti fa sentire la pelle che tira, ti fa andare a dormire chiedendoti se il giorno dopo ti risveglierai, ti fa rinchiudere in un mondo dove non entra più luce, spazza via dentro te ogni briciolo di emozione, fino ad azzerarle tutte.

Ti azzera.

Di qualità, invece, semplicemente si vive. E l'unica parte del corpo che tira sono le guance perché sorridi. Ho bisogno di rileggere tutto questo per non confondere di nuovo queste due parole, per ricordarmi quale tra di esse voglio che mi rappresenti. Se un'emozione o un numero.

Solo perché adesso mi sto riscoprendo non vuol dire che prima io non fossi sempre io, non significa che ora mi stia lasciando alle spalle il passato, facendo finta non sia esistito. Perché significherebbe dire che nemmeno io sono esistita. E invece per una volta voglio credere che sì, anche prima esistevo, pur non essendo l'Elisa di adesso, ma c'ero.

Perché se l'Elisa del passato non ci fosse stata, non ci sarebbe nemmeno l'Elisa del futuro, e in realtà è quella che mi interessa conoscere più di tutte.

**17 febbraio 2022**

Stanotte ho sognato di andare a danza.

Di varcare quella porta, attraversare il corridoio, salutare la maestra Anna e la signora Giani che ricambiano il mio saluto con le loro voci squillanti e rassicuranti, perché essere 'Eli' per loro mi fa sentire a casa. E lo ero. Lo sono.

Affretto il passo e fuori dallo spogliatoio mi scontro con le ragazze che, già pronte con le scarpette da punta in mano e la borraccia d'acqua sotto braccio, sono pettinate di tutto punto e indossano un nuovo body, magari con degli inserti di pizzo, perché non si può fare danza senza vestire la danza.

Lo spogliatoio è invaso da nanerottole tutte rosa che hanno appena finito la lezione e che fanno rumore peggio di un multisala sold out, ed io mi faccia strada tra loro cercando un misero angolino per cambiarmi in fretta, arrivando in sala proprio quando la musica parte ma io devo ancora legarmi i capelli, che potrei benissimo essermi appena svegliata e non si noterebbe la differenza.

Non appena appoggio la mia mano sulla sbarra, ecco è lì che mi inserisco in quel dolce vortice di melodia e passi, e lì ritorno a casa.

È un po' come quando vado a teatro, non guardo mai lo spettacolo con occhi da spettatrice, lo guardo attraverso gli occhi dell'artista che si trova sul palcoscenico, immergendomi in quel preciso vortice di luce, costumi e suoni. Se un ballerino esce di scena e ne entrano altri, per un breve secondo il mio sguardo segue chi va dietro le quinte, come se fossi ancora in lui e vivessi lo spettacolo in tutto e per tutto, soprattutto dietro le quinte.

Ho sempre fatto troppo caso ai retroscena della mia vita, a ciò che stava dietro al palcoscenico, senza prestare la degna attenzione allo spettacolo che si stava svolgendo. Il mio, di spettacolo.

Forse adesso posso essere sia spettatrice che protagonista senza per questo dovermi perdere niente che il sipario divida tra esterno ed interno. Per vivere una vita piena, capendo quando sedermi e guardare, o quando alzarmi e ballare.

Semplicemente ascoltando, per una volta, la voglia di godermi il mio spettacolo.

**19 febbraio 2022**

Io credo che prima di nutrirsi del cibo bisognerebbe imparare a nutrirsi delle emozioni.

Che prima di rifiutare ciò che ci piace, valga la pena scoprire cosa ci fa sentire vivi e accoglierlo come una carezza, senza timori.

Che nutrirsi del cibo significhi anche riconoscersi l'occasione di sperimentare nuove sensazioni, così come assaggiare a piccoli pezzi nuove emozioni equivalga a curare la nostra anima.

Credo che il vuoto pesi molto di più di qualcosa che nutre, e che quella paura di volare sia in realtà paura di non avere più la certezza di esserne immune, alle emozioni. Perché se il vuoto può intimorire, l'infinità del nutrimento terrorizza.

E che, se la paura di arricchirsi diventa troppo forte, allora serva nutrirsi anche di essa per trasformare una paura in un'emozione nuova, in qualcosa che ci possa fare sentire bene senza se e senza ma, anche senza spiegazioni. Perché le paure non nutrono, non saziano, solamente prosciugano e consumano fino all'osso.

Io credo tutto questo.

Che una vita vuota sia in realtà una vita che straborda di paura, ma non ce ne rendiamo conto.

**24 febbraio 2022**

Si pensa che mostrarsi deboli sia pericoloso.

Che portare alla luce quelle che rappresentano le nostre difficoltà faccia di noi delle persone incapaci di superare qualsiasi cosa.

Crediamo che essere deboli possa metterci in pericolo, perché chi è debole non ha la forza per lottare, e rischia molto.

Io ho rischiato, poche volte nel bene, molte di più nel male, ma solo perché rischiare quando sei debole ti rende potenzialmente più a rischio. E nutrirti delle tue lacrime, del tuo dolore, non potrà mai darti tutta l'energia che ti servirà per riemergere dai tuoi abissi.

Ultimamente ho deciso di correre il pericolo di mostrarmi debole in ciò che un giorno spero di potermi vedere forte.

Perché penso esista un limite al dolore che una persona può sopportare, e la sofferenza che deriva dal sentirsi deboli è una delle più taglienti, delle più frustranti, una delle peggiori da vivere perché, mentre ti rinfacci di non essere forte, ti stai allo stesso tempo attaccando, ti stai aggredendo, ti stai deprivando di ulteriore energia vitale.

E allora vedi che un po' di forza, da qualche parte, ce l'hai.

Voglio credere che solo spogliandomi delle mie debolezze, soltanto guardandole dritte in faccia senza distogliere lo sguardo da esse, ecco solamente così voglio pensare di diventare forte, e che, se anche quelle debolezze mi leggeranno negli occhi la paura che ho di loro, io leggerò in loro la versione di me che non vorrò essere.

Che forse, essere deboli consiste principalmente nel credere di esserlo.

**1 marzo 2022**

TERZO COMPLICASA

Mi fa sorridere pensare che sono già passati tre anni, quando io, una volta oltrepassata questa soglia, non mi davo nemmeno un giorno. È stata una scommessa fatta con e contro me stessa, quasi a sfidarmi, un salto nel buio più che un semplice passo in avanti.

Ma che sia stato un passo, un salto o una capriola (che a pensarci bene, ha davvero messo il mio mondo sottosopra), è stata la scelta di cambiamento che sentivo di dover fare, che volevo fare.

Ricordo che un giorno una mia amica mi chiese scherzosamente se non avessi paura ad andare a dormire in una casa tutta sola e col buio, e io le risposi che a volte poteva capitare, ma che no, non ne avevo poi così tanta paura.

Una volta che ti scontri col buio della tua anima, nessun buio può spaventarti a tal punto, nessun buio arriverà mai ad essere così terrificante e distruttivo.

Nel primo anno tutto era nuovo, tutto era più bello, ero in un mondo completamente diverso, ma questo forse soltanto perché stavo diventando la persona che avrei sempre voluto essere, con gli occhi del desiderio che avevano preso il posto degli occhi della malattia.

Proprio in questa casa ho capito che invece, quegli occhi non se n'erano andati del tutto, che aspettavano soltanto il momento giusto per cogliermi impreparata in un momento sbagliato.

E così è successo.

Durante il secondo anno nella mia nuova casa ho avuto la mia ricaduta, e non mi vergogno di dirlo perché penso che non ci debba essere nessuna vergogna nel dire la verità. La vera vergogna sarebbe continuare a mentirmi in modo consapevole.

E sono sincera nel dire che stavolta non credevo di potermi rialzare, non senza perdere tutta la vita che avevo guadagnato fino ad allora.

Ora sono qua, dopo aver fatto la foto del terzo complicasa, come mi piace chiamarlo, e da fuori potrebbe sembrare che io abbia avuto fegato per arrivarci nella versione di me stessa di oggi, ma non è vero, almeno non totalmente. Io ci ho messo solo tutto il cuore che mi era rimasto, e evidentemente anche solo un grammo di cuore è bastato.

Un grammo di cuore è sufficiente per riequilibrare i piatti sulla bilancia, ma è anche sufficiente per riprendermi indietro la vita che mi spetta.

**4 marzo 2022**

"Cosa ti prendi, un gelato?"

"Se lo prendi tu, lo prendo anch'io"

"Sì, okay!"

Quando riesco a sentirmi libera, a dire sì o no credendoci davvero, mi sento un'altra.

Mi sento diversa da come per tutti questi anni sono stata abituata ad essere, a vivermi.

Sento di stare esattamente nel posto in cui dovrei essere in quel frangente d'universo, in quell'attimo d'infinito.

Forse sono solo in me stessa.

Il grande Totò diceva che la felicità è fatta di attimi di dimenticanza, ed io l'ho sentita nitidamente questa dimenticanza nell'esatto momento in cui, ripensando a cosa avevo mangiato nel pomeriggio, non me lo ricordavo.

Quel gelato non ha continuato ad esistere dopo averlo mangiato, non è rimasto nella mia testa per impedirmi di pensare ad altro, è stato esso stesso a lasciarmi libera.

La dimenticanza non significa scordare appositamente ciò che può farci stare male, anzi, direi che possa essere il contrario, cioè che attraverso la dimenticanza si può trasformare quel pericolo in un alleato, vederci del buono senza ricadere nel dubbio e nel martellante timore dello sbaglio.

È una dimenticanza che non mi fa dimenticare le mie difficoltà ma mi ricorda cos'altro c'è di bello da vivere, senza scordarmi di me stessa.

La dimenticanza mi permette di vedere cosa c'è davanti a me, per un breve attimo, senza ostacoli né barriere.

In questi giorni, ho visto dei tramonti meravigliosi grazie alla dimenticanza.

**8 marzo 2022**

## ESSERE UNA DONNA

Si ha paura a pronunciare parole che esprimono concetti forti.

Forse perché si pensa che le parole, se dette ad alta voce, possano rendere reale ciò che fino a un momento prima possedeva quell' 1% di possibilità che lo faceva esistere ancora solo nelle nostre menti.

Oppure, si fa fatica a comporre quell'insieme di suoni perché, una volta ascoltato, potrebbe provocare delle emozioni di cui potremmo provare vergogna, magari anche immotivata, ma è anche vero che spesso non servono ragioni per ammettere che sì, si sta provando qualcosa.

Dopo l'inizio della mia anoressia, ho passato sette anni senza avere le mestruazioni.

Sette anni nei quali mi sono sentita una straniera nel mio corpo, senza casa, un'estranea in territorio nemico, un'apolide senza patria né identità, esiliata dalla mia stessa vita.

Si insistete a chiamarlo ciclo, o “le mie cose”, o chissà quanti altri modi esistono per evitare di dire quella parola.

È aggirare l'ostacolo che allontana dalla verità e non fa altro che alimentare quel senso di vergogna, imbarazzo o paura. Perché se adesso iniziamo ad avere persino paura di parlare, be', mi domando cosa faremmo quando sarà il momento di viverle, quelle parole divenute reali.

Non ho mai voluto parlare apertamente della mia amenorrea, e non intendo farlo adesso, semmai ci sia tanto da dire al riguardo. Il fatto è che per quei setti anni una donna lo sono stata lo stesso, mestruazioni o meno, ma il semplice fatto di pronunciarlo avrebbe reso quel termine un'emozione, e non ero pronta a viverlo, non ero pronta a realizzare che stava succedendo proprio a me.

Non penso si possa mai essere pronti per dire ad alta voce le parole che ci fanno paura, magari può esistere un momento migliore di un altro, ma non esisterà mai il momento perfetto. E il momento migliore è quello in cui rendiamo le nostre paure reali, perché solamente così si potranno vedere e affrontare, o accogliere, o comunicare con esse, per diventare noi stessi reali.

Io sto diventando reale, potrei dire anche umana, esattamente in questo modo.

**15 marzo 2022**

COME CADE LA NEVE

È successo nel modo in cui cade la neve. Lento, silenzioso, una dolce culla nel freddo che pian piano porta a congelare mente e corpo. Ancora oggi, spesso faccio fatica a conciliare un presente bello con un passato meno bello, ma sto anche imparando che in un presente bello è più facile guardare ad un passato che così bello non è stato.

Era il 2018 quando per la prima volta ho partecipato ad una conferenza sui disturbi alimentari, assieme ai miei genitori.

Là, per la prima volta, ho sentito che qualcuno avrebbe potuto capirmi per davvero, le cui parole erano le stesse dei miei pensieri, parole che io non riuscivo a pronunciare a voce alta, e forse nemmeno le conoscevo ancora.

Adesso, tutto ciò che scrivo è perché, in precedenza, sono riuscita ad ammetterlo a me stessa.

Anni fa non è sempre stato così, succedeva spesso il contrario, ovvero scrivevo per riuscire a realizzare come effettivamente le cose stessero, anche se un pizzico di consapevolezza ci fosse lo stesso in me, per permettermi quantomeno di farle uscire, quelle parole, che avrei voluto dirmi ma che non avevo il coraggio di ascoltare.

In questo periodo in cui si avvicina al 15 marzo, la mia mente si sofferma maggiormente sul passato, più di quanto non sia già abituata a fare normalmente. Vengo colpita da frammenti di ricordi, anche sconnessi, dove rivivo certi momenti che fino a qualche tempo prima erano rimasti sepolti sotto il presente.

Io che vado a dormire con la fame.

Io che prego di risvegliarmi il giorno seguente.

Io che salgo le scale dei piani dell'ospedale.

Io che attraverso quelle pareti verdi che negli anni successivi non concepivo neanche di vedere, un colore anche vagamente simile che me le ricordasse.

Io che cammino per casa e i vestiti mi cadono.

Io che mi guardo allo specchio e non so chi sono.

Io che lotto contro un fuoco che sentivo dentro ma che non faceva altro che congelarmi ancora di più.

Io che, giorno dopo giorno, sentivo le mie solitudini svuotarmi, prosciugarmi, annientarmi.

In questi giorni, ho il terrore di andare a dormire e di risvegliarmi nel passato, dovendo nuovamente rivivere ciò che è stato, ed è una paura irrazionale, lo so, ma legittima.

Però, davanti ad ogni paura, una volta compresa, si va avanti.

I pesanti mattoni della sofferenza servono per costruire delle basi solide su cui salire e continuare la scalata, un gradino da soli e un gradino accogliendo chi vuole accompagnarci, perché ha la volontà di esserci, perché vuole condividere un pezzo del nostro cammino, perché vuole soltanto starci a fianco e stringerci la mano.

Oggi penso che il famoso puzzle da ricomporre, che per anni mi ha messa alla ricerca dei pezzi mancanti, in realtà non ha bisogno di essere completato perché un'opera d'arte come la vita assomiglia di più ad un mosaico, e i mosaici più belli hanno i pezzi che non si incastrano, possiedono solo il senso che noi attribuiamo loro.

Io, nel mio, ci vedo tante cose sparse qua e là, ma adesso capaci di darmi delle emozioni, di farmi tornare a credere che, dopo tanto tempo, ciò che voglio lo posso fare accadere, che posso desiderare qualcosa senza sentirmene immeritevole.

Intravedo dolce, cullante, lenta, una possibilità per essere felice.
Come nel modo in cui cade la neve.

**19 marzo 2022**

Mi è sempre piaciuto quando, leggendo un libro, arriva la parte in cui capisco il significato del titolo, dove le parole che sto leggendo mi presentano l'esatta spiegazione del loro motivo d'essere.

Sarebbe bello conoscere il titolo della propria vita, se non per averne un'anteprima, almeno per capire che prospettiva assumere.
Poi, non si sa bene quando, non si sa bene perché, le parole non hanno avuto più un senso.
Lì ho capito di non saper più leggere.
Lì ho capito che forse, anche se avessi letto il titolo, non mi sarebbe servito a molto, perché fino ad allora niente aveva più avuto senso, non solo le parole ma il mondo intero.
A che scopo ricercare un senso, se le parole continuavano a fuggirmi?

È questo il significato di "essere presente", di "vivere il momento".

Se non ti fermi, se non ti dai la possibilità di leggere le parole che ti circondano, respirandole a pieni polmoni, toccandole ed annusandole, non esisterà mai nessun titolo che tu possa creare. Perché è così che succede nel libro della vita, è l'unico libro dove il titolo sei tu a crearlo solo dopo aver letto il tuo vissuto. Ma non puoi farlo se non impari di nuovo a leggere.

Nella mia vita, ho iniziato più volte ad imparare daccapo l'alfabeto del mondo, una volta ben motivata, la volta dopo già rassegnata.
Posso di certo imparare da autodidatta ma a volte c'è anche bisogno di affidarsi, e sono state molte le persone disposte ad insegnarmi, in quest'ultimo periodo una tra tutte senza la quale, ammetto, non starei migliorando così tanto nella mia lettura.

Non so se esista un unico titolo, e sinceramente non penso di volerne uno soltanto, perché ciò che ho vissuto e che sto vivendo è talmente multiforme e variegato che non può esistere una singola frase per rappresentarlo.

Il titolo che adesso riesco a leggere, se mi impegno nell'essere presente e nel fare entrare in me un po' di luce, quel tanto che basta per non sforzare la vista, ecco in questo titolo ci leggo "il coraggio di non mollare".

Ma ho ancora tanto da imparare di nuovo.

**26 marzo 2022**

CHEROFOBIA

La cherofobia è la paura di essere felici.

È il terrore che, da un momento all'altro, quella sensazione che ti fa volare ti lasci cadere e ti scaraventi al suolo con violenza.

È la paura che ciò che di bello stai vivendo non sia reale e che, nell'attimo esatto in cui distogli lo sguardo, tutto sparisca senza lasciare alcuna traccia, oppure quando chiudi gli occhi per un istante, e vedi solo buio, temi che riaprendoli ciò che ti circonda non esista più.

Questa orribile cherofobia è la costante sensazione di non riuscire a vivere appieno i brevi raggi di sole che spuntano tra le nubi e, di conseguenza, significa non sentirsi all'altezza del saper essere felici.

Ma c'è un unico modo per poter essere felici?

C'è un unico momento adatto, il famoso "momento perfetto", o invece esiste la costante possibilità di rendere felice qualsiasi momento, solo perché lo si vuole rendere tale?

Io credo che essere felici non sia né un dovere né un diritto, perché la felicità non dev'essere considerata qualcosa che si aggiunge alla vita bensì ne è un presupposto.

La felicità dovrebbe essere una facoltà naturale che non ha bisogno di istruzioni ma che vive solo di se stessa, e noi, che viviamo attraverso essa.

Ogni volta che mi sento felice, la mia paura più grande è di non riuscire a ricordare come esserlo di nuovo, come se dovesse rappresentare chissà quale impresa per cui io debba allenarmi, altrimenti per una prossima volta non sarei capace di riuscirci.

E mi stupisco quando scopro che invece mi ricordo eccome, di come si faccia ad essere felice, ed è lì che capisco che in me la felicità c'è sempre stata, a volte in silenzio, a volte zittita, a volte ignorata.

Sto cercando di riconoscerla, di farla parlare, di comprenderla, di sentirmene all'altezza, di trasformarla da dubbio a certezza.

Da inverno a estate.

E di ripetermi che un'overdose di felicità non significa rubare niente a nessuno, se proprio devo cercare un motivo dell'esistenza di questo scomodo senso di colpa.

Non rubi nulla se è già tuo.

**31 marzo 2022**

Viviamo in un universo fatto di numeri.

Conti da pagare, voti da ottenere, punteggi da raggiungere.

Quantità, quantità e ancora quantità.

In questo regno compreso tra le miriadi di cifre che si possono ottenere combinando i pochi numeri che vanno da 0 a 9, in questi limiti ci imprigioniamo anche noi.

Per preparare un pasto serve seguire per bene la ricetta, con le giuste dosi e quantità, altrimenti il risultato non sarà accettabile.

Per sentirsi "vere" donne bisogna rientrare in quei dettami scanditi da 90-60-90 e rispettare il risultato sulla bilancia, altrimenti non ci si può considerare attraenti, adatte o accettabili.

Eppure, una ricetta può venir bene anche con grammature diverse, e una donna rimane donna al di là del numero che possiede la sua circonferenza o che vede comparire sulla bilancia.

I numeri sono punti di riferimento ma non c'è scritto da nessuna parte che essi debbano essere il nostro unico punto fermo. Come cambiamo noi, così anche gli stessi valori della vita cambiano, e credo che le cose più belle alla fine siano quelle che non si possono calcolare né limitare all'interno di un numero.

Ed io lo so il perché non riusciamo più a capire le emozioni, i sentimenti, le paure e le gioie, le speranze e le illusioni.

Non le comprendiamo perché pretendiamo di relegarle in questo universo fatto di numeri, e ci arrabbiamo quando i conti non tornano.

Dove ho sbagliato? Quale passaggio mi sono perso? Ti chiedi quando una felicità sia troppo grande per essere quantificata, o quanto un dolore non sta dentro a nessun valore possibile.

Abbiamo semplicemente dimenticato di scambiare la parola "quantità" con "qualità", e allora sì che le emozioni iniziano ad avere un contorno che riesci a vedere e toccare senza porre in esso alcun limite. Perché l'unica cifra che può andare d'accordo con la felicità è sentirsi dire "voglio passare assieme a te altri 1000 momenti come questi", anche se mille felicità sarebbero decisamente poche in confronto all'infinita bellezza di un mondo senza numeri.

Ho sempre messo la quantità davanti a tutto, ma ora, per me, per la mia felicità, benessere e rispetto, voglio tanto scegliere la qualità di tutto ciò che posso vivere, perché la felicità non ha peso e non dovrebbe essere un peso.

Le cose più belle non si possono quantificare, sono solo da vivere.

**3 aprile 2022**

FERMARMI

Voglio davvero rifiutare (ancora) questa felicità solo per la paura di perderla?

Mi sono sempre privata della possibilità di vivere pienamente i periodi o i momenti di felicità perché non riuscivo a non proiettarmi oltre di essi, non riuscivo a rimanere nel 'qui ed ora' temendo quello che sarebbe sopraggiunto in seguito, come se fosse stato in mio pieno potere avere controllo sul tempo, sul futuro e sugli avvenimenti nel loro svolgimento.

O peggio, per paura che io, quella felicità, non me la meritassi davvero, come non potevo meritarmi nulla che mi rendesse felice.

Il perché, ancora non l'ho capito bene.

Sto capendo, invece, che tutto ciò che dovrei fare, anzi, che voglio fare, è fermarmi nelle felicità che mi si presentano e non incatenarmi alle sofferenze scambiandole per mere consolazioni di vita.

Che un dolore, si sa, consola soltanto se lo si considera l'unica risorsa in proprio possesso.

Ma una risorsa non può considerarsi tale se ci fa arenare in noi stessi, e quindi in questo caso non è questione di fermarsi in modo consapevole, è bloccarsi in maniera impotente.

Fermarsi non significa accontentarsi, non vuol dire perdere tempo, spesso significa guadagnarlo, o semplicemente viverlo.

Fermarsi non significa arrendersi, anzi, forse continuare a vivere alla perenne ricerca del meglio sarebbe la perdita più grande.

Fermarsi non è un vero stare fermi ma è capire che, se in quel momento si sta bene, non si ha bisogno di cercare altro.

È capire che le prossime domande potranno avere risposta anche nel posto in cui si è invece di essere cercate altrove.

Anche stando fermi si possono capire tante cose, e soprattutto si può riuscire a vederle con calma e attenzione, e se uno si ferma a questo punto, in realtà non si fermerà mai per davvero.

L'unica cosa che è bene fermare è la lotta contro me stessa.

Sono stanca di perdere, perdere occasioni, sogni, desideri, emozioni, sorrisi, perdere me stessa per poi dovermi sempre ritrovare.

Mi fermo per tutto questo.

Mi fermo per andare avanti.

**11 aprile 2022**

Mi è sempre piaciuto guardare in alto, fosse per osservare la forma delle nuvole, i colori del cielo, o i disegni creati dai rami degli alberi.

Esistono così tanti dettagli sopra le nostre teste e non ci diamo la possibilità di osservarne nemmeno la metà, presi dalla fretta di guardare avanti.

Io, non ho mai avuto fretta di andare avanti, anzi, potrei dire il contrario. Ciò che ti sta davanti non lo conosci ancora, credo fosse per questo che ne ho avuto sempre timore.

Un tempo, mi guardavo solo dietro le spalle con la voglia di scappare dalla mia ombra che, sempre più grande, mi perseguitava, ma che ora capisco essere cresciuta assieme a me. Oppure mi guardavo semplicemente indietro, analizzando il percorso fatto fino ad allora e denigrandolo per tutte le buche create invece di riconoscermi la capacità di averle superate.

Col tempo, ho iniziato a guardare sopra di me, appunto per scoprire cosa ci fosse in quell'assurdo mondo che mi sovrastava e che tutti mi dicevano essere bello. Guardare in alto mi ha permesso di conoscere il mio desiderio di libertà, di ritornare a respirare la mia vita perché dov'ero prima, di vitalità non ce n'era.

Dall'alto sono arrivata a guardare in basso, osservando e calcolando i miei passi, esigendo di non cadere e piuttosto di andare piano, ma crollare non lo avrei accettato.

Peccato che quando sei occupato a guardare in basso, non ti accorgi di ciò che hai avanti e rischi di andare a sbatterci contro, anche violentemente se ti azzardi ad accelerare il passo.

Oggi io so di essere capace di guardarmi indietro, in alto e in basso, senza per questo fermare il mio cammino, senza l'insicurezza di perdermi nulla che non sia destinato a me, senza la paura di fare qualche passo falso o qualche caduta, perché tutto questo rientra in una vita che si definisca tale.

Adesso, voglio imparare a guardare avanti e a decidere io stessa dove dirigere il mio sguardo e il mio percorso, che non a caso si può chiamare anche destino, con una destinazione.

**12 aprile 2022**

Io non lo so come si fa ad essere coraggiosi.

Il coraggio è una dote talmente variabile a seconda della persona, che non penso esista un unico modo per esserlo.

Cosa definisce se un'azione o un comportamento siano coraggiosi, o se una situazione richieda di esserlo?

Come lo vedi, il coraggio, come lo riconosci, se per ognuno di noi le paure e gli ostacoli non sono gli stessi?

Qualcuno è coraggioso se si lancia col paracadute, qualcun altro lo è se si addentra nelle profondità marine.

O ancora, uno è coraggioso quando deve scegliere se studiare o lavorare, o quando deve prendere delle scelte che inevitabilmente escluderanno una strada rispetto ad un'altra.

Per alcuni, il coraggio significa andare a mangiare fuori, mangiare ciò che più fa voglia in quel momento e non ripiegare sul solito pasto-salvavita che, se la vita la salva, non la fa assaporare appieno. Per certe persone il coraggio rappresenta alzarsi ogni mattina e sperare di arrivare a sera senza avere una crisi, senza dover patire per l'ennesima volta una giornata di sofferenza causata dalla sola esistenza di sé.

Il coraggio può essere non avere paura di se stessi.
È guardarsi allo specchio e riuscire a sostenere il proprio sguardo.
È guardare negli occhi chi hai di fronte con la consapevolezza che può vederti, e quindi scoprirti.

Il coraggio è accettare le sfide che la vita ci presenta e crearne di nostre, è voler superare ciò che ora è un limite ma che, una volta valicato, può trasformarsi in una fonte di coraggio da accogliere in noi, senza pensare di non poterlo sostenere anche in futuro.

Il coraggio è diverso per ognuno di noi, ma credo che in fondo sia uguale in una cosa.

Ci rende noi stessi sempre più.

## 23 aprile 2022

CAMBIARE ARIA

Ho passato gli ultimi cinque anni della mia vita ad analizzarmi, a voler conoscere ogni lato di me, anche quello più nascosto, anche quello più buio, profondo e pauroso.

A pretendere di spiegarmi tutti i miei come e i miei perché, i miei dubbi, mancanze, timori e insicurezze.

I precedenti cinque anni, invece, ero ancora un embrione che non aveva idea di cosa avrebbe dovuto affrontare, illusa che le situazioni potessero risolversi da sole. Una bozza di me stessa piena di cancellature, strappi, ferite, piena di vuoti che non voleva riconoscere, perché prima o poi ci finisci dentro, e così è stato.

Prima della pandemia, era iniziato per me un nuovo punto di partenza nel quale mi preparavo ad analizzare il mondo al di fuori di me, il mondo vero, proprio ad un passo da me, tanto affascinante quanto misterioso.

Ma poi, senza più un mondo da esplorare, è stato come se tutto il palcoscenico mi fosse crollato addosso. Ho sentito letteralmente qualcosa piombarmi dall'alto che mi impediva di respirare, di guardare avanti e, senza avere più nulla che mi rassicurasse fino a quel momento, sono finita di nuovo per guardarmi dentro. Tante volte sono caduta e in un modo o nell'altro mi sono anche rialzata, si dice che poi si è più forti, ma nessuno dice che hai anche più cicatrici addosso. Quella volta sentivo e volevo rimanere a terra, non ero più intenzionata a ricadere ancora, e quindi avevo davvero perso ogni voglia di lottare.

Troppo tempo davanti alla stessa finestra ti abitua a ciò che vedi, ed è quella che diventa la tua normalità, anche se totalmente impensabile una volta che ti accorgi che non puoi vivere sempre attraverso un vetro.
Una cosa è la relatività del normale, un'altra è normalizzare la quotidianità, normalizzare il pensiero che esiste qualcos'altro oltre quella finestra, che quella finestra non è l'unico mondo possibile. Che sei in grado di vedere altro, e di andare a viverlo, se lo vuoi.

Io non so se il mio possa considerarsi un miracolo, so solo che se prima consideravo la mia vita finita e senza più alcun motivo di essere vissuta, ora da quella finestra io ci vedo tutto un altro mondo, intravedo un timido futuro e tante ragioni per conoscerlo.

E non voglio più smettere di crederlo possibile.

**25 aprile 2022**

Si dice che la felicità sia una cosa semplice.

Non è vero.

La felicità non è per niente semplice, soprattutto per chi, di felicità, non se ne intende molto.

Non esiste un libretto di istruzioni per assemblare assieme i tanti piccoli pezzi di questa famosa felicità, né esiste un'unica sembianza che possa raffigurarla sempre identica e quindi facilmente riconoscibile.

Come può essere semplice tutto questo?

Come può ritenersi facile costruire dal niente un tutto, e fare poi di questo tutto la ragione del tuo sorriso?

No, la felicità non è semplice, è complessa, è faticosa da creare e ancora di più da custodire e proteggere.

Di recente ho letto una frase che dice: “ho sempre creduto di dover riempire gli spazi che possedevo in me, invece erano semplicemente luoghi ancora da arredare”, ecco è così che voglio vedere la felicità, un grande lavoro di arredamento e non un effimero riempitivo dei miei vuoti.

La felicità non deve sostituire nulla, deve essere un valore aggiunto, deve essere quel dettaglio senza il quale le stanze del mio cuore appaiono prive di luce, senza la cui presenza non è “casa” ma soltanto un posto dove stare, dove sopravvivere e non vivere.

Soprattutto, la felicità non è assenza di dolore, ma imparare a comprenderlo e, per questo, perdonarlo e lasciarlo andare, invece di pretendere di cancellarlo.

Per chi fugge dalla felicità, per chi ne prova timore, terrorizzato poi dal perderla, come in fondo io stessa provavo, la felicità non potrà mai essere qualcosa di semplice.

Semmai, riconoscerla e viverla diventerà meno difficile, ma sarà una felicità che al suo interno avrà tutte le felicità rifuggite, dunque “complessa” è un eufemismo al paragone.

La mia felicità adesso è tanta, forse inquantificabile rispetto a come posso averla conosciuta in passato, e davvero ora non voglio più scappare, non voglio più nascondermi.

Non è semplice fermarsi ed essere felici, ma è possibile.

Elisa, fermati e vivila tutta.

**27 aprile 2022**

Il glicine possiede diversi significati. Può essere simbolo di amicizia o una richiesta di scuse, un talismano contro le avversità, rappresentare la sensualità e la femminilità. Ancora, nella cultura giapponese dimostrava la disponibilità al dialogo scambiata tra gli imperatori, e in generale nella cultura orientale sta a significare la caducità e ciclicità della vita, richiamata dalla sua tipica forma a spirale.

Qualsiasi possa essere la simbologia che si cela dietro a questo fiore, in esso vorrei trovarci il mio significato perché, a detta di mamma, il glicine è “il fiore di Elisa” per il semplice fatto che sboccia nel mese in cui sono nata. Ma le parole di mamma, si sa, spesso è bene ascoltarle.

Mi ha colpita molto una leggenda piemontese legata a questo fiore nella quale Glicine, giovane pastorella, così triste del suo aspetto, pianse così tante lacrime riversate sulla terra da far nascere una pianta, appunto di glicine. Ed io la capisco, la piccola Glicine, incapace di vedere se stessa se non attraverso la patina sfocata delle proprie lacrime, ignara del proprio valore che non è racchiuso soltanto dentro ad un corpo ma che risiede soprattutto nel cuore, nei gesti, nei pensieri e nelle emozioni.

E quindi, per me, voglio che il glicine rappresenti un po' tutto questo, un'amicizia con me stessa, una richiesta di scuse che mi protegga dalle future avversità, una conoscenza della mia femminilità e consapevolezza della caducità dell'essere, e soprattutto che mi ricordi che dalle lacrime può nascere la vita, l'amore e il profumo del cambiamento.

**29 aprile 2022**

Tutti dovremmo incontrare qualcuno che quando ci guarda, ci accarezza anche l'anima, ci sfiora il cuore in modo talmente delicato da assomigliare al tocco di un angelo.

Tutti dovremmo accogliere nella nostra vita qualcuno che la metta sottosopra, facendoci vedere sopra il mare e sotto il cielo, portandoci a toccare le stelle senza bisogno di muoversi dalla terra.

Tutti dovremmo avere il coraggio di fidarci di chi ama la nostra persona in tutte le sue sfaccettature, in tutte le nostre insicurezze e fragilità, che è disposto ad essere la nostra roccia quando serve, il nostro trampolino o paracadute, la nostra medicina e la nostra speranza, la nostra fiducia nel momento in cui questa viene meno, o che forse non è mai risieduta in noi per un tempo definibile come utile.

Tutti dovremmo riconoscere che nel mondo esiste ancora la bellezza e che può essere vista proprio attraverso lo sguardo che riceviamo e che ci fa sentire vivi come non mai. Che esiste il buio ma che esistono persone capaci di allontanarlo, spingendoci a tirare fuori anche la luce che c'è in noi.

Io, non mi sono mai sentita più viva di adesso, non mi sono mai vista così, o forse, dovrei dire che non mi sono mai vissuta in questo modo talmente amplificato ed assordante che però non mi priva della possibilità di ascoltare ciò che la vita mi dice, e che, al contrario, cerca di sovrastare tutto quello che la mia me passata continuava a ripetermi fino alla nausea, tutti i suoi giudizi e i rimproveri mortificanti.

Anche se continuo ad essere incredula davanti alla bellezza che mi mostra la vista, sia perché temo di averla immaginata sia perché temo di perderla, devo riconoscere che cambiare è possibile, che smettere di sentire quella voce negativa è difficile ma non infattibile, che non c'è nulla di male nel sentirsi liberi di essere se stessi, soprattutto quando chi ti guarda vede la tua anima e rimane fino alla fine.

**4 maggio 2022**

Tu ci credi, alla Fortuna?

Si dice spesso "come sono fortunato/a", come se un bel giorno la Fortuna decidesse finalmente di bussare alla nostra porta, e noi, immobili, sempre pronti ad aspettarla e anche a rinfacciarle quanto tempo ci abbia messo a raggiungerci.

Anch'io speravo sempre che dal nulla le cose potessero prendere la giusta piega, senza che io facessi l'enorme sforzo di andarla a cercare, questa Fortuna, o anzi, di crearmela da me.

È strano come cambino le visioni del mondo, della vita, in un modo che ti sembra repentino ma che in realtà nasce da tutti i piccoli progressi che conservi dentro te, e che non getti via soltanto perché sono ingombranti e disseminati qua e là, o magari che sminuisci perché sono troppo piccoli e hai paura di perderli, di non vederli, di calpestarli.

Puoi anche non vederli, ma puoi sentirli.

Ma quindi, io credo alla Fortuna?

Sì e no.

Oggi penso che la Fortuna non esista se continui ad aspettarla, mentre esiste se fai l'immenso sforzo di riconoscerti parte di essa.

Non potrà mai esistere nulla se continui ad aspettare la salvezza, ma esisterà sempre il risultato ottenuto dopo un estremo atto di coraggio: la forza di non mollare e di continuare a credere anche se il mondo intero ti spinge a fare il contrario.

Riconoscersi parte del merito della cosiddetta Fortuna che pensiamo ci piova dal cielo è il primo passo per ritenersi capaci di crearsela e, di conseguenza, di vivere una vita in cui siamo i veri protagonisti, come dovrebbe essere.

Magari la Fortuna potrà pure bussare alla nostra porta, senza preavviso, lasciandoci stupiti, ma se a quel punto decidiamo di tirarci indietro, non è stata la Fortuna a non curarsi di noi, ma siamo stati noi a non curarci della sua presenza.

Sentirsi fortunati significa assumersi la responsabilità di faticare e resistere, con la consapevolezza che, una volta fortunati, si può esserlo ancora.

**7 maggio 2022**

Ho sempre voluto evitare il termine "guarire" perché pronunciarlo mi faceva male.

Mi feriva perché se devi guarire da qualcosa significa che non stai bene, ed io, testarda dal voler dimostrare a me stessa che non avevo bisogno di nessun aiuto per stare meglio, preferivo omettere parole che mi avrebbero sbattuto in faccia la realtà.

Questa strana parola, guarire, dal sapore dolce amaro, nel corso di questi anni per me ha cambiato la sua connotazione.

Mi sono fermata a rifletterci qualche giorno fa, e se voglio riconoscere che nel mio percorso possa essere inclusa anche questa fantomatica guarigione, ecco solamente ad oggi posso darle un valore che non mi fa paura pronunciare.

Scommetto che in molti si saranno chiesti "ma è davvero possibile guarire? Potrò mai guarire per davvero?", accompagnati sempre da quella orribile sensazione di impotenza e rassegnazione, di sconfitta e risentimento verso una vita che non è stata poi così comprensiva nei confronti delle proprie emozioni, fragili e ribelli al tempo stesso.

Quindi adesso mi viene da dirmi, e se questa guarigione avesse un diverso significato a seconda della persona che diventiamo?

Se prima questa guarigione fosse inesistente, e invece qualche tempo dopo cominciasse pian piano a materializzarsi?

Non sono qui per dire che guarire è possibile, perché la vera esistenza di qualcosa è tale soltanto nella mente di chi crede o non crede; resta il fatto che sono qui a dire che una mente può e deve cambiare pensiero se quello che possiede comincia a soffocarla.

Mi rendo anche conto che riuscire a distinguere quelli che un tempo erano i propri pensieri da quelli che in seguito si sono sedimentati sopra di essi sia estremamente difficile e oltremodo faticoso.

E guarire è proprio questo, significa riappropriarsi della propria identità, significa capire cosa vuoi e non cosa la malattia ti obbliga a pensare.

Significa tornare ad essere se stessi e a riconoscere il proprio valore, capire che non era la malattia a dover avere più valore di noi.

Ma chissà, la guarigione può durare tutta la vita dato che siamo tutti accomunati da questo male di vivere, come diceva Montale, ma che può essere sconfitto proprio volendo guarire da questo mondo, giorno dopo giorno, creando il proprio mondo di valori e consapevolezze, di libertà nel sentirsi se stessi in tutto e per tutto.

**12 maggio 2022**

IN GABBIA

Come faccio ad uscire dalla gabbia se non riesco a vederla?

È difficile ammettere di essere diventati prigioniere e carceriere allo stesso tempo. Buffo vero?

Chi custodisce le chiavi della nostra salvezza siamo soltanto noi, ma siamo rinchiusi dietro sbarre invisibili fatte di insicurezze, dubbi e paure.

Se davanti a te vedi una gabbia, pensi bene di evitarla perché chi mai vorrebbe non essere libero?

Se invece quella stessa gabbia te la costruisci addosso, la questione è ben diversa. Perché all'inizio non hai l'obiettivo di crearti una prigione, tutto il contrario, cerchi un modo per trovare rifugio, non importa né come né perché, basta che per te rappresenti una sicurezza che possa ripararti dal mondo.

Ma arriva un certo momento in cui, all'interno della tua bolla, tu cambi, la tua persona e i tuoi pensieri crescono e urlano, nonostante tu non lo creda, e anzi, faccia di tutto per rimanere immutato e cristallizzato per un tempo che può ben configurarsi col 'per sempre'.

Ti fa più paura pensare di poter cambiare che rimanere sempre identico, e così ti illudi di poter davvero fermare il tempo e il mondo, di avere il controllo indiscusso in tuo potere.

Allo stesso tempo, le pareti liqueformi della bolla si trasformano in spesse sbarre di metallo, e per te ormai non fa differenza, ciò che conta è stare al sicuro, anche se quello spazio inizia a starti stretto, anche se fai sempre più fatica a muoverti.

È vita, questa?

Riesci a sentire il profumo della primavera, il suono delle onde del mare, o il sapore di una risata, o del tuo cibo preferito?

Perché bisogna arrivare a vivere per finta?

La realtà è forse ad un passo la gabbia.

La gabbia in realtà non esiste.

Tu esisti.

**15 maggio 2022**

## LE COLPE CHE NON HO

Sono sempre stata pronta a darmi la colpa, ad attribuirmi pesi non miei, fossero anche solo scelte del Destino ed io non centrassi assolutamente nulla con il disegno prestabilito dell'universo.

In qualche modo, in qualche minima percentuale, la colpa doveva essere anche mia.

E magari poteva pure esserlo in parte, o anche totalmente, colpa mia, e questa era l'occasione buona per punirmi, per denigrarmi, per provarmi che ancora una volta avevo agito nel modo sbagliato.

Ma al mondo esistono solo colpe?

E adesso è facile, vero, dare la colpa alla ragazzina che ero, addossare a lei il fardello di un passato doloroso, rinfacciarle di aver perso "gli anni migliori", come se davvero si potesse riconoscere il miglior tempo che abbiamo a disposizione su questa Terra solamente all'interno di una decina d'anni, e non, invece, ripetersi che tutta la vita può essere costellata da momenti "migliori", senza rinchiudere anche loro in un numero.

Ma il punto è questo, non si perde tempo, si perde vita, si perde la vita di quel tempo che si chiama passato, nel quale non si ha fatto altro che sopravvivere.

Soprav-vivere non è un vivere al di sopra della vita, significa tagliarsi fuori da essa, escludersi e contemporaneamente guardarla dall'alto, per tenerla sotto controllo.

Io ho usato quel tempo per sopravvivere.

Ora voglio vivere questo tempo per rinascere.

Ora voglio guardare la ragazzina che ero e cercare di capire le sue ragioni, voglio essere la persona di cui avrebbe avuto bisogno, vorrei abbracciarla e dirle di fregarsene di tutto, che non era lei ad essere uno sbaglio ma che la vita spesso è dura e anche ingiusta, sì, ma non c'è colpa in tutto questo.

**29 maggio 2022**

"Non guardare quanta strada manca ma quanta strada hai già percorso"

"Che bello vederti mangiare".

È una frase che sempre più spesso mi sto sentendo ripetere da chi mi sta vicino.

Cosa provano le persone che ci amano quando vedono che mangiamo in modo sereno, di gusto, potrei dire in maniera naturale?

Siamo stati talmente e totalmente risucchiati dal tornado di sofferenza che ci ha investiti da non aver tenuto in considerazione che, vicino a noi, c'era qualcuno.

Qualcuno che, in modo diverso dal nostro, ma pur sempre legittimo, ha sofferto e si è sentito inutile per non essere riuscito a salvarci da quel tornado.

Ogni volta che mi si chiede "come stai?" la mia testa si blocca e cerca di ripercorrere il mio stato emotivo perché voglio rispondere in modo sincero, forse più rivolta a me stessa che non al mio interlocutore.
"Come sto?", mi chiedo a mia volta, e subito in me si innesca quel meccanismo che mi porta a rispondere "abbastanza", "sì dai", espressioni che dicono tutto e niente e che hanno il solo scopo di mascherare una risposta univoca.

Dietro queste risposte si cela il "se dico bene tu però devi ricordarti che sono stata male", come se il mio "bene" dovesse sempre portarsi dietro gli strascichi del male passato.

Come se quel "bene" dovesse essere sempre giustificato da un valido "male" che l'ha preceduto.

Ma chi sono se non rispondo per la persona che sono oggi?

Si può stare bene e basta, stop.

Credo sia questo il pensiero base per vivere nel famoso "qui ed ora", saperci riconoscere presenti nel momento presente e non presenti in un passato che ormai non esiste più.

È esistito, ma adesso posso rispondere "sto bene" senza pretendere che il male di una volta si metta in mezzo tra me e l'Elisa che posso diventare.

**2 giugno 2022**

Guardo ciò che ho nel piatto, delle patatine fritte.

Non ricordo l'ultima volta che me le sono ritrovata sotto al naso.

Eppure il mio naso le riconosce subito, quasi non fossero passati così tanti anni dall'ultima volta che il mio cervello ha permesso al mio odorato di funzionare come si deve.

Inizio a giocarci, sovrappensiero, mi sento una bimba che teme di essere rimproverata per questo e allo stesso tempo mi sento una ragazza stremata dal lungo viaggio che ha compiuto.

D'un tratto mi viene da dire a voce alta "ma perché mi facevano paura?".

Chiedersi il perché del nostro agire non è scontato. Semmai, agire in modo scontato non è un valido perché.

Riuscire a distinguere il nostro volere, i nostri desideri, da ciò che ci spinge a farli, ecco credo sia un grande progresso che ci si deve riconoscere.

Così si distingue la motivazione, interna a noi, dal movente, ossia tutto ciò che sta fuori e che ci spinge a raggiungerlo.

Il mio movente è superarmi ogni giorno, è arrivare sempre un passo davanti a me stessa nella speranza di vedere, prima o poi, una realtà nella quale io possa definirmi Elisa a 360 gradi.

Ma la mia motivazione, che deve stare al primo posto, deve essere la mia volontà di muovermi da dove sono, non importa verso dove, lo scoprirò, fosse solo per non venire risucchiata dalle sabbie mobili dei miei demoni.

Se tutto questo può partire da un piatto di patatine fritte, forse posso davvero arrivare lontano.

Ma c'è da ripetersi, giorno dopo giorno - perché questa è una lotta quotidiana - che i perché del passato non hanno più ragione d'esistere, perché adesso io sono qui, sono nel mio presente, con dei diversi perché, attuali, vivi, rispecchianti chi sono oggi.

Sono qui vogliosa di crearmi dei nuovi perché ma anche dei nuovi quando e come, e non li conoscerò mai se continuo a vivere di quei perché che adesso sono morti.

Ed io, voglio vita nella mia vita.

**5 giugno 2022**

"Hai tutta la faccia sporca di gelato".

Come risposta mi metto a ridere.

Ho preso un cono gelato 5 Stelle, panna e fragola.

Ho preso un gelato confezionato perché avevo fame.

Ho preso una merenda diversa dal solito perché mi andava.

Poi dico a voce alta, ma in realtà parlo a me stessa, "mi sento strana".

"Perché?".

"Perché sono una ragazza che decide di prendere un gelato solo perché lo vuole".

Ho continuato a ripetermi, "lo prendo perché ho fatto la strada in salita", "perché fa caldo", "perché altrimenti fino a stasera non resisto", ma poi ho smesso di darmi dei perché sulla mia decisione.

Sono stufa di trovare giustificazioni sul perché io scelga una strada piuttosto che un'altra, senza tenere in considerazione che la mia scelta valga di per sé, che non abbia bisogno di una motivazione per esistere.

L'unico motivo che la fa esistere sono io, perché deriva da me e perché sono io che agisco.

Ho detto che mi sentivo strana perché ormai le azioni e i pensieri che ero solita fare non provenivano davvero da me stessa, erano capitanati da un'altra forza che aveva preso il mio posto nella mia vita.

Una forza talmente abile nel raggirare la mia mente che avevo smesso di reputarla estranea da me, perché mi aveva totalmente inglobata.

E adesso che cerco di uscire da queste sabbie mobili dei demoni del mio passato, che mi trattengono ad ogni mio movimento perché altrimenti senza di me non avrebbero nulla di cui cibarsi, mi sento strana perché libera.

Mi sento una ragazza con la faccia sporca di gelato che le ricorda tanto la bimba che era più di vent'anni fa, anche lei con le macchie di cioccolato sul viso e con tanta voglia di giocare e scoprire la vita, e soprattutto con molta più libertà di vivere.

Mi sento una donna che sta re-imparando a scegliere ciò che vuole e a capire cosa davvero desidera per sé, che vuole liberarsi dal peso del controllo, dei calcoli e del tenere a mente quante volte mangia un determinato alimento durante la settimana e, di conseguenza, non sentirsi in colpa se i piani della sua non-mente vanno in fumo.

È stancante, sai?

Sentirsi esausti a causa dei pensieri, intendo.
Sentire che quel peso che ti porti sulle spalle e sul cuore diviene sempre più pesante man mano che agisci secondo la tua libertà e volontà.

Non sentirmi libera è la peggior punizione che mi sia mai inferta.
Rinascere libera è la più bella possibilità che posso continuare a donarmi, giorno dopo giorno.

**7 giugno 2022**

"Devi fare un respiro profondo, farti coraggio e zac, un taglio netto senza pensarci più".
"Credi che dovrei farlo davvero? Non è così semplice".
"Fanculo quello che è stato... ti ha condizionato anche troppo, ti ha tolto parte dei migliori anni, ora basta. Ribellati!".

"Sono talmente incredula di poter vivere questo mio cambiamento, di vivere questa realtà per me così surreale, da non riuscire a staccarmi dal passato, come fosse un'ancora che invece di darmi sicurezza mi incatena per sempre nello stesso punto".

"Il tuo passato è esistito, e ovviamente non lo dimenticherai mai perché è impresso indelebilmente nella tua memoria, ma non ha più nessun senso di esistere e di condizionarti il presente. Il tuo futuro è già iniziato".

Per quanto io possa essere stata e sia ancora in parte attaccata al mio passato, allo stesso tempo ho sempre cercato di sotterrarlo sotto i cumuli delle macerie che aveva provocato. Ho trascorso questi ultimi anni a scavare tra quei resti per ritrovare un passato che in realtà non avevo vissuto per niente perché al mio posto c'era qualcun altro.

Così, forse per riprendermi ciò che sapevo doveva appartenermi, ho deciso di sacrificare il tempo di quel presente per capire chi fossi stata.

Ci ho scoperto strati su strati, massi di dolore nascosti sotto pietre di insicurezza, frammenti di cuore sparsi vicino a schegge di odio e rabbia esplosa.

È difficile tagliare qualcosa che ha così tanti strati densi di contenuto.

Il punto è che ora, al posto delle macerie, non c'è più nulla, o poco ci resta. E probabilmente devo ancora realizzare che di tutto quel casino che c'era sono riuscita a rimetterne a posto la gran parte, abbastanza per potermi girare e dire "qua io non servo più, e questo posto non serve più a me".

Tagliare diventa più facile se sono disposta a credere che ciò non significhi dividermi ma riconoscermi parte di una realtà più grande, capace di accogliermi in tutte le mie parti, anche con qualcuna ancora sottosopra, ma che adesso non mi intralcia più il cammino.

Io lo so bene che quando ti ritrovi in mezzo al caos più assoluto vorresti solo chiudere gli occhi e sperare che tutto ritorni come prima, o magari avere la possibilità di scappare e trovare un posto migliore, ma quello è il tuo posto, nessuno te ne darà un altro e nessuno lo sistemerà per te.

È un percorso, è un processo, ed io ero la prima a volerlo abbandonare. Adesso sono la prima che vuole scoprire cosa ci sarà ad aspettarla.

**9 giugno 2022**

I sapori ormai non avevano più sapore.

Tutto era anestetizzato.
Il mio mondo lo era.
Io lo ero.

Quando ti sottoponi ad un'anestesia l'obiettivo è quello di non provare dolore ma, quando il suo effetto svanisce, scompare anche l'illusione che quel dolore non ci sia mai stato.

Ad un certo punto sembra persino che se ne paghino gli arretrati, come se l'aver evitato il male porti inevitabilmente a scontarne una pena maggiore.

Più tempo dura quel dolore, più ti ci abitui.

Più tempo dura quel dolore, meno male fa.

Diventa la tua casa, diventa il tuo posto sicuro capace di accoglierti sempre. Diventi predisposto a soffrire con un automatismo tale da agire per tempo, perché ti prepari al peggio nemmeno contemplando la possibilità del meglio.

Io, avevo perso la capacità di giudicare cosa mi piacesse, cosa mi rendesse felice, cosa mi rendesse me stessa.

Come fai a sapere se qualcosa ti appartiene quando tu per primo non ti riconosci un'identità che possa distinguere i sapori?

I sapori, pian piano, hanno ripreso il loro sapore. Meglio, quei sapori si sono intensificati inondandomi con tutta la loro forza ed energia.

Da quando il cibo ha perso la sua estrema capacità di farmi male, ha acquisito più sapore di prima.

Da quando le emozioni hanno smesso di farmi soffrire, hanno un sapore nuovo e magnifico oltre misura, surreale ed incredibile.

Da quando la mia vita ha ripresa il sapore della vita, posso affrontare anche l'amaro che ho dovuto ingoiare un tempo e che mi ostinavo a non lasciar andare.

I sapori adesso hanno tutto il sapore che meritano.

**5 luglio 2022**

Un cambiamento è la somma di tante piccole modifiche che giorno dopo giorno ti alleni a fare nella tua vita.

Si sbaglia a credere che il cambiamento sia un unico e solo, e si sbaglia a credere di doverlo aspettare per sempre.

Perché se aspetti qualcosa o qualcuno significa che non sei disposto ad andargli incontro, e certo, i tuoi motivi sono legittimi, possa anche essere quella paura che si nasconde nei piccoli angoli della mente e che è tanto piccola quanto forte da bloccare ogni agire e desiderio.

I cambiamenti che ho vissuto, e che solo adesso riesco a percepire come singole parti di un tutto molto più grande e potente che è sempre in divenire, li ho compiuti buttandomi.

Li ho fatti pensando di non essere più la stessa persona che ne aveva timore, o che non contemplava nemmeno la minima possibilità di comprenderli all'interno della sua vita, come se a me, le cose belle che "succedono a tutti" non fossero destinate poiché limitata e limitante, privata e allo stesso tempo necessitante, perché sì, sono un essere umano e in quanto tale manchevole.

Forse è stato questo a bloccarmi, ovvero la consapevolezza di non essere mai completa e dunque provata da quella costante sensazione di mancanza, ma in fondo la sola cosa che manca un po' in tutti è il coraggio di essere se stessi in modo costante e vero. La persona che ero è diversa da chi sono oggi e contemporaneamente chi sono oggi non è più l'Elisa di una volta.

Potresti pensare che questa simmetria sia scontata, te ne do atto, ma non è scontato il fatto di riconoscerla davvero. Non è scontato applicare queste due frasi nella quotidianità, in quel "ogni giorno" che si fonda sulla diversità dal passato e che costruisce innumerevoli diverse versioni di noi per il futuro.

Il cambiamento verso il tuo meglio non è composto solo da successi, sarebbe ipocrita dire il contrario. Per stare meglio, si soffre, si fatica, si lotta. Ma quando cadi, ti ferisci o vuoi rimanere a terra, stai lo stesso sommando esperienze al tuo cambiamento, non importa se non ti sembrano positive, ciò che conta è conquistare il coraggio di voler conoscere te stesso sempre e di continuare ad esserlo, una volta per tutte.

**9 luglio 2022**

Quand'ero adolescente (suona strano dirlo ma non lo sono più da parecchio tempo) la mia Bibbia erano dei fogli che attaccavo dentro al mio armadio e su cui disegnavo uno schema a colonne.

Su ogni colonna scrivevo "cioccolata", "pizza", "merendina", "pane", "gelato" e tutto ciò che mi concedevo di mangiare che non rientrasse nella mia quotidianità dell'epoca. O, per meglio dire, tutto ciò che pretendevo di controllare come fa un narratore onniscente coi personaggi della sua storia, scegliendo a chi affidare il ruolo dell'eroe o del cattivo, a chi il ruolo di protagonista o di comparsa.

La protagonista della mia storia, al tempo, non ero di certo io, era lo schema.

Segnavo una X nel giorno in cui mangiavo un determinato cibo proibito della lista in modo da rendere visibile la mia debolezza di aver ceduto ad esso e, di conseguenza, avere ben chiaro il percorso delle mie cadute.

"Ho già usato questo bonus, adesso non posso più giocarmelo per almeno una settimana", ma i tempi di intervallo potevano variare a seconda del bonus, tanto da arrivare ad essere mesi tra un pasto speciale e l'altro. Una volta mangiato, quel cibo bonus non aveva mica sapore, sai.
Aveva il gusto del tradimento e l'aroma amaro dello sbaglio, non era più cibo, non esisteva più perché lo scomponevo in tutte le sue falle, come facevo con me stessa.

Li sto chiamando proibiti, speciali, come se la cioccolata, la pizza o il gelato non fossero degli alimenti bensì delle eccezioni, degli oggetti da museo posti sotto una teca di cristallo, intoccabili e insperati, che appena tocchi il vetro che li protegge suona l'allarme delle tue paure. Il problema era far uscire quei cibi dallo schema, se non addirittura eliminare totalmente la gabbia di X che mi ero creata.

La vita non ruota attorno al controllo di ciò che ci si concede per poi "darsi una regolata", la vita è staccare quel foglio e posare la penna, imparare a disegnare altro oltre a quelle due linee che si incrociano e che, nonostante la loro apparente sicurezza in una definizione, a poco a poco cancellano l'identità di chi le traccia.

Una X non ha più valore di me stessa.

**16 luglio 2022**

Ho letto svariate volte la frase "diventa la persona di cui avresti avuto bisogno quanto eri bambino".

Se mi fermo a pensarci, io, da bambina, non avevo bisogno proprio di nessuno.

Non so se possa essere una prerogativa di tutti i bambini, sempre parlando in modo generale, nonostante io non ami parlare in questi termini perché la generalizzazione annulla ogni individualità.

Ma stavo dicendo, chissà se da bambini siamo davvero consapevoli di rappresentare degli esseri manchevoli, oppure se percepiamo il presentimento che un giorno lo diventeremo. E quindi non so proprio chi diventare se non la versione di me adulta che non ricorda un bel niente di come essere una bambina, perché se me lo ricordassi riuscirei di certo a vivere più serenamente. Mi sono ritrovata adulta senza nemmeno capire come, senza rendermi conto che il mondo fuori di me cambiava mentre il mio mondo interiore crollava e radeva al suolo ogni emozione, ogni ricordo, ogni voglia di vivere quella futura età adulta tanto desiderata eppure tanto rifuggita.

Se il tuo mondo interiore non esiste più, è assai difficile avere memoria di cosa stai vivendo in quel preciso periodo, è un meccanismo di difesa, esattamente come succede con i traumi, da tanto dolore non senti più niente, vuoi solo chiudere gli occhi e risvegliarti essendo una persona nuova.

Mi spiace dire che non succede.

O meglio, non succede subito.

Niente, in fondo, accade con uno schiocco di dita, e niente avrebbe valore se ciò fosse possibile.

Chissà cosa direbbe la me bambina se mi vedesse oggi.

Chissà cosa direi io a rivedere la bimba che ero.

Forse tutto ciò che mi serve è tornare da lei, ascoltarla e cercare di diventare la persona che lei avrebbe desiderato.

Immagino che i suoi sogni, poi, seppur irraggiungibili, racchiudessero un timido coraggio che la spronava a crederci.

Potrei imparare molto, da quella bimba.

**20 luglio 2022**

Sono mesi che non mi peso.

E dirai, che grande impresa!

Per una persona che ha sofferto o soffre di un disturbo alimentare il rapporto con la bilancia è tutt'altro che sereno.

Non importa che tipo di bilancia possa essere, se pesa alimenti o pesa persone, in entrambi i casi l'atto stesso del pesare implica una valutazione numerica che viene automaticamente associata alla propria identità.

Diventi quel numero che compare sul display e tutto ruota attorno a quella cifra. Amicizie, amore, famiglia, tempo libero, studio, lavoro. Tutto passa in secondo piano quando quel numero pesa più di tutto. Anzi, tutto questo sparisce e rimangono solo i numeri.

È orribile, sai, rimanere soli coi numeri.

Ti mandano il cervello il tilt come una slot machine, solo che invece delle monetine piovono giù le tue certezze e sicurezze, ormai così sottili e sgretolate che non riesci più a recuperarle.

Una delle ultime volte che mi sono pesata mi sono chiesta se e come, nel caso in cui avessi visto un numero diverso da quello precedente, una cifra avesse dovuto condizionarmi a tal punto da creare un blackout nella mia mente e di conseguenza oscurare la mia giornata.

Mi sono chiesta perché un numero dovesse definire chi sono e sostituire la persona che sono oggi, e che senso avesse tutto questo se poi davanti allo specchio nemmeno mi piacevo.

Posso vedere quel numero? Posso toccarlo, posso vederlo riflesso, o posso sentire la sua voce?

Una persona può essere paragonata ad un 40, 50, 60, 70 o a qualsiasi altro numero?

Una volta queste domande avrebbero avuto un sì come risposta.

Oggi non penso che valga più la pena farsi queste domande, tantomeno dar loro una risposta, se mai ci possa essere.

Mi sono chiesta queste e altre cose mentre il mio peso, il peso del mio corpo unito a quello della mia anima, imprimeva la sua esistenza sopra la bilancia, perché sì, stare al mondo significa possedere e occupare uno spazio, che lo si voglia o no.

E quindi una volta letto il fatidico responso dello strumento di tortura, aggrappandomi ai pensieri appena fatti sono scesa e sono rimasta in piedi, non mi sono sentita cadere.

"È solo un numero, non significa niente, non dice niente su di me né è capace di dirmi qualcosa che io già non sappia su di me".

È questa la vera sfida per chi condivide il mio passato, scendere dalla bilancia e rimanere in piedi, con la consapevolezza di essere sempre la stessa persona, con gli stessi valori, ideali, convinzioni, sogni, pregi e difetti di prima di pesarsi.

**29 luglio 2022**

Lo so che aprire un menù al ristorante è difficile.

Prima di questo, so anche che andare al ristorante è faticoso e molto spesso può richiedere almeno un giorno di preparazione mentale e alimentare.

Ma ti prepari per cosa?

Semplicemente per vivere?

Prepararsi a vivere non è vivere.

Lo so che leggere le proposte di un menù equivale a leggere portate che non ordinerai mai, ma ciò che leggi sono anche le possibilità di cui ti privi.

Sfogli le tue possibilità una dietro l'altra, bocciandole tutte solo per arrivare all'unica tua scelta che è sempre la stessa, nessuna eccezione, nessuna uscita di rotta, nessun fuori programma.

Così, per anni io ho vissuto la mia vita, scegliendo l'unico elemento che potevo conoscere, controllare, programmare, al quale sapevo di essermi preparata.

Ma programmare il futuro è una pretesa troppo grande.

E mettiamo pure che io ci riesca, a programmarlo, ma dopo cosa capisco?

È naturale che la nostra strada la scriviamo noi in base alle nostre scelte e volontà, ma una parte la decide la vita e su quella non abbiamo voce in capitolo.

E quindi, invece di aspettare che la vita sia alle mie dipendenze, cosa posso fare io per la mia vita?

Per adesso, sto provando a fare il contrario di ciò che pensa la mia parte inautentica, e questa è un'impresa ancora più difficile rispetto a sfogliare un semplice menù.

Infatti si può essere consapevoli che i propri pensieri siano distorti ma, allo stesso tempo, succede che non si riesca a non considerarli degli alleati. Succede anche che alla fine questi alleati si rivelano come i primi nemici.

Ma volersi bene non è mai stato visto come un tradimento o un errore, ed io voglio smettere di credere che amarmi significhi "ingrassare" di una felicità che non merito.

Amarmi deve significare esattamente ciò che vuole dire, volermi bene per l'Elisa che sono.

**3 agosto 2022**

Stavo cercando un modo per spiegare il perché una persona arrivi a privarsi di ciò che la rende felice.

Di un dolce che le piace tanto.
Di una cena fuori con gli amici.
Di momenti di pace e serenità.
Del riposo e del piacere.
Banalmente detto, della vita in generale.

Perché è questa la vita, cercare la felicità nella sofferenza, non il contrario.

La ragazzina che sempre vivrà in me cercava la sofferenza perché la faceva sentire viva, perché la felicità non durava tanto, mentre il dolore poteva rimanerle accanto, poteva non lasciarla sola nel buio che aveva creato attorno a sé.

Quella ragazzina scappava dalla felicità perché era più semplice, era più semplice non conoscere quell'inebriante emozione perché perderla avrebbe significato soffrire mille volte di più.

Quella ragazzina ha interrotto la sua vita nel 2012 ed è inconsapevolmente diventata una donna. Questa donna adesso sta cercando di farle capire quanta privazione inutile si sia arrecata, che la felicità non è uno sbaglio, che amarsi non significa esagerare.

Stavo cercando le parole per concretizzare questa sensazione tanto scomoda quanto rassicurante, ma non ci riesco.

Non ci riesco perché non ha senso.

Che senso ha privarsi di ciò che fa stare bene?

Che senso ha frenarsi nel vivere, se alla fine quel freno logora il cuore ogni giorno che passa?

Quella ragazzina esisterà sempre, ma nel passato.

Io adesso sono qui.

**18 agosto 2022**

Una delle cose più difficili, per me, è stato riuscire a capire quando avessi fame.

A tratti, lo è ancora.

Nonostante i diversi tipi di fame, una fame nervosa, una fame di emozioni, una fame di vita e quant'altro, io, la fame vera, non riuscivo più a distinguerla.

Era forse mai esistita?

E come facevo prima?

In questi anni mi sono talmente abituata a provare fame nel senso generale del termine che questa è diventata la normalità senza che io me ne rendessi conto.

Pian piano era arrivata quella illusoria sensazione di comando sul mio corpo e la mia mente, la ferma convinzione che potessi scegliere io quando e se mangiare, con il solo risultato di continuare a procrastinare questa onnipotenza perché nella vita di ogni giorno il pieno controllo su tutto ciò che accade non esiste. Così è finita che la fame stessa è riuscita a divorare ogni mio desiderio, ogni mia passione, tutto il mio coraggio per continuare ad essere me stessa.

Se provi fame, significa che ti manca qualcosa.

Se ti manca qualcosa e non riempi questo vuoto, il vuoto avrà il sopravvento e inglobera tutto ciò che lo circonda.

Se tu per primo non riconosci questa tua mancanza come reale e legittima, e non sbagliata, niente che metterai all'interno del vuoto riuscirà a riempirlo per davvero ma diventerà a sua volta altro vuoto.

E sai, è spaventosamente bello tornare a mangiare ciò che piace senza ritenerlo un imperdonabile sbaglio, non c'è scritto da nessuna parte che mangiare debba portarsi dietro quel senso di colpa bastardo e assordante che, vigliacco, dopo averti disorientato, ti pugnala alle spalle.

Una delle cose più difficili, per me, è stato ritornare alla vita e capire quanta fame di vita io potessi avere e quanto controllo esercitassi su me stessa per frenarla. Ho realizzato l'enorme fatica dettata solamente dalla paura di deragliare, di andare a schiantarmi, di riscoprire quelle emozioni che c'erano prima della fame perenne.

Perché riscoprire ciò che c'era prima può far male.

Ciò che esisteva prima della fame non richiedeva alcuno sforzo per vivere senza essere affamati, perché la fame o c'era o non c'era, fine.

Fa male perché vorresti ritornare a quel tempo in cui la fame era innocua, veniva saziata, scompariva per poi ritornare senza destare timore.

Fa male per tanti motivi, ma poco importa.

È bello tornare ad ascoltare la propria fame, riuscire a sentirla di nuovo quando si pensava fosse sparita per sempre, dispersa nel buco nero di insicurezze e ferite accumulate nella discarica che aveva sostituito il cuore.

Oggi il mio cuore è un po' più pulito e un po' meno scalfito, un po' più affamato di vita ma anche consapevole che adesso esiste qualcosa che può nutrirlo anche da dentro.

**30 agosto 2022**

"Ci si spezza e si rinasce da ogni frattura.

Come fanno gli alberi, dal tronco alla ramificazione.

Solo nelle crepe entra la luce, fragilità che diventa forza perché è stata benedetta dal sole".

La paura non allontana la morte ma allontana dalla vita.

E la paura di essere felice non dovrebbe compromettere la realizzazione di un futuro che, soltanto vivendolo, potrà essere reale.

Spezzarsi molto spesso non equivale a morire.

Ero la prima a credere che spezzarsi non avesse rimedio, perché spezzarsi fa male, spezzarsi è doloroso, spezzarsi può trascinare giù negli abissi dell'anima dove il buio non è mai stato così nero.

Ma da ora invece voglio iniziare a credere che da quel fondo, se ci si concede la possibilità di intravedere la luce della superficie, si può pian piano, lentamente risalire. Anche perché l'ho già fatto altre volte, e non me lo sono mai riconosciuta nel giusto modo.

Penso che il sole là fuori possa essere bello, e che anche la felicità possa esserlo, nascosta nelle piccole cose che alla fine sono grandi perché viste attraverso gli occhi della privazione, viste con gli occhi che per tanto tempo ne hanno sentito la mancanza.

Penso sarà bello.

**14 settembre 2022**

È da un po' che non scrivo.

È da un po' che non lascio respirare i miei pensieri facendoli uscire dalla mia mente.

E non perché non abbia cose da dire. Oh, se ne ho. Ma sono tutte aggrovigliate e sottosopra.

Sto cercando, per la prima volta in vita mia da che mi ricordi, di essere presente nel mio presente e sperare di esserne capace anche nel futuro. Perché il futuro, quando da negazione diventa possibilità, ti spiazza, ti lascia senza parole ed è proprio come mi sento adesso.

Solo un anno fa avevo tante, troppe parole sul mio passato, e quasi nessuna per il futuro, se non davvero zero. Ora è il contrario, non sento più il bisogno di rivangare il passato se non per provare una tenera malinconia e apprensione per la ragazzina che ero, ed è naturale che questo sia impattante e disorientante.

Mi disorienta perché adesso la vita ha l'occasione di essere talmente bella e letteralmente "vitale" come non lo credevo più possibile per me, e che i miei demoni, dal canto loro, stanno cercando di annientare.

Ma stavolta devo essere io ad annientare loro, definitamente, senza risparmiarli, come loro non hanno avuto scrupoli nell'annegare i miei sogni e i miei obiettivi.

Ritornare ad essere se stessi dopo essere stati spodestati dalla propria vita non è semplice, ma questa non sarà di sicuro una novità per molti di voi. Guardarsi indietro con tenerezza e non con rancore lo è ancora di più. Un passato doloroso non può essere cancellato, ma sto iniziando a credere, con mio grande stupore, che ciò che l'ha reso tale può e deve essere escluso dal proprio presente e futuro, perché non fa più parte di noi, ed io non voglio che mi rappresenti più.

Voglio tanto essere Elisa che non ha paura di se stessa e della vita, che desidera vivere per crearsi il futuro che sogna, che sia orgogliosa di essere la donna che è nel presente e che creda di potersi sempre migliorare nel futuro.

Elisa che sappia riconoscere il valore dell'amore, per sé stessa e per gli altri, e che tramite esso sia capace di amarsi come non è mai stata in grado di fare.

**7 ottobre 2022**

Ho sempre guardato in basso
China sui miei passi
Appesantita dalle mie insicurezze
Che come zavorre
Rallentavano la mia strada.

Guardavo in basso per evitare
Lo sguardo degli altri
Capaci di farmi percepire
La mia presenza nel mondo
E per non scoprire che fuori
Esisteva un intero universo
Di cui io non sapevo nulla
E in verità non volevo saperne.

Non so come non so quando
Il mio sguardo si è alzato
Forse sorpreso da un raggio
Di sole
O colto da qualche goccia
Di pioggia
Ma quel che ho visto
Mi ha fatto chiedere chi fossi
Chi ero stata fino a quel momento
Nascosta nel mio mondo
Qualcuno ora mi riconoscerà?

Io, mi sono riconosciuta.

Ho guardato di nuovo in basso
Ci ho visto solo una bella gonna
Delle belle scarpe
Che mi hanno ricordato che
Forse
Sono ancora sulla mia strada
Senza tempo
Che percorro a testa alta.

# 2023 – CONOSCERMI

**23 febbraio 2023**

Cosa fai quanto la vita prende il sopravvento?

A volte ho ancora paura.

Ho paura di vivere la bellezza che finalmente mi si apre davanti agli occhi perché l'eventualità di perderla sarebbe troppo da sostenere, un pugno in pieno petto che mi priverebbe di ogni respiro.

Mi chiedo come mai la vita abbia voluto regalarmi altra vita, se in tutti questi anni non ho fatto altro che voltarle le spalle.

Forse ha creduto che io fossi davvero capace di cambiare e, se l'ha pensato la vita, chi sono io per dire il contrario?

Eppure, la paura non va mai via del tutto.

Resta sempre nascosta in un angolo della tua mente, sempre pronta a saltare fuori all'improvviso per coglierti sul fatto, per additarti quando sei felice e non ti chiedi il perché.

La paura giudica quando sei felice e non ci fai caso.

Nel momento in cui ti dici "aspetta, ma adesso sono felice, cosa c'è che non va?", ecco che arriva la risposta della paura: "sei tu che non vai".

Non penso che la paura abbia mai provato la vera felicità, altrimenti sarebbe la prima a ritenerla una cosa meravigliosa, un'emozione senza colpa, una sensazione da rincorrere e da cui non scappare.

La paura questo non lo sa.

Io, invece, con mia grande sorpresa, lo sto scoprendo giorno dopo giorno. In molti rideranno nel leggere la frase seguente, ma è faticoso essere felici.

È faticoso perché costruisci, lavori, ottieni, ti stanchi di nuovo, ricominci. Semplicemente vivi.

Felicità significa possedere, non principalmente cose materiali, ma consapevolezze, emozioni, sensazioni,

Possedere significa correre il rischio di perdere.

Ma anche di vivere.

Tu, corri il rischio di vivere?

**8 marzo 2023**

Stare al mondo è difficile.

Essere una donna, per me, è difficile.

Per ciò riguarda la mia esperienza, negli ultimi anni non mi sono mai riconosciuta pienamente femminile nel senso concreto del termine.

Per anni non ho guardato il mio corpo, o meglio, ho voluto vedere in esso ciò che la mia mente mi suggeriva, e non erano pensieri molto belli o dignitosi, per qualsiasi essere umano. Quando mi guardavo, in realtà, non vedevo nulla, vedevo solamente un corpo che consideravo non mio, quasi lo specchio non riflettesse davvero la mia immagine ma fosse una specie di tunnel che mi congiungesse ad un'altra persona. Non mi conoscevo e di conseguenza non sapevo cosa fosse il mio corpo e come fosse fatto per davvero, sapevo solo di trovarmi in una prigione da cui non potevo evadere in nessun modo.

Ma com'è possibile?

Come si fa a vivere in un corpo che non senti di abitare?

È possibile, molte cose nella vita sono possibili, anche se all'inizio si presentano incomprensibili o irrazionali.

Nel concreto, cosa significa essere una donna?

Per la donna che mi sento oggi, essere una donna significa lottare con il dolore, vedere il proprio corpo cambiare, anche impercettibilmente, gonfiarsi, ammorbidirsi, diventare sensuale o pudico, vederlo sanguinare, provare emozioni che ti fanno sentire sulle montagne russe, prima quasi a toccare il cielo e dopo dieci metri sotto terra.

Essere una donna è coraggioso, è esporsi, è rischiare di essere sottoposte a continui confronti esteriori, a quotidiane auto critiche a causa delle proprie imperfezioni che non potranno mai diventare perfette.

Essere una donna significa voler conquistare la cristallina perfezione, riconosciuta successivamente come illusoria manifestazione della propria interiorità che si pretende essere immutabile.

Stare al mondo è difficile.

Vivere la propria femminilità e al contempo vivere nel mondo lo è ancora di più. Sembra impossibile, eppure succede.

**6 aprile 2023**

È strano pensare alla vita come al famoso bicchiere mezzo pieno o mezzo vuoto.

Per me non ci sono mai state mezzo misure, o tutto o niente, e proprio per questo motivo il bicchiere, per me, era sempre vuoto, o forse nemmeno esisteva. Ma mai che fosse tutto pieno, quello no.

La mia vita adesso si sta di nuovo riempiendo, a giorni anche impercettibilmente, questo delicato processo è molto lento ma alla fine c'è sempre qualcosa che mi fa sentire con un po' più di vita addosso e non lasciata alle mie spalle. Avevo smesso di riempire la mia vita perché non volevo che diventasse pesante, che fosse troppo difficile portarmela dietro, ma la verità è che una vita vuota pesa molto, molto di più.

Ho sbagliato a considerare la quantità come sinonimo di pesantezza, soprattutto se tutto ciò che riempie la mia vita mi fa sentire indissolubilmente me stessa, senza mezze misure, senza dover nascondere nulla che temo possa apparire ridicolo, noioso o stupido.

Un mezzo sorriso, un mezzo abbraccio, una mezza vita non sono capaci di liberarti dalle tue catene, non riusciranno mai a farti sentire la concretezza della realtà che stai vivendo.

Si dice anche che quel famoso bicchiere, in realtà, sia sempre pieno perché c'è comunque aria al suo interno, e solo perché non la vedi non significa che non abbia il suo valore.

Ma peso e valore sono due concetti distinti, potrei dire contrari, e tutta la differenza sta qui per passare da una vita piena di vuoto ad una invece piena di vita stessa.

La mia vita sta smettendo di essere un peso e sta riacquistando il valore che merita.

Con sorrisi interi.
Con abbracci completi.
Con tutta me stessa.

**27 aprile 2023**

"Sbagliato": "Fatto male per un'esecuzione o un'impostazione chiaramente difettosa, malfatto, malriuscito".

Oppure "Non conforme alle regole o alle norme, non giusto, non corretto, inesatto, erroneo".

Capita ancora che io mi senta così.

Sbagliata perché sento di avere dei bisogni.

Sbagliata nel prendere decisioni.

Sbagliata nelle scelte fatte.

Sbagliata perché provo fame.

Sbagliata perché sazio questa necessità.

Sbagliata nel dirmi di essere sbagliata.

Sbagliata nell'amare troppo o nell'amare troppo poco.

Nella sua definizione, l'aggettivo sbagliato ha senso se in relazione a qualcosa.

Ma la vita è forse una prova a cui ci si deve preparare?

Nella vita ci si può considerare difettosi?

In base a cosa?

In confronto a chi?

Quali sono queste famose e inarrivabili regole alle quali non mi sto attenendo?

Esistono solo nella mia testa?

La vita continua a chiamarmi ed io ogni tanto ancora fingo di non sentire il suo richiamo.

La sento eccome, ma le paure che sono cresciute in me e che in fondo mi hanno anche un po' cresciuta, e allo stesso tempo fatta crescere, mi tappano le orecchie, così da dirmi che no, la vita continua ad essere la stessa routine prestabilita dove io sono l'elemento rotto.

Però, al contempo, mi viene da pensare: posso continuare a sentirmi sbagliata in una vita che muta di secondo in secondo?

Perché l'unica a non cambiare devo essere io?

Posso continuare a privarmi di ciò che desidero quando ciò che vivo è diametralmente l'opposto di ciò a cui ero abituata?

Tutto ciò mi porterà sempre a considerare la mia libertà come una resa alla vita, ma in realtà non mi sto arrendendo, è questo il pensiero sbagliato che come un'onda sommerge tutta la mia persona.

Vivere per me non deve più significare arrendermi e dunque punirmi per questo, ma deve solo ricordarmi che le mie battaglie le ho superate, e che se sono qui ora è perché non mi sono mai arresa, ma non alla vita, alla morte, interiore e fisica.

E questa non credo affatto sia la definizione di "sbagliato".
Penso sia la definizione di voglia di vivere ad ogni costo.

**30 maggio 2023**

Passo davanti ai cassetti della mia memoria e lì vedi lì, come negozi con la saracinesca abbassata con i vetri impolverati, eppure così tanto pieni di vita vissuta al loro interno, da chiedersi perché siano andati in fallimento, o perché le pagine di giornale di vent'anni fa cerchino di nascondere ciò che un tempo racchiudevano, ora solo abitato dal vuoto.

Vedo e sento quella saracinesca scomoda come le molle di un materasso troppo vecchio, arrugginite dalle lacrime versate sopra di esse, quando erano soltanto una prigione.

La mia prigione.
Quel muro di metallo mi divide dal passato e mi avverte che, se provo ad oltrepassare quella soglia, mi ferirò.

C'è tuttavia un che di affascinante in questa scena, forse per il fatto che lì, una vita c'è stata ed ora non c'è più.

Ora la vita è al di fuori di quella saracinesca, ma può capitare che, nel caso io ci ripassi davanti distrattamente, essa attiri la mia attenzione e, se un tempo mi faceva intravedere la luce attraverso le sue fessure, adesso viceversa mi rivela quanto buio in realtà ci fosse. Ora sono dall'altra parte, vedo la vita da un'altra prospettiva o, per meglio dire, vedo la mia vita da più prospettive, perché ritenere che esista un unico punto di vista sarebbe riduttivo e oltremodo semplicistico.

Non penso nemmeno che esista una sola vita perché in fondo, quando quella saracinesca si alza, è sempre una rinascita e un nuovo inizio.

Passo davanti ai cassetti della mia memoria.
Un giorno saranno solo cassetti e da loro non uscirà nulla, se non il profumo di una vita che è stata e che adesso non è più.

**17 settembre 2023**

Diario di una guarigione.

Voglio usare questa parola perché ieri, in un commento che ho ricevuto, mi è stato fatto notare che la guarigione ha anch'essa molte facce, e che non si può definirla soltanto come "rapporto sano con il cibo", bensì come una moltitudine di azioni e pensieri che riescono a differenziarti dalla persona che eri prima.

Forse devo considerare la guarigione come capacità di includere nella propria vita ciò che prima non vi faceva parte, e ciò non significa voler possedere il mondo intero - da brava estremista quale sono - ma semplicemente diventare più ricchi nell'anima.

La guarigione dovrebbe essere un qualcosa di soggettivo poiché tutti abbiamo difficoltà diverse verso cui confrontarci, e non esiste un metro di giudizio universale per dire cosa essa sia. È solo in virtù di te stesso. Stavo per scrivere guarigione "vera", ma poi mi sono detta che la guarigione o è reale o non esiste affatto, e quindi risulterebbe controsenso scrivere così, dato che una guarigione finta non si può definire tale.

Non so bene perché io stia scrivendo questo, so solo che devo farlo e devo farlo per me.

Ho anche pensato che se sono io per prima a non credere a questa leggendaria guarigione, allora non penso potrà mai esistere nel mio mondo.

**29 settembre 2023**

Non si tratta di normalizzare solo il cibo, ma anche i vestiti, il corpo, i luoghi e le sensazioni.

Umanizzarli.

Renderli presenti a te stesso, e sentire di vivere la tua vita da soggetto agente e non oggetto subordinato.

Davanti a questa merenda mi sono sentita spaesata.

Non mi capitava da molto tempo, intendo provare una sensazione di rifiuto categorico appena il piatto mi si presenta davanti.

Ogni singola parte del mio corpo mi comunicava una completa volontà di allontanamento, di prendermi e scappare e lasciare lì tutto, di fermare la cameriera oberata dagli ordini solo per dirle che no, ho cambiato idea, è stato un errore, non lo voglio più.

Strattonata da una parte da questo impeto ribelle e intrattabile, e dall'altra da una parte razionale che mi suggerisce di calmarmi, di respirare, che mi ripete "ehi, è una merenda, non stai facendo nulla di male, vivi la vita con più leggerezza".

Così taglio un primo pezzo del dolce, ne guardo l'interno che mi spaventa ancora di più, perché le cose non sai come sono finché non le guardi da dentro. Tre strati con diversi gusti, ognuno che mi ricorda di aver sopravvalutato le mie capacità, perché in quel momento non mi sento in grado di affrontare nulla, nemmeno quell'insieme di innocua farina, uova e zucchero, per non parlare del burro.

"Perché l'ho preso se sapevo già di non esserne sicura?"

Perché volevo provare.

Perché volevo rendere ancora più bello un momento condiviso con la mia persona del cuore.

Perché volevo darmi l'apparenza di una ragazza che sceglie il dolce che l'attira di più senza fare troppi calcoli. Perché, anche per un breve istante, volevo sentirmi libera. E forse perché volevo sfidarmi, ma mentirei se dicessi di aver vinto questa volta.

In questa (invisibile) guarigione penso ci sia anche questo, rimprovero, incomprensione, accettazione.

Perdono. E tanta gentilezza.

**29 ottobre 2023**

Diario di una guarigione.

Passavo molto tempo nei supermercati a leggere le tabelle nutrizionali e gli ingredienti dei vari prodotti.

Avere la certezza di cosa prendevo per poi mangiarlo mi dava una necessaria sensazione di controllo, oltre che su me stessa, anche su ciò che ingerivo.

Era comando, potere, ero un robot calibrato al millimetro.

La verità è che più mi facevo controllare da questa necessità, più mi negavo la possibilità di immaginare un altro modo di vivere che non fosse quello che mi ero costruita e nel quale mi ero imprigionata, scambiandolo per luogo sicuro, solamente mio, che a sua volta mi descriveva. Elisa, ingredienti: insicurezza, paura, preoccupazione, additivo di ansia al 90%, problemi, estratto di riflessione, da vivere preferibilmente prima che sia troppo tardi.

Quando ieri mi trovavo al supermercato per prendere una crostata per merenda da portare a casa di mamma, mi sono avvicinata alla corsia dei dolci, ma era già tardi e dovevo sbrigarmi, non potevo star là nemmeno dieci minuti a scegliere. A leggere.

Sai cos'altro ho pensato? Che ero stanca. Che semplicemente non avevo voglia di analizzare ogni singola confezione, perché tanto già sapevo che quelle che avrei voluto, che avrei desiderato mangiare per il mio piacere, non rientravano nei canoni brutalmente definiti "sani".

Ho visto una crostata, alla fragola, ho pensato "ha l'aria invitante, dev'essere buona", e di riflesso l'ho girata per leggere la tabella sul retro.
Mi sono detta: "Sai cosa? È logico che ci saranno degli ingredienti, altrimenti non saprebbe di niente".

Per esistere, ogni cosa deve essere, deve contenere qualcosa, e può darsi che in questo momento della mia vita io non voglia più accontentarmi della pochezza o della nullità.

Voglio sentire, assaporare, sentirmi libera di volerlo fare.

La crostata era molto buona, è stata una bella merenda, vorrei ritornare a leggere, ma più libri d'avventura.

**31 ottobre 2023**

Qualche giorno fa, i miei nonni hanno compiuto 60 anni di matrimonio.

Una vita assieme.

Momenti belli, altri meno, ma sempre l'uno a fianco all'altra.

Io spero che in questi 60 anni si siano detti quante più volte possibili ti amo, che non abbiano taciuto queste parole solo perché ritenute dall'altro scontate.

Ciò che può essere scontato non significa che, una volta detto, abbia meno veridicità, o possieda meno valore.

Spesso, sono proprio le cose scontate e banali a possedere una potenza maggiore, perché ti spiazzano, ti stupiscono.

Siamo così poco abituati a sentirci dire ti voglio bene, ti amo, che ci si chiede quale sia il loro vero significato perché, caspita, queste parole non le ho mai sentite, penserete voi.

Cosa significa amare? Cosa significa tenere a qualcuno come fosse parte di te, anzi, tenere a qualcuno più di te stesso?

Esplicitare il nostro bene a parole non è per nulla semplice, o meglio, si possono anche usare poche parole senza fatica, ma la difficoltà consiste nel fatto di essere consapevoli del loro vero significato.

Non deglutite le vostre emozioni, non strozzatevi a causa loro, tiratele fuori, ditele, dite quel ti amo, quel ti voglio bene, quel ti pensavo, assaporate il loro sapore e l'effetto che fanno sul destinatario - che probabilmente sarà a sua volta spaesato per le ragioni di cui sopra -. Nemmeno digiunare dall'amore ha mai aiutato nessuno, e l'amore, seppur strano a dirlo, è sostentamento quasi quanto un alimento, perché è l'amore che nutre l'anima.

**8 novembre 2023**

Diario di una guarigione.

Siamo tutti supereroi.

Quando la vita cambia, quando la vita ti obbliga ad aumentare il ritmo, quando sembra che tutto sia fuori controllo, ecco è lì che siamo tutti dei supereroi.

Non abbiamo nessun potere soprannaturale particolare, credo che il solo fatto di affrontare le difficoltà della vita giorno dopo giorno, dalla più insignificante a quella più seria, ci renda sempre più forti, anche quando pensiamo di essere dei falliti o che quella giornata sia stata una memorabile giornata di merda, e che le successive non saranno da meno.
Anche quando vogliamo buttare tutto all'aria, e rinchiuderci in noi stessi sperando e illudendoci che le cose si sistemeranno da sole, o che prenderanno una piega migliore solo se ci asteniamo dalle nostre azioni, perché "ogni cosa che faccio non va bene".

Quindi sì, siamo tutti dei supereroi se ci svegliamo ogni giorno e riusciamo ad alzarci dal letto e fare quel difficilissimo movimento di scostare le coperte ed inoltrarci nel freddo ignoto della giornata che ci attende.

Molti lo danno per scontato, ma uscire dal letto può essere la prima concreta difficoltà che una persona può incontrare nella propria giornata, e personalmente io, arrivata sera, provo un senso di gratitudine verso me stessa per esserne stata capace proprio adesso che la vita cambia.

È un superpotere che non voglio perdere.

**16 novembre 2023**

Pochi giorni fa parlavo con Ely sul concetto di "fame".
Cos'è la fame?

Da quando ho preso l'abitudine di chiedermi il significato delle parole, soprattutto di quelle più semplici, che si utilizzano senza sapere cosa davvero rappresentino, ecco mi sono chiesta in questo caso, quale fosse il senso della parola fame.

Il sacrosanto dizionario ci dice: "Necessità di assumere cibo, dovuta a una particolare sensazione di vuoto all'epigastrio, provocata da uno stimolo nervoso partente dallo stomaco".

Necessità.

Vuoto.

Stimolo.

Probabilmente, rendermi conto di essere anch'io, come tutto il mondo, bisognosa di qualcosa, o ancora meglio, percepire dentro me un vuoto che non volevo accettare e che non sapevo da dove nascesse, mi ha portata a vietarmi di provare qualsiasi cosa, e magari fosse stata solo la fame ciò che non riuscivo più a sentire!

Il mio nutrizionista mi ricorda di usare bene le parole, e apprezzo molto questo atteggiamento di vita perché è esattamente quello che mi sono detta di voler assumere nella mia nuova vita (una delle tante, ho perso il conto di quante).

Lui mi dice di usare il termine "naturale" al posto del trito e ritrito "normale", anche perché penso che di normale in questo mondo ci sia tutto e niente, dipende appunto in quale mondo vivi.

Come rendere la fame qualcosa di naturale, se per tanto tempo è stata inesistente?

Ad essere sincera, forse sarà anche esistita, ma avevo smesso di riconoscerla, di capirla, di comprenderla, di accettarla come parte di me. È difficile e doloroso riconoscere qualcosa se tu per primo non riconosci te stesso. E ancora oggi, per me, è difficile capire come approcciarmi ad essa, chiedendomi se stia tirando troppo la corda in un senso o in un altro, se mi stia ancora vietando di ascoltarla, quando arriva quel vuoto, quello stimolo, o se davvero possa tornare ad essere qualcosa di innaturalmente naturale in me.

Sai, spesso ci si dimentica che sapore abbia la fame, ci si dimentica di avere una vita, o di quanto sia difficile vivere e facile morire. Ci si dimentica come si faccia ad amare o quale sia la propria identità, mentre le vite scorrono sempre più veloci e tutto ciò che rimane non è altro che una scatola ammuffita piena di domande dubbi confusi.

Ma mentre sto scrivendo, mi viene in mente che quando si nasce, per conoscere qualcosa di nuovo c'è bisogno di imparare. E se ti reputi una persona nuova, con una vita nuova, allora devi prima conoscerti per dare poi senso a tutto il resto.

Quindi, dopo tutto questo giro di parole, sono tornata al punto di partenza, ovvero me stessa, capire che sono io a rendere reale la fame, a fare esistere l'amore, a tenere in vita la mia vita, ad ammazzare il senso di colpa.

Devi partire da te.
Come?
Ricordandoti di esistere.

**3 dicembre 2023**

CADUTA LIBERA

I modi e i tempi in cui nasco sono del tutto casuali e imprevedibili.

Basta un niente come un tutto per provocare la mia nascita.

Una parola di troppo, una non detta, uno sguardo, un gesto, uno schiaffo sulla guancia o una sensazione di pugno allo stomaco, davvero chi più ne ha più ne metta.

Può passare un'ora, un giorno, mesi o addirittura anni tra una mia nascita e l'altra.

Quelle che avvengono dopo anni sono le più faticose e allo stesso tempo sono quelle che sanno di vera rinascita, una rigenerazione che non ha nulla di naturale se non un'effimera espulsione di liquido dal bulbo oculare.

In molti mi considerano infantile, certo è facile prendersi gioco dei più piccoli e indifesi, di chi non ha bocca per rispondere e mani per scuotere chi gli sta di fronte. Mi credono infantile e capricciosa per la mia mancanza di forma, per il mio liquefarmi appena varco la soglia delle palpebre, per l'impulsività con cui a volte posso correre.

C'è chi si ostina a trattenermi, ed è a loro che faccio più male. Prima o poi trovo sempre il modo di scappare, di appannare la vista del malcapitato di turno che per determinati motivi si ritrova nella situazione di vedere la realtà in modo diverso, con un po' più di consapevolezza e meno ostinazione.

Mi si immagina sempre come una conseguenza della sofferenza, eppure sono anche capace di trasformarmi in una fonte di gioia. Ma la sofferenza va di gran lunga per la maggiore, questo ve lo concedo.

Dopo la mia nascita, cado sempre. Magari mi lascio scorrere lenta lungo le pareti di pelle a volte morbida a volte ruvida, non faccio distinzioni su chi devo lasciarmi andare.

Nasco dal neonato quando ha fame o se necessita di essere cambiato - certi tipi di espulsioni non sono di mia competenza, per fortuna - nasco dal bambino che si è perso al supermercato e che davanti a tutti urla mamma, lo stesso bambino che anni dopo si perde in se stesso e resta nascosto nel buio della sua stanza.

Nasco dalla ragazza appena lasciata dal fidanzato, nasco dalla donna commossa per la scena di un film che in realtà mi fa nascere per l'ennesima alzata di mano del marito, lui, che invece la ama tanto ma che ripetutamente dopo la decima birra se ne dimentica.

Nasco dall'uomo di mezza età frustrato e depresso della sua vita non vissuta, magari che ha appena perso un'altra scommessa alle corse dei cavalli, che di sicuro mentre corrono stanno piangendo pure loro.
Davvero non risparmio nessuno.

Ci sono volte in cui non faccio nemmeno in tempo ad averne un contatto ravvicinato, con coloro che mi fanno nascere, perché la loro testa è sorretta solo dalle loro mani e per ovvie ragioni di gravità io precipito direttamente dal loro occhio a terra, o sulla manica della loro maglietta, o su di un foglio di carta, ricevendo come ringraziamento le loro imprecazioni per aver creato una visibile macchia che stona tra le parole chiare ed ordinate.

Come ho detto, i modi e i tempi sono del tutto liberi e in balìa del caso, diciamo che ad un certo punto mi lascio andare alla sua imprevedibilità.

E diciamo pure che posso sopportare tutto, il fatto che si voglia trattenermi come gli insulti che ricevo, e riconosco anche che avere la vista annebbiata non sia piacevole.

Ma quando, durante la mia corsa in discesa, si cerca di bloccarmi con un fazzoletto dell'ultimo secondo e mi si mischia a quel sudicio moccio, capite anche voi che a tutto c'è un limite, questo proprio non posso accettarlo.

Il mio destino è cadere, almeno fatemelo fare in maniera dignitosa. E so bene cosa vi state chiedendo, se io sia stessa capace di piangere, e la risposta è no.

Ma come, una lacrima incapace di piangere?

Esatto, non sono in grado di fare ciò che invece dico con semplicità agli altri di fare. Forse capita anche a voi.

Non sono degna delle mie lacrime o posso esserlo troppo, Madre Natura ha deciso che l'unica mia possibilità per essere libera sia proprio cadere, strana la vita, eh?

Si cade e poi si piange, si piange e poi si cade.
Io cado e mi libero.
Mi libero e cado.

**15 dicembre 2023**

Spulciando tra i miei ricordi scritti, ho ritrovato due brevi racconti nati in realtà come veri e propri incipit di romanzi che la mia fantasiosa mente da ragazzina sperava un giorno di poter scrivere.

Non avrò scritto romanzi – almeno per ora, mi piace pensare – ma credo che la mia me 13enne sarebbe estremamente felice di vedere i suoi embrioni di racconti pubblicati.

Quindi, beccatevi queste introduzioni del tutto inconcluse, a cui magari potete voi immaginare un proseguo.

Buona fantasia.

PUNIZIONE DIVINA

“Non pensi di essere troppo severo col ragazzo, Zeus?” chiese timorosamente Poseidone.

“Per tutti i fulmini, fratello, ragiona. Un messaggero che si intrattiene a corteggiare la prima dea che gli capita davanti invece di svolgere il lavoro per cui è stato creato, o peggio, che sbaglia di recapitare i miei messaggi divini perché distratto da un bel faccino. C’è mancato poco che l’ultima volta consegnasse ad Efesto il mio messaggio destinato a Bacco, dove gli ordinavo due fiaschi del suo ottimo vino.

A quest’ora avrei già bevuto due bicchieri di ferro liquido! – sbraitò il dio degli dèi - Quindi no, Poseidone, non credo di esagerare nel voler dare al giovane una bella punizione” concluse Zeus stringendo in modo impercettibile il suo scettro a forma di fulmine, come a voler ricordare che era lui lì a comandare e solamente a lui spettava l’ultima decisione.

“Comprendo la tua ira, e non sto dicendo che una punizione non gli sarebbe utile, ma spingersi a questo, mi sembra alquanto pericoloso” ribatté il dio del mare.

“Io, invece, penso che questo genere di lezione non possa che fargli bene. Inoltre avrà modo di riflettere sui comportamenti per nulla professionali che ha avuto finora” si intromise Demetra con le sue sagge parole che in pochi osavano contestare. E non tanto per il suo ruolo divino quanto per il suo bel caratterino.

Seguì un lungo silenzio durante il quale gli dèi riuniti nella Sala del Gran Consiglio si lanciarono sguardi e occhiate titubanti, prima tra di loro e poi tutti rivolti verso il loro superiore.

Prima di emanare le sue sentenze, Zeus era solito lisciarsi i curatissimi baffi bianchi per poi passare alla lunga e folta barba, gesto che fece anche questa volta. Si alzò in piedi e batté in terra lo scettro.

"La decisione è presa. Ermes sarà bandito per i prossimi tre mesi a causa dei suoi frequenti sbagli e disattenzioni".

"Perdonami, fratello, ma dove hai intenzione di mandarlo?" si azzardò a chiedere Poseidone.

Sul volto di Zeus comparve un sorriso beffardo a cui seguì una risata un tantino troppo maliziosa per la sua stazza.

"In un luogo dove di sicuro si pentirà di aver messo piede. Lo manderemo sulla Terra".

## GIVE ME TIME

23.45.

Solamente quindici minuti lo separavano dal ritorno da lei. Jonathan aveva il fiato corto, si augurava di aver seminato i suoi inseguitori ma non osava voltarsi indietro correndo il rischio di perdere tempo.

Il tempo. È tutta questione di tempo.

23.50.

Quella notte la luna era piena ed emanava una luce stranamente rassicurante, o almeno era così che Jonathan aveva l'estremo bisogno di percepirla.

Mentre attraversava più in fretta che poteva il Westminster Bridge come se questo dovesse crollare sotto i suoi piedi da un momento all'altro, si chiese quanto mancasse alla casa dello zio, la quale era ormai vicina.

Ancora qualche isolato e avrebbe attraversato la porta che l'avrebbe ricondotto da lei.

23.55.

Doveva sbrigarsi.

Appoggiò la mano sulla tasca sinistra del cappotto per assicurarsi che l'Orologio fosse al sicuro e, per quanto il suo fiato glielo permetteva in quel momento, tirò un breve respiro di sollievo.

L'Orologio era freddo come l'aria della notte ma Jonathan non se ne curò, non ora che mancavano solamente cinque minuti allo scadere del tempo.

La sua unica possibilità di ritorno in bilico sul precipizio dei secondi, in precario equilibrio sulle lancette del grande orologio del mondo.

Concentrato nella sua maratona, il ragazzo non si accorse di una figura che sbucò da dietro l'angolo e che gli si gettò addosso con una forza tale da sfondare una porta.

I due rotolarono a terra ma Jonathan fu più svelto ad alzarsi e riprese a correre come se nulla fosse successo. Gli anni di atletica ora sì che si rivelavano utili in qualcosa!

"Non riuscirai a cavartela!" gridò l'assalitore rimasto a terra, confuso dal buio e dall'urto con l'asfalto.

"Invece guarda come ci riesco!" persino nei momenti più difficili il ragazzo non peccava di sdrammatizzare.

23.58.

Sarebbe riuscito a raggiungere la porta? Doveva riuscirci. Non voleva nemmeno immaginare cosa avrebbe fatto senza Yv, sia che fosse nel passato o nel presente, figurarsi nel futuro.

Con una forza tale di cui non si reputava capace, Jonathan spalancò la porta d'entrata della casa dello zio e si precipitò su per le scale che pensò essere alquanto sontuose e pretenziose, esattamente come il proprietario della dimora.

Ogni scalino che saliva era un passo più vicino e un secondo in meno, compensato però dalla sua felicità che aumentava.

Davanti alla Porta ad attenderlo c'era l'ultima persona che avrebbe voluto vedere.

"Jonathan, fermati" gli disse suo zio.

"Scansati, zio. Questa guerra non è la nostra. Non voglio farti del male".

"Non puoi neanche immaginare le enormi conseguenze che ci saranno se tornerai indietro con l'Orologio. Dammelo subito e ti lascerò tornare da Yvaine".

"Mi dispiace, non posso permettere che finisca nelle mani sbagliate, cioè nelle tue. E non sarai tu ad impedirmi di tornare da lei" rispose il ragazzo ora più determinato che mai.

D'un tratto, alle sue spalle comparve l'assalitore di prima, stavolta armato. Il ragazzo sentì la canna della rivoltella tra le costole e con difficoltà trattenne il suo sgomento.

Osservò intensamente la persona che aveva di fronte e che aveva sempre considerato come un padre.

"Hai ragione, non sarò io a fermarti. Sarà la Porta a farlo" concluse l'uomo.

00.00.

Al preciso scoccare della mezzanotte, la serratura della Porta si chiuse con un sonoro "clock", e con essa per Jonathan svanì anche la possibilità di rivedere Yvaine.

**24 dicembre 2023**

Sto preparando il pranzo. Sono sovrappensiero, distratta dal tornado di pensiero che solitamente mi vortica nella mente.

Mi sono preparata un piatto di pasta con le verdure, niente di speciale, il 'solito' come previsto da menù. Ecco quindi che prendo la bottiglia d'olio per versarci sopra la dose di un cucchiaio, solo che stavolta il cucchiaio non c'è. Non l'ho messo sul bancone della cucina, presa come sono ad ascoltare la mia testa col suo chiacchiericcio continuo - almeno mi facesse discorsi sensati, dico io - e d'un tratto mi osservo a versare l'olio sul piatto, direttamente dalla bottiglia, come fossi una seconda persona che osserva la scena da fuori.

"Terra chiama Elisa, Terra chiama Elisa, cosa diavolo stai facendo?!", sento l'allarme che scatta nella mia testa, e l'unica cosa a cui penso è "ormai il danno è fatto", per passare a "chissenefrega".

Non importa? Certo che importa, ma non posso riavvolgere il nastro e ritornare a dieci secondi fa. E di certo non posso cucinare di nuovo della pasta e buttare via quella preparata.

Mi chiedo cosa ci sia, dentro un cucchiaio, di tanto rassicurante che un altro oggetto non possa rappresentare. Mi chiedo se la mia sicurezza, cresciuta all'interno della piccola area circoscritta della posata, ora non stia cercando un terreno più esteso su cui poggiare, su cui continuare a crescere. Paradossalmente un piatto intero.

Il mio nutrizionista mi ripete sempre che la mia priorità dovrei essere io, il mio benessere e la mia salute, e certo non fa una piega, è un ragionamento abbastanza logico e comprensibile. E se mi specchio in quel cucchiaio, vedo un'Elisa (ancora) deformata che forse non vuole più rimanere all'interno di un confine stabilito anni e anni fa.

Non posso pretendere di dosare gli eventi della vita, di controllarli, di misurarli, di avere sempre la possibilità di prepararmi ad essi.

L'olio è piovuto dal cielo sulla pasta senza una 'barriera protettiva', proprio come la vita ti piove addosso e non hai modo di bloccarla se è troppa.

Non decidi tu, anche se ti illudi di averne la facoltà.

Il mio pranzo non è stato diverso dal solito, ma in me è sorta una strana sensazione. È stata una flebile soddisfazione di aver scelto io, almeno questa volta.

# 2024 – RI – COSTRUIRE

**7 gennaio 2024**

Diario di una guarigione.

A differenza degli anni scorsi, questo 31 dicembre, nel minuto che separava il 2023 dal 2024, non ho sentito un distacco netto. Non ho sentito nulla che mi abbia fatto pensare "Bene, ora tutto daccapo", perché in fondo non dovrebbe nemmeno essere così.

Vivevo il mese di gennaio come un'occasione per cominciare da zero, un'ennesima opportunità per tutto e niente in realtà, ma tanto mi bastava per dare a me stessa un'altra possibilità nella mia vita in generale.

Per volermi bene, per trattamenti meglio, per amarmi, per rispettarmi.

Ma giunta alla fine di ogni anno, mi rendevo conto che tutti i famosi "buoni propositi", o per meglio dire i pochi di essi, non ero riuscita a concretizzarli, e quindi l'anno venturo avrebbero potuto essere "quello giusto", con un misto di fallimento ma allo stesso tempo desiderio di rivincita.

La verità è che avevo paura. E ce l'ho tuttora. Avevo paura di agire, di fare quel passo in più verso l'ignoto che magari avrebbe potuto rivelarsi una situazione positiva per me, ma che quella dannata paura mi faceva ritenere pericoloso.

La differenza è che alla fine di quest'anno non ho sentito il bisogno di ricominciare. Ho solo provato una forte sensazione di curiosità, voglia di continuare, scoprire, provare, ma soprattutto non mi sono sentita un'altra persona.

È difficile da spiegare, come se gli anni scorsi facessi letteralmente un passo nel nuovo anno varcando una soglia immaginaria, al confine tra passato e futuro.

Questa fine d'anno sono rimasta nel mio presente.

Non so se riuscirò mai a fare pace con me stessa, o perlomeno imparare a non giudicarmi severamente e a riconoscere chi davvero io sia, ma sono certa che l'aver sentito questa sensazione di collegamento e non netta divisione significhi che forse sto pian piano iniziando a riconoscere quanto fatto finora, soprattutto nel corso del 2023.

O forse, semplicemente non voglio più ricominciare, voglio solamente vedere chi posso (o non posso) diventare, senza impormi di tornare ad un invisibile punto di partenza. Perché sono stufa di tornare indietro, tutto ciò che è stato in fondo lo conosco già, mentre l'Elisa che posso essere aspetta solo me.

**13 gennaio 2024**

Diario di una guarigione.

I momenti di consapevolezza sono quelli più difficili, più duri da accogliere, tanto impattanti quanto portatori di una luce che da tempo non si riusciva a vedere.

La tua mente si scuote, realizza di essere stata ferma fino a questo punto, e ti senti ingenua e anche un po' stupida per aver messo in stand-by il tuo flusso di riflessione, paralizzando i tuoi pensieri e la loro evoluzione.

Le sue parole mi arrivano addosso come una doccia fredda, o come l'irritante suono della sveglia che ti ricorda che è ora di alzarsi e ti salva dall'arrivare in ritardo.

La privazione del cibo, nient'altro che una negazione di un proprio bisogno, di una necessità e di un diritto, si equipara al divieto di esternare ciò che provi e pensi, alla negazione di questo ulteriore bisogno, necessità e diritto.

Passi la vita a minimizzarti, a ripeterti che il cibo non ti serve, come non ti serve esprimerti, curarti, amarti.

"Posso farne a meno", che arriva a diventare un "devo farne a meno" per rientrare nei tuoi canoni di un onnipotente potere e ossessionante controllo, il quale è fragile, si sgretola, è sul ciglio di un dirupo ad un passo dal saltare nel vuoto.

Togliersi tutti questi diritti porta ad aumentare i propri doveri, come il dover essere perfetta, dover essere efficiente, dover essere brava, dover essere, ma senza esistere davvero.

E alla fine pure te lo chiedi, se esisti sul serio, perché ciò che vedi allo specchio non è ciò che gli altri vedono di te, prova che ti sei privata anche della capacità di vedere la realtà per com'è, senza i pregiudizi della tua mente, senza gli inganni in cui ti sei imprigionata.

"Io non sono come mi vedo, e ho il diritto di comunicare questo mio dolore", forse questa frase non servirà a nulla, anzi, sicuramente è inutile nel senso pratico, ma riconoscere che questo sia un mio diritto è già un passo lontano da un mondo fatto soltanto di doveri e privazioni, di obblighi e brutale, costante insoddisfazione e risentimento.

**23 gennaio 2024**

Diario di una guarigione.

Una delle soddisfazioni più grandi, per chi soffre di un disturbo alimentare, è sedersi a tavola, aprire il menù, e sentirsi libero di scegliere ciò che vuole.

No alla pasta perché fuori casa è tabù. Guarda esclusivamente la categoria secondi piatti, cercando come un radar impazzito qualcosa che più si avvicini al pollo.

Se è insalata ancora meglio.

Eppure davanti a me, leggendo quella lista di piatti che mai mi sarei sognata di prendere, ecco che non mi sono sentita intrappolata.

Mi sono sentita curiosa.

Mi sono sentita padrona delle mie scelte, certo con qualche difficoltà, ma con la voglia di superarle perché ciò che avrei lasciato non l'avrei mai più potuto conoscere. Almeno non in quel contesto, in quel momento, per la stessa me che sono stata in quei giorni.

Uno dei rimpianti più grandi, per chi soffre di un disturbo alimentare, è alzarsi da tavola avendo sempre gli stessi gusti in bocca. Ed è principalmente un gusto amaro, di sconfitta, di fallimento che però ti fa credere di aver superato anche stavolta l'ostacolo del temuto "pranzo fuori". Un gusto che ti illude che al di fuori di te non ci sia altro, ed è effettivamente così finché non ti scontri con il mondo che c'è la fuori. Un mondo pericoloso, difficoltoso, impattante, disorientante, ma tutto un altro mondo.

Farò tesoro di questi gusti, di questi giorni, di queste emozioni, perché sono stati vita, e la vita ha sempre un gusto diverso. O almeno, d'ora in poi voglio che lo abbia.

**9 febbraio 2024**

Diario di una guarigione.

Tu ci parli, con la vita?
Io ogni tanto smetto.
Smetto perché a volte mi arrabbio, a volte mi rattristo, a volte mi fermo, mi metto in pausa per una serie di motivi che, come grandine, piovono su di me, facendomi male.

Ad oggi, so che tutte le frecce che la vita ti tira addosso non hanno altro scopo se non quello di farti mettere strati su strati della tua armatura, della tua corazza fatta di lacrime, di urla, di consapevolezza e coraggio, e anche di paura.

Sai, serve anche capire quando fermarti, nel sommergerti di strati, perché poi sono proprio quelli che ti schiacciano, e inevitabilmente qualche freccia dovrai prenderla, e ti ferirà, ti farà davvero male, quasi che penserai di non farcela, ma poi ce la fai.

Temiamo il contatto con quelle frecce, siamo inquieti perché siamo vivi, e chiamiamo nemico ciò che in realtà non può avere nome. Io, sono stanca di avere paura, ma proprio stufa, e mi riferisco alla paura di mostrarmi per chi voglio essere per davvero.

Di poter vivere senza quel nauseante senso di colpa che è ormai divenuto cronico, quasi fosse una malattia.

Ma non lo è.

Non ho mai detto che si possa guarire completamente dal male che ci affligge, perché finché siamo vivi ne siamo sempre succubi. Ma sono anche convinta che, soprattutto volendolo con tutta la propria persona, si possa accettare di giocare la partita ad armi pari, perché, sai, di frecce ne abbiamo anche noi.

**13 febbraio 2024**

Sono una ragazza che per la maggior parte della sua vita ha vissuto di parole.

Nei libri, nella scrittura, nei pensieri.

Le parole, per me, hanno sempre avuto la priorità, per la loro potenza, per i loro messaggi, per le emozioni che sono capaci di donarmi.

Sto scoprendo però che questo insieme di lettere non mi basta più. Che per quanto esse si possano combinare in una miriade di modi diversi, creando pensieri e concetti sempre differenti, non valgono quanto le azioni.

Ho sempre in mente di fare tante cose, sai, ma è raro che poi io le faccia davvero.

Restano incastrate nella mia mente, rimangono diapositive che mi passano davanti agli occhi che non vivo mai in prima persona, concedendomi solo il lusso di immaginare "come sarebbe se".

Sai, ora voglio fare.

Voglio andare a prendermi i fatti senza aspettare ancora.

Cosa stai aspettando?

Se ti va di fare qualcosa, la fai.

Se ti va di mangiarti un biscotto, lo mangi.

Se ti va di tornare a ballare, balli.

Semplice vero?

E perché adesso, e non prima?

Potevi decidere quando volevi, di darti da fare, di dare forma reale alle parole che rimanevano nell'aria.

Non è proprio così. C'è tutto un percorso che ti porta dalla voglia di immaginare alla volontà di agire. Devi sudare questo traguardo, devi superare tante paure, specialmente quelle irrazionali, che la tua stessa mente ti pone davanti.

Una di esse, è superare quel senso di colpa invalidante e inutile che ti allontana giorno dopo giorno da chi vorresti essere, o da come vorresti sentirti.

In pace con te stessa. Bene con te stessa. Orgogliosa e fiera di te stessa. Soddisfatta e concretizzata nelle tue azioni, oltre che nelle tue parole.

E in fondo lo vorremmo tutti, no? Vedere i nostri sogni, dai più piccoli e banali ai più grandi e maestosi, diventare parte del mondo, tenerli per mano, crescere e vedere che la nostra percezione di noi stessi cambia, migliora, si definisce.

Sono una donna che per la maggior parte della sua vita ha avuto paura di se stessa, di cosa poteva e voleva fare, che per questo si è tirata indietro di fronte a molte occasioni, lasciandole aleggiare nell'aria invece di allungare una mano e afferrarle e tirarle a sé.

Perché per fare qualcosa devi muoverti, devi tenere il ritmo, devi andare avanti, e questo puoi capirlo solo nel momento in cui sei stata ferma per troppo tempo.

Ed è allora che fai, e ci credi, oh se ci credi. Ma principalmente, torni a credere in te, al di là di tutto. Nonostante tutto.

**21 febbraio 2024**

Diario di una guarigione.

La mia maestra oggi mi ha detto che è una gioia vedermi di nuovo a lezione.

È stata la frase che mi ha in assoluto migliorato la giornata, per me, sempre convinta di essere di troppo, di essere ininfluente, che se c'è o non c'è non fa poi la differenza. Addirittura sapere di rappresentare una piccola fonte di positività, permettetemi di esprimermi nel gergo giovanile dicendo "è tanta roba".

La cosa che mi fa sorridere è che questa mia decisione io l'abbia presa da un giorno all'altro, dopo quattro anni di assenza frutto di mille eventi successi nel mezzo, mai con la motivazione sufficiente, sempre rinviando il momento, aspettando quello giusto, che ho capito non esistere.

Stavo ascoltando della musica, mi sono messa a ballare ed ho pensato "perché non tornare?".

Pensato. Deciso. Fatto.

È assolutamente nuovo per me agire in questo modo, o meglio, agire e basta.

Ed è la soddisfazione più meravigliosa che si possa provare, dopo anni di risentimento e colpevolezza auto inferta per il solo fatto di esistere, riuscire a scegliere qualcosa con la propria mente, seguendo il proprio animo.

Il punto è che non ho mai considerato i periodi di stallo come momenti naturali, sempre focalizzata ad eccellere, ad essere utile per qualcosa, per qualcuno, sempre concentrata a pretendere il massimo. Ma nel momento in cui mi sono bloccata - perché prima o poi ti fermi se vai sempre a 100 all'ora - ecco per me è stato sinonimo di fallimento, di errore che riflettevo su di me, divenendo io stessa uno sbaglio ambulante.

Che ragionamenti inutili, vero? Senza un collegamento logico. Eppure erano tutto il mondo che conoscevo.

Adesso, voglio considerare i momenti di blocco come momenti utili per guardarmi attorno, dove non ripetermi assiduamente "sono ferma sono ferma" bensì pensare a cosa c'è vicino a me, se ci sia qualcosa capace di smuovermi, ma sempre con l'intenzione di farlo per me, per il mio benessere, decidendo io in quando soggetto e non oggetto.

È come se stessi pian piano ripulendo i pezzetti impolverati nella soffitta del mio cuore, gettati là per sbarazzarmene. Ma non posso sbarazzarmi di ciò che sono. Non più.

**3 maggio 2024**

Ora Eli, da qui, devi arrivare in fondo in sala, mi dice la maestra, e io già mi preparo per allungare i passi della coreografia, come dice lei, per legare, per ballare.

Prima che attacchi il pezzo di musica sul quale iniziare, io sempre, ma sempre, mi sento insicura, muovo le braccia ma le gambe ripongono sempre dei dubbi, farò bene questo passo? E dopo cosa viene? La mia mente si immagina di dimenticare la sequenza e, come una profezia, succede, e io mi ripeto di rimanere concentrata.

Oh finalmente Eli, arriva fino in fondo, non mi interessa se ci sono imperfezioni, ma sii libera.

Ecco non sempre la perfezione va di pari passo con la libertà. Tralasciando i ballerini professionisti, degli impeccabili mostri di abilità, la ricerca di perfezione in questo caso - e in generale nella vita - mi rallenta nella mia diagonale facendomi magari andare fuori tempo, o saltare qualche passo, o semplicemente non mi permette di comunicare nulla mentre ballo. Così libero la mente e ballo, sento solo il mio corpo e la musica e, senza nemmeno sapere come, la coreografia è già finita ed io mi ritrovo nella posa finale con alle spalle i miei dubbi e le mie insicurezze.

Scendo dalla bilancia, mi rivesto e parlo col nutrizionista, gli dico che prima di uscire e viaggiare il mio primo pensiero adesso non è cosa mangerò ma cosa vedrò.

Il blocco del cibo fuori casa è sì sempre presente ma la mia voglia di conoscere e scoprire lo supera. Per lui, questa si può definire una "rivoluzione copernicana", al che io di tutta risposta alzo le sopracciglia e stringo la bocca, non molto convinta di questa prodezza.

Non credi sia un progresso? Mi chiede. Vorrei dirgli che attualmente nulla mi sembra una vittoria perché mi sento rotta dentro, manchevole, spezzata, ma ciò richiede troppa fatica e allora mi limito a un "ha ragione", accompagnato da un mezzo sorriso che cerca di convincere me stessa più chi ho davanti, e in realtà so che lui ha già letto i miei occhi.

Questi due esempi credo siano l'inizio della mia libertà, o perlomeno spero lo siano, una libertà diversa per tutti ma che fa continuare il proprio cammino, tra alti e bassi, tra bassi e bassi, tra me e me, tra me e il mondo.

**15 maggio 2024**

Diario di una guarigione.

Se dicessi che ad Amsterdam non c'è stato il pensiero del cibo, mentirei. Come mentirei se dicessi che tale pensiero non esisterà più, perché non è così. Ci sarà sempre perché fa parte di me.

Però. Però.

Il primo giorno è andato bene, nessun risentimento né senso di inadeguatezza, solo tanta voglia di scoprire la città lanciata in questa mia elettrizzante avventura.

Il secondo giorno sono andata in crisi per lo stroopwafel, ma senza nemmeno un reale motivo.

Mi sentivo piena dal pranzo?

Mi sembrava eccessivo di zuccheri?

Mi sono sentita un'ingorda a fare la fila per un biscotto, o per essermi sporcata tutte le mani di sciroppo d'acero?

Continuavo a ripetermi che un biscotto non poteva condizionarmi, o peggio, rovinarmi quei giorni di vacanza, così ho lasciato passare il tempo e già il giorno dopo andava meglio.

Mi sono preclusa successivamente determinati cibi per via di quel biscotto?

Sì.

C'è stato un momento in cui ho preferito sentire la fame piuttosto che assecondarla, solo in relazione al pensiero del biscotto?

Ancora sì.

Ma c'è stato anche un momento, al parco dei tulipani, dove quel sentore di fame mi è parso talmente naturale e spontaneo che non ho trovato alcuna ragione per non ascoltarlo, forse anche spronata dalla natura e dal senso di pace che mi circondava.

Come quando la mia amica che vive ad Amsterdam mi ha proposto una pizza per cena, ho pensato "be vediamo se anche qui la fanno buona" (che tanto erano pure italiani ma vabbè).

Andare in posti diversi da "casa" comprende anche cibi nuovi e speciali proprio perché non quotidiani, che si ha l'opportunità di assaggiare proprio in virtù di trovarsi in quel preciso punto del mondo.

Riuscire a superare il blocco di assaggiare sapori e gusti sconosciuti equivale a superare l'ostacolo di aprirsi al mondo.

Non è sempre facile, né indolore, né sempre dolce o amaro.

È semplicemente un mondo che hai tutto il diritto di vivere e nel quale puoi sentirti libero e te stesso allo stesso tempo, cose che ahimè non sempre nella nostra testa combaciano.

Ma ci stiamo lavorando.

**19 maggio 2024**

Diario di una guarigione.

Qual è il reale significato di "abbastanza"?

Ho capito che essere abbastanza o fare abbastanza è un concetto relativo, come molte altre cose di questo mondo su cui mi sono dovuta ricredere. Il vocabolario se ne lava le mani dandone una definizione che, per l'appunto, non appare per nulla essere abbastanza: "a sufficienza, quanto basta, in quantità sufficiente".

Che significa? Tutto e niente.

La vaghezza di un volume che ci insegna il funzionamento delle parole, forse chissà, sarebbe comoda da attuare anche nella vita vera, senza porsi troppi interrogativi.

Molto spesso, riflettiamo questo indefinito "abbastanza" su noi stessi, chiedendoci se siamo abbastanza, per la società, per le persone, per noi stessi.

Non ricordo di essermi mai sentita abbastanza nella mia vita, e tuttora non mi reputo tale. Ma devo anche dire che, se da una parte ciò può dipendere dal proprio carattere, dall'altro è la vita stessa che ti porta ad instaurare determinate dinamiche con te stesso, benefiche o meno che si rivelino.

Avrò sempre fame di vita, ce l'ho sempre avuta anche nei momenti in cui mi convincevo di non averla. Sono anche una ragazza molto severa, estremista, esigente ed intransigente con se stessa, mai abbastanza soddisfatta o fiera, forse temendo di esserlo troppo e cercando di evitare altre delusioni.

Ad oggi, penso che al posto di chiedermi se io sia abbastanza dovrei capire quale sia il significato del mio "abbastanza", poiché ognuno di noi ne possiede uno. Se il suo significato sia mio o derivante dal mondo al di fuori di me, dalla stessa società in cui vivo.

Ho imparato che, data la voglia di infinitezza insita nell'uomo, quell'abbastanza non sarà mai abbastanza, e che per vivere appieno la nostra vita esso deve avere un limite.

Non è un limite posto alla vita, è un limite posto al fraintendimento di essa, ritenuta una caccia alla perfezione e al successo, al soddisfare quelle che noi riteniamo essere le nostre aspettative ma che sono inquinate da quelle esterne a noi. E lo dice una che ogni suo abbastanza non risponde mai alle sue aspettative, in un mondo che ci abitua a non essere mai all'altezza, fino a confondere questo invito con una bassezza del nostro essere. Ci abitua a non accontentarci mai nemmeno quando raggiungiamo grandi risultati, cosicché essere o non essere abbastanza si equipara alla fame di vita che ognuno di noi possiede, trasformandola però in una indigestione e rendendoci intolleranti a noi stessi e al mondo circostante.

Se rimoduliamo e modelliamo i nostri "abbastanza", se li plasmiamo sulla nostra persona, possiamo scoprire che in realtà nella vita gli abbastanza non servono, o perlomeno non sono così indispensabili. È bene porsi degli abbastanza ma non vivere solo di questi o per questi, nella misura in cui esista per noi un miglioramento e non una compassione, intesa nel suo significato di "sentimento di pietà verso chi è infelice".

Forse, se mi libero dei miei abbastanza, catene che mi àncorano alla sofferenza, potrei essere un po' meno infelice. Un po' più "abbastanza" felice.

**1 giugno 2024**

Diario di una guarigione.

Ho deciso di andare ad Amsterdam per vedere se ciò che si dice, ovvero "vai e parti alla ricerca di te stesso", fosse vero. Oltre al fatto di non riuscire più a respirare nel posto (o dovrei dire nello stato) in cui mi trovavo. Ma questa è un'altra storia.

Per me, è valso più il concetto dell'orientamento, dell'imparare ad orientarsi in un luogo sconosciuto che, se vogliamo parlare in termini metaforici, può rappresentare ogni nostra esperienza di vita.

Sapersi orientare nell'ignoto può salvarci, come può al contrario condannarci.

Ho prenotato volo e hotel, ho scelto i miei itinerari, ho fatto una valigia molto arrangiata, per la prima volta senza pensare troppo a cosa portare ma a cosa poter invece dare a me stessa una volta che fossi arrivata.

Il mio "vai alla ricerca di te stesso" è stato un "vai e metti alla prova te stesso", per un certo verso anche con una buona dose di sconsideratezza che cozza molto col mio carattere, ma che onestamente amo sperimentare ogni tanto.

Sono capace di orientarmi nel mondo?

Sono capace di scegliere una strada piuttosto che un'altra?

Sono capace di dare priorità a ciò che desidero e non fermarmi per la paura di ciò che sarà?

Orientarsi nella propria vita permette una conoscenza migliore di se stessi, anche perché una volta iniziato il viaggio, da dove parto per ritrovarmi se non so nemmeno da che parte iniziare? E forse sta proprio qui il punto, devi iniziare da te stesso senza aspettare che qualcuno ti indichi la strada, perché questa fantomatica persona non arriverà.

Ci sei solo tu e la mappa di scoperte correlata da una legenda di emozioni, sei tu che annoti i passi compiuti e i percorsi sbagliati. Tu che decidi di fermarti per la strada perché sei stanco o di continuare perché affamato di curiosità.

E quindi, Elisa hai trovato te stessa?

Non ancora. Google Maps non riusciva a calcolare la distanza né il tragitto.

Non resta che cercare ancora, ma perlomeno se non mi troverò, saprò di certo come orientarmi, bastasse solo dentro me stessa.

**11 giugno 2024**

Puoi farcela. Il dolore, le difficoltà che hai affrontato, le lacrime versate, tutto ciò che ti ha resa debole - o semplicemente umana - sarà ciò che un giorno ti renderà forte come non mai.

Negli ultimi mesi sono crollata, totalmente, ho perso la bussola della mia vita, forse lasciata su qualche treno, forse scivolata fuori dalla borsa mentre camminavo.

Quando il tuo mondo smette di girare, e vedi che il mondo là fuori continua invece a farlo, ecco lì arriva il senso di impotenza, fastidio, impedimento, implosione.

Sei lì, ma nessuno può sentirti mentre urli.

Se lì, ma nessuno può far andare le cose per il verso giusto, dare una bella carica al tuo mondo che si è incastrato, bloccato o, meglio detto, da cui tu hai deciso di voler scendere perché la testa ti girava troppo.

Grazie a questo dolore, ho capito che posso contare solo su me stessa per ottenere ciò che desidero.

Il supporto derivante dalle persone che mi amano è di certo un valido carburante nel momento in cui lo riconosco e lo accetto, ma al volante ci sono io, e sta in me scegliere se andare in retromarcia, continuare a stare ferma, oppure accendere il motore e guidare assieme ad altre vite, anche se questo significa correre il rischio di fare un nuovo frontale.

Perché capiterà ancora di fare qualche incidente, non mortale ma abbastanza invalidante da metterti fuori gioco per molto tempo, ed è lì che quel dolore tramutato in forza verrà in tuo soccorso. Conterai su te stessa, rimetterai insieme i pezzi che ti sono rimasti e da lì ripartirai, dolorante, zoppicante, soffocante, ma sempre più vicina a chi vorrai diventare.

L'Elisa di una volta non esiste più. Non c'è più perché questo mondo non è compatibile con chi ero, o dovrei dire che il mondo al quale ero abituata non è più sostenibile per chi sono oggi e chi vorrei essere in futuro. C'è tanto da lavorare, c'è tanto da faticare, ma c'è anche tanto per cui essere grati e soddisfatti di sé.

Persa una bussola, di certo ne esistono altre, ma la gratificazione più grande sta nel camminare per il mondo senza indicazioni, capendo da che parte andare, anche sbagliando, e sapere così di poter ripartire sempre da te stessa.

Puoi farcela.

**25 giugno 2024**

Diario di una guarigione.

Ho sempre avuto un rapporto conflittuale con lo specchio, un 'odi et amo' sancito tra realtà ed inganno, tra verità e bugie, tra fiducia e tradimento.

Guardarsi allo specchio, per me, era sinonimo di una caccia alle imperfezioni, di una necessaria ricerca di ciò che mi mancava o che, viceversa, era fatto male, era imperfetto, non era degno. Finché in quello specchio deformato e deformante non ci sono caduta dentro, risucchiata da un tornado che distrugge tutto al suo passaggio.

Se non riesci a vederti per come sei, senza distorsioni, come puoi capire chi sei, chi vuoi essere, e vedere nitidamente il mondo che ti circonda e chi ci vive dentro?

Sei costantemente a rischio di errore tra le mille sfaccettature delle superfici riflettenti che tanto rifuggi ma di cui hai vitale bisogno.

Scappi, ma loro ti inseguono.

Scappi, ma continui ad incontrarli sul tuo cammino, ci sbatti contro e ti procuri ferite che non svaniscono presto.

A danza, è inevitabilmente guardarmi allo specchio.

Mi controllo per correggermi nei passi ma capita ancora di specchiarmi volutamente di profilo per notare quelle forme che mi danno fastidio, e quelle il cui fastidio è provocato da una loro mancanza.

C'è stato un momento in cui, nella coreografia al centro, mi sono ritrovata in una parte della sala dove uno specchio non c'era, e mi sono detta "e ora cosa guardo?".

Così gli occhi hanno seguito i miei movimenti, mi sono lasciata trasportare dalla musica e dai passi, e raramente ho provato una sensazione più libera che mi facesse sentire così presente a me stessa.

Io, viva in quello che è il mio corpo.

Io, un tutt'uno con la mia persona come lo sono stata poche volte.

Mi sono sempre specchiata convinta che ciò che vedessi fosse da cambiare, da modificare, da migliorare, e certo questo si può sempre fare, ma solo se lo senti come intimo bisogno e non dettame a priori. Per molto tempo, mi sono talmente concentrata su quella Elisa che avevo davanti da scordarmi l'Elisa che avevo dentro e che avrebbe tanto voluto specchiarsi anche lei, farsi vedere, conoscere, sentire.

Oggi può farlo, ma dando le spalle allo specchio che tanto amava.

**28 giugno 2024**

Oggi, prima di andare a danza, ho fatto una passeggiata al solito più lunga di quanto prospettassi, quindi per ricaricare le pile mi sono seduta su una panchina del Viale, facendo a gara con una vecchietta con la stampella che aveva adocchiato il mio stesso posto.

Siamo arrivate assieme, ce lo siamo divise, mi sembra uno scontro finito equamente. Ma ho seriamente temuto per la mia incolumità una volta pensato che potesse colpirmi con la sua arma camuffata da ausilio deambulante, se quel posto fosse stato l'oasi nel deserto per lei.

Apro lo zaino per prendere la borraccia d'acqua, dopo due sorsi l'ho già finita e penso che prima di iniziare la lezione dovrò riempirla assolutamente, ma già so che me ne dimenticherò.

In quel momento, sento involontariamente pezzi della conversazione del signore sedutomi a fianco, non avendo ancora la capacità di togliermi le orecchie a piacimento.

"...deve pensare alla fotografia, alla tecnica del viraggio. Dal bianco e nero, si passa ai colori. Ma deve essere lei ad impegnarsi per questo cambiamento".

Ho collegato che il tipo potesse essere un qualche medico al telefono con una paziente, visto che dopo ha terminato la chiamata con "mi stia bene, signora Taldeitali", e ho trovato bizzarro che un dottore si intrattenesse a parlare con un paziente seduto su una panchina come chiacchierasse con un amico di vecchia data. Bizzarro e lodevole.

Ora, io non sono esperta di fotografia e non so nello specifico come funzioni questo viraggio, ho dato una letta sull'internet e sì, è in parte vero che da una foto in bianco e nero si possa ottenere una versione a colori, anche se inizialmente la pratica serviva principalmente alla conservazione della fotografia. Ma oggi, si sa, la tecnologia permette di tutto, quindi non me ne stupisco e prendo le parole del medico come vere.

A ripensarci, è ancora più bizzarro che io mi sia trovata lì in quel preciso momento mentre lui stava pronunciando quelle esatte parole, che decisamente si adattano al periodo di vita che sto vivendo. Se mi fossi seduta un minuto dopo o se avessi continuato a camminare non le avrei sentite e non avrei scritto tutto ciò. Un ennesimo sliding doors che la vita mi ha riservato, e che voglio credere sia un segno a cui dare un significato.

Ho riflettuto anche altre volte sul senso di tornare a vedere i colori, passando da un mondo in bianco e nero, se non principalmente nero, ad uno in cui la luce potesse riflettere le sfumature che la mente si impegna tanto a cancellare. E ho imparato che le emozioni, belle e meno belle, sono i colori della vita, e che un'esistenza priva di esse perde ogni sapore. Rimane tale, ma non contiene nulla.

Resiste, persiste, rimane, sta, ma non è.

È soltanto una scatola vuota, una soffitta ammuffita, un film senza colonna sonora.

E quindi grazie, signore, dottore, per avermi ricordato questo pensiero, questo modus operandi di vita come tela su cui dipingere le emozioni di ogni momento, di ogni esperienza, di ogni vissuto. Grazie per avermi ricordato che sono io ad impugnare il pennello, che basta un niente per farlo cadere e che la scelta dei colori o del tema al negativo è anche una mia responsabilità.

Avrei voluto chiedere al signore di approfondire con me l'argomento ma non volevo apparire invadente né impicciona, magari avrebbe pure potuto recriminarmi la violazione di privacy della sua paziente, vai tu a sapere. L'ho detto, non mi stupisco più di niente ormai, e sinceramente non ho bisogno di altre grane.

Ecco, con tutto questo scrivere sto facendo tardi a lezione.

Chissà che non sia tardi anche per colorare la mia vita.

Non sapendolo, mi alzo e mi dirigo a danza, sicura che almeno lì qualche colore lo troverò.

PS: ho stranamente riempito la borraccia d'acqua.

**2 luglio 2024**

Dicono che ogni fine sia anche un nuovo inizio. Ho scoperto che, in realtà, certe fini sono soltanto fini e alcuni inizi sono semplici inizi, niente di più e niente di meno.

Ricominciare non è facile e non significa fare tabula rasa di ciò che è stato; seppur difficile, mi ha portata fino a qui, appunto ad un ennesimo inizio sancito da una ennesima fine.

Una fine può rimanere tale senza bisogno di addolcirla con inizi disillusi, né un inizio ignoto deve farsi carico di una fine amara.

In fondo, credo che la fine di ogni cosa abbia un lato bello e uno meno bello ma non per questo ha meno valore di un nuovo inizio.

Keep climbing, girl.

**19 luglio 2024**

Poi passa, così dicono. Passerà, così ti dicono.

Il punto non è se passerà o meno, il punto è come passerà.

Lento. Spesso pungente. Molto spesso doloroso, amaro, pesante.

A tratti calmo, inerme, passivo, in attesa.

Poi di nuovo faticoso.

Sono come un pezzetto di scotch, sai quelli che si appiccicano nell'unico posto in cui eviti di farli attaccare. Ti rimangono fastidiosamente sulle dita, oppure si attaccano nel punto sbagliato del tuo pacchetto regalo che con cura stavi cercando di realizzare. Era così bello, era perfetto, ora invece ha uno strappo.

Ecco, spesso mi attacco dove non dovrei. O meglio, resto impigliata laddove poi, per togliermi, è inevitabile che una parte di me vi rimanga sopra.
Quella sottile e malefica colla che lo scotch lascia dietro sé, quasi per marcare il suo passaggio, è la stessa scia che lascio nel momento in cui vivo un brusco cambiamento, in particolare un distacco che non vorrei avvenisse.

Mi stacco, anzi, capisco che devo staccarmi per tanti motivi; perché non riesco a tenere assieme due lembi di carta, perché ho prosciugato le forze per possedere ancora abbastanza collante emotivo per resistere, perché semplicemente non è il mio posto, magari perché prima di me c'era già un altro pezzetto di scotch cosicché il mio compito risulti vano, cosicché la mia presenza risulti inutile, non riesca ad equiparare la sua importanza.

Non è un male attaccarsi, sai.
Non è un male lasciare dietro sé il proprio segno.
È un male, invece, quando ti ostini a rimanere incollato se ormai sei asciutto, o quando la superficie sulla quale ti posi non accoglie la tua presenza.
Ecco quando fa male, quando non trovi accoglienza, quando riconosci come tuo limite l'incapacità di superarlo e la difficoltà di sostenere ciò che è più pesante di te, che sia una relazione, un lavoro, una situazione, anche soltanto te stesso in un determinato momento della tua vita.

Dicono che passa. Passerà, ti dicono.
Poi passa.

**3 agosto 2024**

Passo davanti alla gelateria una cosa come tre volte nell'arco di un'ora, in un misto di combinazione ed inconsapevole voglia di scontrarmi appositamente con essa.

Se sei in dubbio sul fare o non fare una determinata azione, il fatto che tu ne sia incuriosito e attirato è di per sé già la risposta che stai cercando.

Le solite frasi che ti ronzano in testa rimangono, rimangono sempre, "non mi serve", "posso farne a meno", "dopo mi sento in colpa", "non me lo merito", parole che col tempo però cambiano significato, o meglio, perdono la priorità in cambio di ciò che vorresti davvero.

Entro e davanti a me ho la strada sbarrata dal cartellone con i millemila gusti, ecco, ancora una volta dovrò scegliere.
E ti fai ancora mille congetture su quale sia “il migliore”, su quale tu possa concederti senza poi provare quel famoso senso di colpa, come se quest’ultimo fosse un interruttore che scatta automaticamente non appena scegli un gusto “non contemplato”, come se la colpa fosse essa stessa il gusto che sei destinato a sentire per l’eternità.

Errore, va tutto in errore, diventi tu l’errore. Mai una volta che tu riesca a scegliere un gusto solamente perché lo vuoi, soltanto perché ti va.

È il mio turno al bancone dopo aver fatto la coda. Paleso la mia indecisione al cameriere, “quale mi consigli tra questi due?” gli chiedo. Lui mi indica una dei due gusti incriminati, ed io seguo il consiglio, e se mi avesse consigliato l’altro avrei accettato lo stesso, perché non sapendo cosa scegliere, se ormai sono in gioco, in fondo tutto può andare bene.Al che lui fa un gesto inaspettato, mi porge un cucchiaino con del gelato per farmelo assaggiare. La cosa più inaspettata è che prendo il cucchiaino senza pensarci molto, anzi, senza alcun pensiero, assaggio e faccio di sì con la testa, mi piace.

Mi piace questa Elisa libera dalle sue costrizioni, è un gusto appagante, che non ti fa provare fame, ti riempie ma non ti fa implodere.

E quindi con la mia coppetta scelgo un tavolo e mi siede a mangiare il mio gelato che rappresenta al contempo le mie scelte consapevoli e non, assaporo con calma ogni cucchiaino e non mi stupisco ora di sentirmi naturalmente io, all’esterno una semplice ragazza che mangia il gelato in una gelateria, reduce in modo invisibile da uno scontro interiore finito in pace, dopo una moria di pensieri ed emozioni e la nascita di altrettanti.

Ho capito che invece del senso di colpa, non voglio più provare rimpianti.

Ho capito che invece di reprimere i miei desideri, voglio cercare di renderli reali. Ho capito che le scelte e le non scelte non si possono evitare, e che se sei tu a farle è tutto (complicatamente) più semplice.

**5 agosto 2024**

In treno, seduta davanti a me, c’è una ragazza.

È una bellissima ragazza, come vorrei esserlo io.

Ha i capelli color biondo paglierino, deduco naturali dal colore delle sopracciglia, perfettamente definite, come le vorrei io.

Ha il viso che sembra di porcellana, nemmeno un segno o un'imperfezione, almeno da dove posso vederla. Come vorrei averlo io.

È magra, ha un seno dignitoso, che almeno c'è, ed è vestita molto bene, un paio di stivali col tacco e dei jeans modello a zampa, che se li mettessi io sembrerei più bassa di dieci centimetri.

Eppure non dovrebbe essere tanto più alta di me, forse quei cinque centimetri che madre natura mi ha malignamente negato.

Vorrei parlarle, ispira simpatia, ma è occupata a sottolineare con un evidenziare azzurro un libro di sociologia o qualcosa di simile, prova che è una studentessa universitaria, che forse a breve dovrà dare un esame.

Non la voglio disturbare, poi sai come mi prenderebbe per matta, "ciao io sono Elisa, e tu sei...?", da cui la risposta sarebbe "scocciata di parlarti".

Però sarebbe stata una bella scena da film. Iniziare a parlare del più e del meno, intendo, per poi finire a parlare della vita e di cosa pensiamo del mondo, che ne so, filosofeggiare in una carrozza di un treno è sempre molto ispirante ed illuminante.

Ma trattengo i miei pensieri e continuo solo a fare un confronto nel quale io sono quella da meno, senza nemmeno conoscere davvero chi ho davanti. Dall'esterno, sono sempre quella da meno.

Smette un attimo di sottolineare per rispondere a un messaggio sul cellulare, Dio ha persino le unghie curate come le vorrei io. Tutto ciò che vedo in lei sembra essere la definizione della perfezione.

Sarebbe bello se davanti a me avessi uno specchio, e lei fosse me, o io fossi lei. Poi la parte buona in me mi dice ma Eli no, tu sei tu, lei è lei, e va bene così. Mi conforta un po' ma nemmeno così tanto, diciamo che me la faccio andar bene.

Guardo fuori dal finestrino ma è già buio, vedo solo il mio riflesso, quello vero stavolta. Guardo il riflesso della ragazza.

Per un attimo incrociamo lo sguardo, e i suoi occhi mi ricordano che io esisto nel mio corpo, lei nel suo. E va bene così.

**9 agosto 2024**

Ciao Signora Giani. Come vanno le cose lassù? Deve tirare un sacco di Bora, quando anche qui giù volano tavoli e sedie.

La penso molto spesso ultimamente, non saprei dire il perché.
Forse perché ho ripreso danza, ormai sono quasi sette mesi, o forse perché il passato si è fatto molto più presente.

L'altro giorno, mentre stavo tornando a casa, mi è venuto naturale ripetermi in mente "questo lo racconto alla Signora Giani perché ho bisogno del suo parere". E poi mi sono fermata. Allora, con un sorriso amaro, ho cambiato il mio pensiero in "che cosa mi avrebbe detto la Signora Giani se fosse stata qui?".

Lo so bene cosa mi avrebbe detto.

"Forza 'Lisa, sei forte, non abbatterti. Vai avanti sempre". La E silenziosa era una licenza poetica che le ho sempre concesso perché mi trasmetteva un che di familiare, di accudente.

E io vado avanti, Signora Giani, tengo duro come quando cerco di resistere in un passé, o per fare più di due pirouettes, ma spesso le caviglie ancora mi cedono o non hanno abbastanza forza, una forza che non ha avuto nemmeno il mio cuore.

Ho appoggiato il mio cuore a terra e lì ci è rimasto, estraneo e isolato per paura di venire di nuovo gettato a terra col rischio di frantumarsi, ancora. L'ho lascio lì apposta, stando bene attenta a non inciamparci. Però prima o poi quel cuore lo voglio riprendere, sa, fosse solo per replicare l'amore che lei aveva per la danza, per una passione che ti dona la vita e non te la fa passare veloce sotto al naso senza che tu abbia la possibilità di conoscerla.

Lo sa, signora Giani, ogni tanto sento la sua voce quando sono a lezione, e mi immagino che possa essere lì con noi, oppure ritorno indietro nel tempo e per pochi istanti sono di nuovo nella vecchia scuola con lei seduta vicino al registratore che ci osserva, ci urla o non smette di ridere per gli strafalcioni che riuscivamo a fare. Sono questi i momenti nei quali il mio cuore ritorna dentro me.

Signora Giani, manca tanto a tutte noi, parliamo sempre di lei, Anna ha sempre un gran sorriso quando la nomina, e come potrebbe essere il contrario?

Lei continua a vivere in tutte noi, vede, in tutto ciò che viviamo.

Ma questo, da lassù, lei lo sa già.

**16 agosto 2024**

Nasciamo con la capacità di ridere e piangere. La prima cosa che facciamo quando nasciamo, è piangere. Ma siamo poi anche capaci di utilizzare i muscoli per sorridere.

Capita che, durante la vita, si possa perdere una delle due capacità, quella di sorridere. Non si riesce più a farlo come prima, se non attraverso una smorfia, o una curvatura della bocca tirata e per nulla convincente.

Piangere, invece, lo si continua a fare allo stesso modo, o meglio, si può piangere in modo più intenso, e si impara a piangere sia per il troppo dolore sia, nei casi fortunati, per la troppa gioia. Ma non si dis-impara a piangere. Quello resta. E meno si sorride, più si migliora nel pianto, o in un triste non-sorriso che rischia di diventare perenne.

In realtà, io non credo però che sia lecito parlare di imparare o dimenticare seduta stante come farlo. È la mia mente che mi spinge a crederlo, forse per cercare di dare una risposta a tutte le circostanze della vita.

Che si sa, presenta più dubbi che certezze.

Quindi, piuttosto che re-imparare a sorridere, e pensare che felicità e tristezza non possano crescere assieme ma che una delle due debba per forza prevalere sull'altra, bisognerebbe soltanto credere di volerlo nuovamente sentire sul nostro volto, quel sorriso, sentire le labbra che si curvano e che non vengono trattenute da una corda che tira dal cuore. Possiamo farlo perché ne siamo naturalmente capaci, ma esserne capaci non significa averne sempre la facoltà.

Volevo solo dire questo. Volevo solo dirmi che sono ancora capace di fare ciò che facevo un tempo, e che la vita, seppur si possa reputare ostile con noi, dà anche tempo e spazio per sorridere ancora.

**24 agosto 2024**

Ieri sera, mentre riguardavo Titanic, è successo qualcosa di strabiliante. L'ho guardato come se fosse stata la prima volta, ossia senza pilota automatico che sa a memoria la sequenza di scene e battute. L'ho guardato non in modo passivo ma attivo, partecipante, e ho notato dettagli mai visti prima, personaggi e oggetti a cui non avevo mai dato importanza e che poi invece ricomparivano successivamente.

Mi sono immedesimata nei personaggi in un modo diverso, o meglio, attraverso l'Elisa che sono oggi. Sono stata travolta da tante emozioni e sensazioni contemporaneamente. Mi sono chiesta se davvero Jack avesse tutta la sua vita in una sacca, dove vivesse prima, come avesse potuto prima essere in un bar a giocare a poker e dieci minuti dopo su un transatlantico grazie alla "dea Fortuna".

Ho sentito il rumore del vento sulla prua, che vi giuro si sente nitidamente, ho percepito gli sguardi di Rose e notato la sua postura prima rigida e poi sciolta, in cui mi sono rivista totalmente.

Ho anche provato a mettermi nei panni di Call, perché di solito si evita di comprendere i personaggi "cattivi", ma io ieri l'ho capito, Call, che cercava di conquistare una donna con i suoi ricchi mezzi ma che nulla ha potuto contro un sentimento vero.

Ho sentito profondamente la vicinanza con Rose per la sua volontà di emanciparsi e di far uscire la vera sé, di come sognasse di cavalcare con Jack con "una gamba su ogni lato", di quanto avesse bisogno di sentirsi viva e di esserlo anche attraverso una persona come Jack che riesce a dare valore ad ogni singolo giorno senza possedere nulla di materiale o prezioso, che le insegna il valore di una risata sia sputando dal parapetto di una nave sia tramite parole dette dal cuore.

Tutto ciò mi ha catapultata indietro a quando ero ragazzina, a come all'epoca non avrei potuto percepire tutto questo perché non avevo ancora provato determinate emozioni, ed è stato tutto tremendamente stupendo, dico sentire tutta questa vita addosso, assieme alla consapevolezza di essere in grado di provare ancora delle emozioni e della mia volontà di provare sentimenti, dopo questo brutto periodo di tristezza seguito da una malinconica apatia.

Ieri è stata la prova che il mondo può anche rimanere sempre uguale, ma nel momento in cui tu cambi e cambiano i tuoi occhi, ecco che allora l'intero mondo si trasforma e ti appare diverso e nuovo come non mai.

"È l'animo che devi cambiare, non il cielo sotto cui vivi".

È stato potente. La vita è potente.

**2 ottobre 2024**

Col tempo ho imparato che esiste un altro sistema immunitario, quello delle emozioni. Il sistema immunitario ha lo scopo di difendere l'organismo dai nemici esterni, che siano virus, batteri o parassiti. Quando ti tagli, si innesca un procedimento volto alla difesa del tuo corpo e della tua salute, è il tuo stesso organismo che dice "ehi, qui c'è un problema, dobbiamo risolverlo!"

Lo stesso accade con le emozioni. Cerco di spiegarmi, anche se non sarà semplice considerato il caos che regna sovrano nella mia mente. Per quanto paradossale possa sembrare, soffrire è il modo attraverso cui l'essere umano si rafforza.

Da un'iniziale condizione di debolezza e svantaggio, ecco che, a poco a poco, il dolore diventa l'ingrediente segreto che compone la solidità della nostra anima.

In quest'ultimo anno, io l'ho capito molto bene, l'ho vissuto sulla mia pelle e, credetemi, lo so che esiste quel momento in cui credi che le cose siano irrecuperabili, che quel dolore non se ne andrà mai, quando il domani appare come una punizione infernale senza via di scampo.

È qui che entra in gioco il sistema immunitario "emotivo". Lo squarcio provocato da quel dolore, ancora sanguinante, viene attorniano dai piccoli momenti quotidiani capaci di ricordarci che la nostra vita esiste ancora, che noi esistiamo ancora. Il nemico esterno ci ha feriti ma la nostra anima può autoripararsi, e può farlo anche - e soprattutto - accogliendo in sé l'aiuto, l'amore e la comprensione proveniente dalle anime che vogliono il nostro bene.

Una sorta di antibiotico emotivo, chiamiamolo, dato che siamo in tema di medicina emotiva.

Ricordo molto bene l'abbraccio di mamma, alla fermata dell'autobus, quando nei miei occhi riusciva a vederci solo lacrime miste a rancore. Uno di quegli abbracci che fonde le persone, che avvicina i loro cuori e che ha un potere curativo spesso sottovalutato. Non sto dicendo che basti un abbraccio o dirsi "ora mi autoriparo" per far sparire quel dolore come non fosse mai esistito. Niente potrà cancellarlo, e a volte tornerà a trovarci, per la nostra non-gioia.

Voglio soltanto rassicurarvi col dire che sì, quel dolore diminuirà e non sarà più ciò che vi toglierà il respiro, perché potrete vivere tanti momenti con tante persone che vi faranno tornare la voglia di emozionarvi e di innamorarvi di nuovo della vita, che vi faranno tornare alla vostra vita.

Adesso non ci credi. Ci crederai.

**5 ottobre 2024**

Nel diario della mia guarigione, ci sono stati molti specchi. Ho sempre cercato di tenerli splendenti, senza aloni, senza graffi, con il solo risultato di specchiarmi e non riuscire a vedermi per davvero. Tutta quella fatica, per poi non ottenere un riflesso di me che fosse anch'esso splendente, senza aloni, senza graffi.

Le chiamano "lenti deformanti", quando in realtà un tempo erano semplicemente degli occhi.

Un paio di occhi con cui ci nasci, che vedono la luce del sole e il buio della tua stanza, ma che ad un certo punto, non si sa bene né come né perché, letteralmente cambiano forma e, con essa, cambia anche la forma del mondo che ti circonda, compresa la tua.

Ad un certo punto, qualcosa ha fatto un sonoro crack, ed io l'ho sentito molto bene ma non vedevo nulla che potesse essersi rotto.Credevo che lo specchio di fronte a me fosse intatto, e così ho continuato a lustrarlo, a pretendere che non si sporcasse mai.

Era lui ad essersi rotto.
Era il mio riflesso ad essere spezzato.

Mi capita ancora di guardarmi allo specchio e di cercare di ricordare quali fossero i miei pensieri di una volta, non necessariamente legati all'esteriorità quanto a ciò che potevo leggere in quegli occhi che si specchiavano, e che poi per tanto tempo non hanno più parlato. E ogni tanto li vedo ancora, sai, quegli occhi spenti, stanchi, bui, disillusi, che guardano ma non vedono.

Oggi mi guardo allo specchio e, non senza fatica, riesco a vedere chi vorrei essere.

Non sono quello specchio rotto.

Sono il riflesso del mio futuro e non più l'ombra del mio passato.

E così sarà.

**4 ottobre 2024**

Diario di una guarigione.

È un dialogo.

Un legame interiore che un giorno, di punto in bianco, si spezza.

L'etimologia del termine 'dialogo' è estremamente interessante, composta dal greco 'dià' (attraverso) e 'lògos' (discorso) letteralmente "farsi attraversare dalla parola".

Un dialogo tra due persone avviene se tra di esse c'è uno scambio, appunto un attraversamento delle loro parole.

A volte succede che il dialogo con te stesso smetta di funzionare perché non ti lasci più attraversare da nulla, diventi talmente inespugnabile che niente può scalfirti - se non da dentro - e cosi ti lasci piovere addosso di tutto senza battere ciglio.

Ti lasci vivere senza farlo veramente.

C'era un dialogo, in me, e quindi un attraversamento di parole, direi piuttosto di emozioni, che collegava mente, cuore e stomaco, nonostante qualche battibecco ogni tanto, che in fondo è normale.

Non so perché il cuore ad un certo punto abbia deciso di tirarsi fuori lasciando pieno potere alla mente, a patto che fosse davvero la mia mente al comando.

Una mente che, parlando sempre da sola, è finita per impazzire, o semplicemente per convincersi di non aver più bisogno di nessuno.

Cosa me ne faccio di un cuore, cosa me ne faccio di uno stomaco, vogliono solo farmi cadere in tentazione e provare desiderio. Pensava di cavarsela da sola, la mente, fino a farsi venire il capogiro da tanti pensieri e desideri rimanevano incastrati dentro di lei senza arrivare al cuore né allo stomaco, ma nemmeno alle altre sue parti.

Non c'era più un corpo con cui parlare.
Non c'era più dialogo.

Il cuore, anche se non lo ammetteva, ne soffriva, e lo stomaco pure. C'era una tale privazione di emozioni e di vita da innescare un potente corto circuito, che prendere una scossa sarebbe stata una passeggiata in confronto.

Come si ri-costruisce il dialogo con se stessi?

Come si ritorna a parlarsi con naturalezza, con spontaneità, con libertà?

Sì, lo so che non sarà più lo stesso, non potrebbe mai esserlo.

Eppure io sono la stessa, la mia mente, il mio cuore, il mio stomaco sono rimasti dentro me, anche se gli ultimi due non li sentivo in vita.

Nel preciso istante in cui mi sono resa conto di essere mente, cuore e stomaco assieme, che era possibile esserlo e che, anzi, probabilmente era anche più facile, considerando che l'unione fa la forza, lì qualcosa è nuovamente cambiato.

Ho costruito di nuovo il dialogo con me stessa perché mi mancavo. Perché ero stufa di stare sola con me stessa ma senza me stessa.

Adesso non mi lascio solo attraversare, mi tengo stretto ciò che voglio e ciò che mi fa stare bene, perché nessuno, nemmeno la mia mente, può dirmi che non ne sono meritevole.

Mente, cuore e stomaco hanno cominciato a parlarsi, si stanno conoscendo da zero. Si stanno riscoprendo, certo non senza difficoltà.

Ma va bene così.

**19 ottobre 2024**

Mi sono chiesta spesso, immagino molto più di quanto ce ne fosse il bisogno, quale fosse il mio posto nel mondo. In realtà, mi sono prima chiesta quale fosse il mio posto nella mia vita, ma è una domanda a trabocchetto. Se la vita è tua, possiede automaticamente il tuo posto in essa.

Per anni ho sentito che la mia vita non mi appartenesse, né che io facessi parte di essa. Ero distante in un modo talmente alienante da non ricordami come si facesse a vivere e, di conseguenza, cosa si provasse ad avere una vita. Assurdo, vero?

Ora sì, pare assurdo anche a me. Ma lo ricordo molto bene, nonostante adesso mi ritrovi dall'altra parte, dalla parte della vita, intendo, e non nel limbo della non-vita.

Anche se, diciamolo, può capitare io mi senta di nuovo al limite sulla linea che separa i due mondi. Che io non oltrepassi la linea per il non-mondo, è un'altra faccenda.

E quindi dal chiedermi quale fosse il mio posto nella mia vita, negli anni sono passata a chiedermi quale fosse il mio posto nel mondo. Una volta riconosciuta e definita la mia identità, rimaneva il dubbio su dove metterla.

Ero di nuovo una presenza, una massa che occupa spazio, con un suo peso e dimensione, non ero più il fantasma di me stessa. Dove avrei trovato posto?

Ancora oggi è difficile capirlo, ma giorno dopo giorno sto capendo che in realtà il mio posto è esattamente dove mi trovo, è il punto esatto in cui i miei polmoni respirano, la mia mente pensa, il mio cuore batte.

Il mio posto nel mondo coincide col mio posto nella mia vita, dove io coincido con me stessa.

È questa la consapevolezza più preziosa che ho ricevuto dalla sofferenza incontrata sul mio cammino, e mi piace pensare che mentre sto scrivendo tutto ciò, io mi senta slegata dalla persona che sono stata, che mi senta finalmente di nuovo Elisa.

È una sensazione molto bella, sai, trovare posto nella propria vita e nel mondo. Al contempo, so che il raggiungimento della meta non rappresenta la fine, è tutto l'opposto. È solo l'inizio. È un viaggio che è partito da me stessa e che da me stessa deve tornare, al di là del luogo fisico in cui mi trovi.

Il proprio posto nel mondo non è visibile, ora lo so.

Ora so che non devo cercare nulla se non il posto in cui sento di essere viva. Paradossalmente, ci sono sempre stata, sai, nonostante non me ne rendessi conto. Sono sempre stata dentro me stessa, eppure per anni non mi sono vissuta.

Non è la fine, è soltanto un nuovo inizio.

**14 novembre 2024**

Diario di una guarigione.

Ieri Siostra mi ha detto che dopo tutto il dolore che ho provato quest'anno, merito di essere felice.

In un primo momento, ho dovuto fare mente locale.

È stato quest'anno? Sembra un'epoca fa. Mi chiedo se sia mai successo. L'effetto del tempo è straordinario. Se mi fermo a rifletterci e mi sforzo nel pensiero, ricordo molto bene cos'è successo e come io mi sia sentita, ma è un dolore che adesso è come un'ombra, è evanescente, mentre prima era un macigno che mi impediva di respirare.

Eppure adesso, arrivo a dovermi ricordare cosa sia successo per farmi provare tutto quel dolore.

È un pensiero che nasce dal "ricordo la sofferenza e di aver sofferto ma non ho voglia di ricordare cosa l'ha provocata".

O meglio, arrivo a credere sia inutile far rivivere nella mente momenti che sono ormai morti e sepolti.

E quindi il senso del mio discorso è voler rassicurare chi sta affrontando un dolore talmente grande e pesante da sembrare indistruttibile, che il tempo lo farà ricredere.

Perché tutto parte da un piccolo grande dettaglio: non voler superare subito quella sofferenza bensì cercare prima di capirla, di parlarle, di sentirne il peso così da allenare l'animo a sostenerlo.

E sarà allo stesso tempo un capire se stessi, parlarsi, conoscersi in un'ennesima versione che ancora non si pensava di poter essere.

Non puoi scappare dal dolore, ma puoi scegliere di continuare a vivere anche se quel dolore è esistito, che ora è alle spalle.

Ad un certo punto, sarà il dolore ad allontanarsi proprio come succede quando due persone si ritengono grandi amici, magari anche amanti, dipendenti l'uno dall'altro, in simbiosi, ma che adesso sono solamente degli estranei.

Il tempo aggiusta le cose e ti fa capire ciò per cui non vale la pena perdere tempo.

**23 novembre 2024**

ZONE D'OMBRA

Ti ringrazio, tristezza.
Ti ringrazio, dolore.

Ora come non mai capisco il senso dei momenti negativi, quelli che ti spingono ad annullati, a nasconderti, a chiudere gli occhi perché il mondo, là fuori, non è più sopportabile.

È grazie alla tristezza che posso capire il reale significato della felicità, è grazie al dolore che sono in grado di comprendere cos'è davvero il benessere.

Ogni cosa, se ci pensi, esiste in virtù del suo opposto.

Come fai a conoscere la luce se vivi costantemente al buio?

Viceversa, come puoi immaginare l'esistenza del buio se continui a stare nella sicurezza della luce?

Natura vuole che l'essere umano sia istintivamente portato a rifuggire le famose zone d'ombra, ovvero una fusione di due mondi opposti che prova la presenza sia di una parte sia del suo contrario.

Le zone d'ombra non piacciono perché ti sbattono in faccia la concreta possibilità che tu possa vivere sia un'esperienza che l'altra, e l'estremismo, si sa, è caratteristica comune in molti di noi, nel bene e nel male - notare anche qui degli opposti - mentre l'equilibrio, be', è più facile a dirsi che a farsi.

Le zone d'ombra sono in realtà momenti di naturale passaggio, come direbbe il caro vecchio Schopenhauer, al pari di un pendolo che oscilla tra noia e dolore intervallato da fugaci attimi di felicità.

È un processo, è un divenire, è un percorso.

È la scoperta che accompagna nella vita, e che per questo motivo ti porta a provare riconoscenza per i due mondi opposti, perché senza uno non esiste l'altro.

Senza l'uno, l'altro non possiede significato.

E quindi non posso che traslare questo ragionamento sulla mia persona, cosa che invito voi a fare altrettanto.

Siamo una fusione tra il mondo passato e il mondo futuro, da cui ne deriva il mondo presente. Una zona d'ombra dove ciò che un tempo non conoscevamo, a poco a poco si svela, che sia la comprensione di un evento passato come la volontà di un progetto futuro.

È il passaggio del presente.

Se è vero che dal passato non so può fuggire e che il futuro naturalmente ci attende, è anche vero che nemmeno dal presente puoi scappare. Ti tocca viverlo, sai, che tu voglia o meno. Direi quindi di farlo nel migliore dei modi, senza pendere né troppo a destra né troppo a sinistra.

Stai nel tuo centro. Trova il tuo centro.

Perciò, sì, grazie tristezza.

So che adesso non esisti solo tu. So che adesso, con una miriade di opposti, c'è tanto per cui ringraziare.

**25 dicembre 2024**

Sono seduta sul divano, ora, ripensando a questo giorno di Natale.

È stato un Natale di riflessione. Non che gli altri giorni non lo siano. Ultimamente però sto mettendo da parte a riflessione, vuoi per la stanchezza mentale, vuoi perché ho altro da fare, anche solo: riposare.

E quindi, la riflessione è come "andare in bicicletta" - peccato che per me questa similitudine non funzioni - perché una volta che torni a riflettere, ecco che la tua mente parte, e chi la ferma più.

Ho pensato principalmente al passare del tempo, a come in un battibaleno passino dieci o vent'anni mentre tu ti stai ancora chiedendo come fare i lacci alle scarpe. Il tempo ti supera sempre.

È questo che ho pensato quando nonna mi ha chiesto di passarle un'arancia, una volta terminato il pranzo, ed era sottinteso che gliela avrei sbucciata io perché ad una certa età non ne sei più in grado - ma questo di certo non devo spiegarvelo io.

Così mentre sbucciavo l'arancia e porgevo a nonna gli spicchi, ecco che ho pensato di togliere pure la buccia a quelli, immaginando che così le potesse essere più semplice da mangiare.

Lei faceva la stessa identica cosa con me quando ero piccola.

Ed è stata una sorta di epifania, vedere quella scena con i miei occhi di oggi, e pensare che più di vent'anni fa i ruoli erano gli opposti.

Un frutto, due persone, l'amore della condivisione (perché poi nonna non voleva più l'arancia e l'ho dovuta finire io, come succedeva vent'anni prima).

La stessa cosa è successa l'altro giorno a danza, quando è venuta a lezione anche Gio.

"Eppure non sembra passato così tanto tempo", mi dice Gio quando dobbiamo iniziare la diagonale.

È vero, può sembrare ieri, ma in fondo c'era una sbarra, c'era la maestra Anna, c'eravamo noi.

Com'era quasi cinque anni fa.

Questo Natale non è stato uguale al Natale dell'anno scorso, come non sarà uguale al Natale del prossimo anno. Eppure sarà sempre un Natale, con le persone care, che cambiano, crescono, imparano, sbagliano e ottengono successi.

Pensare che debba sempre essere un nuovo inizio mi mette una tale malinconia addosso che adesso voglio credere che non debba finire proprio nulla.

C'è solo da continuare.

**29 dicembre 2024**

In quest'ultima settimana sono stata molto male. Non che mi aspettassi il meglio da questa fine d'anno, però, come si dice, anche meno. Un'influenza intestinale bella tosta, con postumi che non ne vogliono sapere di sbaraccare dal mio povero stomaco. Passerà. Come passa tutto.

Lentamente, ma se ne andrà. L'anno nuovo servirà anche a questo.

Ciò che più conta, in questa vignetta, è la mia consapevolezza che ne è derivata riguardo al (mio) rapporto tra cibo e corpo, il che, se ci penso, è oltremodo affascinante nel considerare il nostro funzionamento al pari di una macchina.

Tralasciando congetture causa-effetto di tipo meccanico, dopo questa esperienza non ho mai sentita così viva in me la necessità di curare il mio corpo e il mio organismo tramite il cibo.

Un corpo disidratato, asciutto, bisognoso di accudimento che solo io stessa potevo dargli, che solo io ero in grado di procurargli, ecco questa mia facoltà d'azione ha fatto nascere in me una grande riflessione. Per chi, come me, ha avuto un passato - e a tratti un presente - di disturbi alimentari, sa benissimo che le sensazioni di fame, nausea, apatia ad un certo punto si mescolano tutte fino a non mantenere più una loro individualità, e il miscuglio che ne viene fuori non è nient'altro che una fastidiosa confusione che si riflette nella mente.

In questa settimana, sentendomi letteralmente privata di nutrimento e impossibilitata ad ingerirlo, pur volendolo - che a passarci uno spillo sarebbe stato un miracolo - ecco in questa situazione ho ricordato e compreso quanta sofferenza la piccola Elisa abbia provato, a trattenersi dal mangiare per paura di esplodere.

A trattenersi dal vivere per paura di sentirsi viva.

C'è una connessione adesso nel mio corpo che prima non c'era o, per meglio dire, che non mi curavo esistesse, a cui non facevo caso oppure che non volevo considerare.

Inconsciamente, penso di non aver mai voluto accettare che in me potesse esistere un rapporto 'naturale' col cibo, un dannoso preconcetto che magari col tempo potrà anch'esso andarsene via.

Ad ogni modo, questa famosa consapevolezza consiste soprattutto nel fatto che un desiderio negato in modo volontario è ovviamente l'opposto - e forse peggio - di una voglia inattesa per forza maggiore. Una consapevolezza, almeno per me, per nulla scontata a quanto pare.

Se un disturbo alimentare ti stringe le membra fino a sentirle bruciare, se ti fa sentire tanto piccolo da scoppiare, ecco è lì che penso che nemmeno la facoltà di poter mangiare è scontata, e la linea che separa questi due mondi è davvero sottile come uno spillo.

Negazione è privazione, è diminuzione, è impoverimento.

Comprensione è ricchezza, è azione, è vita.

**31 dicembre 2024**

È un'azione così semplice, specchiarsi. Ti metti davanti ad uno specchio, o una superficie simile, e il gioco è fatto.

È un po' più complicato, invece, quando vedi il tuo riflesso. Di certo, non è così per tutti. Invidio molto chi riesce a non trasformare il suo riflesso in un pozzo di pensieri senza fondo, chi, nel momento in cui si vede, non dubita della sua presenza e non si sofferma in un'autoanalisi pressocché maniacale.

Dove non ci sei più solo tu davanti a quella superficie riflettente ma sei osservato da un'entità molto brava a nascondersi che ti osserva o da dietro, o da sopra, da destra o sinistra, non lo sai ma lo senti.

Per 'riflesso' si intende anche un movimento che il corpo mette in atto dopo aver ricevuto uno stimolo inaspettato, più veloce o meno a seconda delle proprie capacità o allenamento. Ecco quindi che, tornando allo specchio, anche quel riflesso arriva sempre dopo di te.

Ci sei prima tu, e poi il tuo riflesso. Quest'ultimo non dovrebbe venire prima di te e mettersi in mezzo tra te e la vita.

Non sono mai stata una ragazza - bambina prima e donna poi - che si accontenta. Non penso che una vita che si definisca tale comprenda questo atteggiamento.

È ovvio che, se portato all'estremo, questo comportamento può trasformarsi in un danno - ed io potrei esserne uno dei tanti esempi - ma se agito con consapevolezza, ritengo possa essere la chiave di volta per (ri) conoscersi e riconoscere i propri obiettivi.

Cosa vuoi dalla tua vita?

Vuoi - ti accontenti di - un riflesso o vuoi la realtà che esso imita?

Vuoi essere una proiezione di te stesso o la tua verità?

E che cos'è, alla fine, un riflesso, se non una proiezione che ritorna su di noi, una luce che viene rinviata alla fonte e che ne attesta così l'esistenza. Non sto dicendo quindi che il nostro riflesso non sia importante, al contrario.

Ti ricorda che quella luce sei tu.

Ti ricorda che niente e nessuno può continuare a vivere di luce riflessa, e che il tuo riflesso non è nient'altro una prova della tua capacità di splendere.

Nel momento in cui ti spegni, il tuo riflesso, quello vero, autentico, smette di esistere con te.

Detto tra noi, un riflesso non mi basta.
Non più.

*Elisa*

www.ingramcontent.com/pod-product-compliance
Lightning Source LLC
LaVergne TN
LVHW012042160826
845678LV00014B/2670

*9788832210316*